AF886391

Colección Práctica de Mediación

ARBITRAJE Y MEDIACIÓN EN EL ÁMBITO ARRENDATICIO

Colección Práctica de Mediación

ARBITRAJE Y MEDIACIÓN EN EL ÁMBITO ARRENDATICIO

María Pérez-Ugena
(Coordinadora)

Juan Ramón Montero
María Pérez-Ugena
Javier de Lózar
Cesar Morales
Beatriz Moreno
Sara García Carrascosa
Ana Criado
María Quero
Carmen Cazorla

CONSEJO ARBITRAL PARA EL ALQUILER

Editorial Dykinson

No está permitida la reproducción total o parcial de este libro, ni su incorporación a un sistema informático, ni su transmisión en cualquier forma o por cualquier medio, sea este electrónico, mecánico, por fotocopia, por grabación u otros métodos, sin el permiso previo y por escrito del editor. La infracción de los derechos mencionados puede ser constitutiva de delito contra la propiedad intelectual (art. 270 y siguientes del Código Penal).

Diríjase a Cedro (Centro Español de Derechos Reprográficos) si necesita fotocopiar o escanear algún fragmento de esta obra. Puede contactar con Cedro a través de la web www.conlicencia.com o por teléfono en el 917021970/932720407

Este libro ha sido sometido a evaluación por parte de nuestro Consejo Editorial

Para mayor información, véase *www.dykinson.com/quienes_somos*

© Copyright by
Los autores
Madrid, 2017

Editorial DYKINSON, S.L. Meléndez Valdés, 61 - 28015 Madrid
Teléfono (+34) 91 544 28 46 - (+34) 91 544 28 69
e-mail: info@dykinson.com
http://www.dykinson.es
http://www.dykinson.com

ISBN: 978-84-9148-103-4
Depósito Legal: M-3721-2017

Preimpresión por:
Besing Servicios Gráficos S.L.
e-mail: besingsg@gmail.com

ÍNDICE

Prólogo 11

LOS SISTEMAS ALTERNATIVOS DE RESOLUCIÓN DE CONFLICTOS APLICADOS AL ÁMBITO INMOBILIARIO, ESPECIALMENTE AL ARRENDATICIO

María Pérez-Ugena

I. Cuestiones generales 17

II. El Arbitraje. Definición, regulación y principios aplicables 21

III. El arbitraje. Su aplicación al ámbito inmobiliario 23

IV. Mediación. Su aplicación al ámbito inmobiliario 32

V. Conclusiones 46

ASPECTOS GENERALES DEL PROCEDIMIENTO ARBITRAL

Javier de Lózar

I. Introducción 49

II. El convenio arbitral. concepto, forma y contenido 61

III. La figura del árbitro 64

IV. Procedimiento 72

V. El laudo arbitral 79

EL DESAHUCIO EN EL JUICIO VERBAL Y EN EL PROCEDIMIENTO ARBITRAL. ESTUDIO COMPARATIVO

César Morales Romero-Requejo

I. El contrato de arrendamiento definición y tipos ... 105
II. Arrendamiento Urbano ... 108
III. Proceso arbitral de desahucio frente al proceso judicial civil de desahucio ... 124
IV. Proceso de desahucio por falta de pago ... 126
V. Otros "desahucios". El fenómeno Okupa. Delito de usurpación ... 144

EL ARBITRAJE ARRENDATICIO CON ESPECIAL REFERENCIA AL ARBITRAJE DEL CONSEJO ARBITRAL PARA EL ALQUILER DE LA COMUNIDAD DE MADRID

Beatriz Moreno

I. Arbitraje arrendaticio y protección del consumidor. Referencia a las cláusulas abusivas ... 147
II. Aspectos puntuales del arbitraje arrendaticio. Disponibilidad de la materia. Arbitraje Institucional en Derecho ... 156
III. Arbitraje del Consejo Arbitral para el Alquiler en la Comunidad de Madrid ... 159
IV. Conclusiones ... 174

LAS NOTIFICACIONES EN EL PROCEDIMIENTO ARBITRAL DE ARRENDAMIENTOS

Sara García Carrascosa

I. Introducción ... 175
II. Notificaciones en el proceso arbitral versus notificaciones en la vía judicial ... 176

III. La obligación de "realizar indagación razonable" 177
IV. Indagación razonable y designación de domicilio para notificaciones 179
V. Entrega personal de la comunicación 180
VI. Comunicaciones a través de medios electrónicos 181
VII. Actuación y cobertura legal de empresas especializadas en la notificación electrónica 182
VIII. Referencia a la notificación del laudo 184
IX. Supuesto de no recepción de las notificaciones por el demandado 185
Conclusiones 188

EL PROCEDIMIENTO DE MEDIACIÓN EN EL ÁMBITO INMOBILIARIO
Ana Criado

I. Las partes en el procedimiento de mediación 191
II. Interacción del mediador/a con las partes 194
III. Fases del procedimiento de mediación 203

ASPECTOS GENERALES SOBRE LA MEDIACIÓN. EL MEDIADOR. TÉCNICAS DE LA MEDIACIÓN
María Quero

I. Introducción a la mediación 223
II. Beneficios que obtienen las partes con la mediación 226
III. La figura del mediador 227
IV. Técnicas aplicables al proceso de mediación 231

ANÁLISIS DE UN CASO PRÁCTICO DE MEDIACIÓN INMOBILIARIA

Mª DEL CARMEN CAZORLA GONZÁLEZ-SERRANO

I. Introducción 245
II. Descripción del caso: el conflicto y sus protagonistas 246
III. Fundamentación teórica 247
IV. Diseño de la intervención 249
V. Diario de Sesiones y actuaciones. Pre-Mediación: Primer contacto y recepción 249
VI. Resultados de la intervención 256

PRÓLOGO

Todo prólogo conlleva forzosamente el conocimiento de la obra posterior. La relación del producto ajeno, en este caso el texto prorrogado, implica igualmente el conocimiento particular, el criterio y la interpretación que el autor del mismo realiza sobre aquella obra.

De este modo debo entender estas líneas, como una invitación al recuerdo, tributarias del desarrollo de la iniciativa de la Comunidad de Madrid para la creación del Consejo Arbitral, con el objetivo de facilitar y promover el arbitraje inmobiliario en materia arrendaticia. Ese recuerdo confirma el acierto y la oportunidad política de su nacimiento.

España se ha significado por su desaforada inclinación a la adquisición de viviendas en propiedad, de este modo ya en las etapas iniciales de la vida profesional, numerosas parejas o ciudadanos, ocho de cada diez, optan por la adquisición de la vivienda en lugar de optar por el alquiler de la misma, como sucede prácticamente en la totalidad de los países más desarrollados, de nuestro entorno, en donde, en naciones como Alemania o Suiza, solo cinco de cada diez se embarcan en la compra de su vivienda.

Probablemente en esta opción han pesado no sólo recuerdos de rentabilidades pasadas, centradas casi exclusivamente en el mercado inmobiliario, sino las dificultades que han existido para acceder en arrendamiento al mismo.

La coincidencia de aquella situación con una, podríamos decir que perversa, incitación al consumo de los productos financiados, que llevaban a convencer a cualquier joven, trabajador o ciudadano de que ya en los inicios de su vida productiva podían, endeudándose gravemente, hacer frente al mercado de la vivienda con ofertas de coloridos y perfumados préstamos, mucho más fáciles de firmar que de pagar, que hacían prácticamente igualable la realización de una hipoteca al pago de una renta. Lo anterior ha dado lugar a que no pocos jóvenes, en lugar de atender en primer lugar a su consolidación profesional y a fomentar un ahorro que le permitiera acceder al mercado con madurez, capacidad y solvencia suficiente para hacer frente al bien deseado, fueran embarcados en aventuras comerciales que ocasionaron, unidos a otras especulaciones y circunstancia, el reventón del boom inmobiliario que dio lugar a la crisis que en estas fechas estamos remontando.

En esa crisis, que no sólo rompió la actividad de la construcción, sino que dio lugar a el empobrecimiento y la falta de capacidad económica de la mayoría de los ciudadanos, la Comunidad de Madrid decidió acometer este proyecto. Se pretendía agilizar el acceso a la vivienda precisamente a través del arrendamiento de la misma, con las ventajas que supone no sólo para su acceso sino para la movilidad y disposición que exigen los tiempos actuales.

Aquella iniciativa se ha confirmado como un acierto, que ha permitido conmover la rigidez y desconfianza que el mercado del alquiler sufría en nuestro país.

En aquella dificultad pesaba la configuración de un mercado de arrendamiento de la vivienda, notoriamente intervenido y tutelado en el régimen anterior, traducido en una legislación arrendaticia claramente tuitiva para el inquilino, lo que, impedía por el arrendador la disposición de la vivienda. De esta manera se consolidaba por distintas generaciones el disfrute de la misma en favor del arrendatario, se traducía en una falta de disposición, en los particulares y en las promotoras, para facilitar el acceso mediante el arrendamiento a la ocupación de la misma y en la falta de interés para la inversión en viviendas destinadas a otro mercado que no fuera el de la compra.

Aquella situación dio lugar a que la Comunidad de Madrid introdujera a través de la consejería de la vivienda una institución jurídica, igualmente abandonada en la legislación de aquella época, el arbitraje, que prestara el instrumento preciso para facilitar el cambio en aquella preponderancia, casi enfermiza, de convertir la adquisición de la vivienda en el único vínculo para acceder a la misma, permitiendo en su lugar el acceso al mercado de alquiler a aquellos quienes, por su economía, por independencia, libertad de compromisos deudores, por cambios de destinos, necesidad de movilidad o por cualquier otro motivo, decidieran optar por la elección del arrendamiento de la vivienda.

En el año 1981 intervine en el congreso que la UIBA, unión iberoamericana de colegios y agrupaciones de abogados, celebrado en México, mi participación se conforma en la colaboración con Bernardo Cremades, uno de los más reputados árbitros internacionales, quien presento un código uniforme de arbitraje para Iberoamérica, desde aquellas fechas, hoy en día, prácticamente la totalidad de las naciones hispanoamericanas han conformado su legislación con la ley modelo de UNCITRAL facilitando, de este modo, la existencia de una regulación uniforme para ordenar la resolución de los conflictos de naturaleza mercantil con carácter internacional.

Aquella iniciativa, igualmente con el paso de los años, se transformaría en un proyecto común de los países latinoamericanos que, tutelado por la Cumbre de Jefes de Estados Iberoamericanos y por la de Ministros de Justicia, establecieron las bases de una institución arbitral integrada por todos los países iberoamericanos, el CIAR, Centro Iberoamericano de Arbitraje, llamado a consolidar a Madrid como sede del arbitraje mercantil internacional. Lo que se conseguirá en tanto en cuanto, a pesar de la iniciativa y preponderancia de los países anglosajones en el desarrollo del arbitraje, en el último lustro los conflictos resueltos en la CCI, sede principal del arbitraje internacional, han sido superados por los presentados por países latinoamericanos. Lo que hace oportuno y razonable la existencia de sedes de arbitraje en los países hispanos, que permitan el uso de una formación, un idioma, una cultura, unos modo, unos criterios y un derecho común a todos ellos.

Después dedicar más de treinta años al mundo del arbitraje y la mediación, al considerar que es el más idóneo para la solución de los conflictos por la sociedad civil, el retraso en su conocimiento y, en consecuencia, la desconfianza hacia el mismo en el derecho interno, me han llevado a trabajar, en la formación, en la enseñanza universitaria, en distintas conferencias, congresos, en los órganos de instituciones y entidades arbitrales a que pertenezco, en la decidida voluntad de desarrollar una imprescindible cultura arbitral que permita conocer los sistemas alternativos de resolución de conflictos, dentro de nuestro país.

El desarrollo y la utilidad en la solución de los conflictos internos, de carácter civil y mercantil, sino crear una estructura sólida y de garantía que facilite la confianza y el conocimiento, en los mercados internacionales, del desarrollo del arbitraje en España, de modo que facilite la designación de Madrid como sede del arbitraje internacional de lengua española.

En este fin cuando en el año 2008 fui llamado para colaborar en este proyecto, entendí personalmente aquella invitación como una oportunidad providencial para facilitar el conocimiento y el desarrollo del arbitraje en España.

La moderna y vanguardista solución arbitrar propuestas legislativamente, desde el año 1988, para la regulación del arbitraje en nuestra nación necesitaba proyectos, como este, que permiten comprender que su utilización no es sólo imprescindible en los grandes conflictos de elevada cuantías, suscitados en los mercados internacionales. Al contrario permite que cualquier discrepancia surgida entre las empresas o entre ciudadanos particulares sea resuelta con la eficacia, rapidez y confidencialidad que el arbitraje permite, sea un acuerdo de socios, transmisiones de sociedades, sucesiones empresariales, testamentarias, proindiviso, cualquier interpretación contractual o la solución de cualquier disputa, puede tener una atención preferente en este modo de solución de controversias.

Ambos fines se han conseguido.

Desde 2008 la Comunidad de Madrid ha venido fomentando el Arbitraje inmobiliario mediante el Consejo Arbitral para el Alquiler, con la meta de dar acceso a la vivienda a la mayor cantidad de usuarios posibles.

Gran parte del mérito de que a día de hoy la Comunidad de Madrid lidere el arbitraje inmobiliario a nivel nacional, es de Don Manuel Jiménez de Parga y Cabrera, fallecido en 2014, que estuvo al frente del Consejo Arbitral para el Alquiler desde sus inicios y en el cual desempeño una labor inestimable para su desarrollo.

Su talla personal y profesional son el mejor referente que he podido tener para sucederle en mi función como Presidente del Consejo, continuando su labor al frente de la iniciativa, surgida a través de la Consejería de Transportes, Infraestructuras y Vivienda, dirigida a agilizar el mercado inmobiliario, facilitando soluciones a los conflictos surgidos en los contratos de arrendamiento a través del arbitraje, desarrollando las facultades que otorgaba la normativa aprobada en el año 2003.

De este modo, en los años de la presidencia de Don Manuel, se ha consolidado el éxito del sistema arbitral, instituido en colaboración con las principales instituciones arbitrales, como un sistema pionero de solución de conflictos través de la sociedad civil, con el apoyo e iniciativa de la administración pública, tal como se ha acreditado en la realidad diaria de las funciones encomendadas a lo largo de estos ocho años.

Desde los orígenes del proyecto, cuando las clausulas arbitrales se incluyeron en los contratos de alquiler firmados en el marco del Plan Alquila regional que intermediaba entre propietarios y posibles inquilinos, se han llevado diferentes iniciativas de fomento e implantación del sistema arbitral inmobiliario para resolver los conflictos, como la ampliación del ámbito de actuación en 2009 a todos los contratos de arrendamiento entre particulares que incluyan sometimiento al arbitraje articulado por el Consejo, al margen de los programas públicos y su posterior extensión en 2014 a cualquier arrendamiento urbano incluyendo los locales de negocios, empresa e industria.

El objetivo de esta iniciativa es ofrecer garantías a los propietarios de fincas urbanas que por temor o falta de confianza no las ofrecen en el mercado del alquiler.

De esta medida se benefician los inquilinos, ya que, gracias al Consejo Arbitral, se reducen los costes de los litigios, tanto en tiempo como en dinero, tanto propietarios como inquilinos recibirán asesoramiento antes, durante y después del procedimiento arbitral para obtener una solución al conflicto.

La creación de esta institución se fundamenta como una alternativa a los tribunales de justicia ordinarios para que propietarios e inquilinos puedan resolver los conflictos relacionados con el alquiler de un modo ágil, rápido y económico. La implantación de este sistema garantiza que las partes acogidas al mismo puedan disponer de árbitros, independientes, imparciales, con experiencia y, en su caso, especializados en arrendamientos de fincas urbanas tanto libres como protegidas y en las mismas condiciones en la administración y solución del arbitraje.

A este Consejo Arbitral, catalogado como proyecto pionero en el ámbito de las administraciones públicas se le encarga dos fines fundamentales. En primer lugar, la articulación de un procedimiento arbitral especifico y adecuado a las necesidades derivadas de la relación arrendaticia, que incluya asesoramiento y apoyo a las partes; y en segundo la implantación de un sistema arbitral formado por instituciones en las que se integran los árbitros, absolutamente independientes y de reconocido prestigio.

Desde la Comunidad de Madrid, a raíz de la creación del Consejo Arbitral, se quiere abrir el mercado arrendaticio a todos los niveles, cubriendo de esta manera todas las expectativas del ciudadano para facilitar el acceso tanto a un arrendamiento de vivienda como al arrendamiento de oficinas o locales comerciales.

A lo largo de estos años, el Consejo Arbitral ha desarrollado una importante labor divulgativa y formativa, a través de jornadas, convertidas ya en referente del arbitraje inmobiliario, que se encuentran orientadas tanto a los árbitros integrados en el sistema como a los profesionales especializados.

Aquella labor, como esta publicación, desembocara en la necesaria extensión del arbitraje a la solución de los conflictos en el mercado inmobiliario y en el asentamiento de sus instituciones en la capital española.

JUAN RAMÓN MONTERO

Presidente del Consejo Arbitral
para el Alquiler de la Comunidad de Madrid

LOS SISTEMAS ALTERNATIVOS DE RESOLUCIÓN DE CONFLICTOS APLICADOS AL ÁMBITO INMOBILIARIO, ESPECIALMENTE AL ARRENDATICIO

MARÍA PÉREZ-UGENA

Profesora Titular de Derecho Constitucional.
Universidad Rey Juan Carlos.
Presidenta de la Cámara de Mediación de la Sociedad Española de Arbitraje.

I. CUESTIONES GENERALES

Este primer capítulo pretende reflexionar acerca de conceptos básicos sobre el arbitraje y la mediación aplicados al ámbito inmobiliario, especialmente arrendaticio.

Se trata de cuestiones que se van a tratar con más detalle en los capítulos siguientes, por lo que nuestra pretensión es básicamente introducir las ideas generales que sirvan como marco general explicativo, como referencia global, de los contenidos que se desarrollan a lo largo de esta monografía.

Vamos a centrarnos en dos, de los posibles sistemas alternativos de resolución de conflictos (ADR'S): el arbitraje y la mediación, si bien éstos no son los únicos sistemas que persiguen el común objetivo de resolver disputas al margen del orden jurisdiccional.

En el ámbito inmobiliario, especialmente en los arrendamientos, los ADR´S se convierten en instrumentos de clara utilidad. El arbitraje se presenta normalmente con la característica de ser un procedimiento especializado. Una de las finalidades del arbitraje reside en que las partes puedan acudir a terceros especializados en la materia sobre la que verse la controversia, para de este modo garantizarse una mejor y más clara solución al conflicto que las separa. La complejidad del mundo económico y jurídico actual reclama un indispensable proceso de especialización, que no solo se vislumbre en los ARD'S sino, además, en el seno del propio Poder Judicial, aunque en este último, por su propia naturaleza, la especialización quizás no llegue a disponer de la misma profundidad que pueda darse en los restante medios de solución de conflictos.

Evidentemente el hecho de que el marco jurídico sea absolutamente claro en estos momentos acerca de la disponibilidad de la materia ha ayudado a la extensión del arbitraje en arrendamientos[1]. Ya que, de momento, la mediación tiene una implantación menor en este ámbito.

De hecho, cada vez son más las instituciones dedicadas a la Administración de estos procesos y cada vez también más numerosos los contratos que incluyen cláusulas de sumisión a un sistema alternativo en caso de conflicto. Pese a ello, aún la situación dista mucho de estar generalizada y es preciso un esfuerzo que haga eco en la opinión pública acerca de los beneficios que supone la aplicación de alternativas al sistema jurisdiccional.

Lo que de manera más clara dificulta la expansión de estas formas de resolución paralelas es, de una parte, el desconocimiento de las mismas y, de otra, la inseguridad que, como consecuencia de tal falta de conocimiento, producen en ciudadanos y profesionales del

---

[1] La Ley de Enjuiciamiento Civil de 1881, en su artículo 1561 señalaba *"El conocimiento de las demandas de desahucio corresponde exclusivamente a la jurisdicción ordinaria"* De ahí que durante mucho tiempo los conflictos en materia arrendaticia no han podido ser objeto de resolución alternativa pese a que ha habido jurisprudencia favorable en cierto sentido.

Tras un período de indefinición que dificultaba, de hecho, que se implantara el arbitraje como forma de solución de conflictos aplicable a este ámbito, porque la jurisprudencia no seguía una línea uniforme, hoy resulta claro que se trata de una materia disponible. Tomamos como referencia la última reforma legal: Ley 4/2013 de 4 de junio de medidas de flexibilización y fomento del mercado del alquiler de vivienda, que en su artículo 4.5 posibilita que las partes pacten la sumisión a mediación o arbitraje.

ámbito del Derecho. De ahí que nuestro esfuerzo se dirija a incidir en el cumplimiento obligado de las garantías que deben presidir estos procesos alternativos para cumplir sus objetivos, así como en dar a conocer sus ventajas frente a los procedimientos de orden jurisdiccional a través de nuestras posibilidades: impartir formación[2] y preparar publicaciones específicas[3].

De manera general podemos decir que los llamados sistemas alternativos de resolución de conflictos (en adelante ADR'S) pretenden resolver un conflicto, esto es, se trata de actuar frente a una situación en la que se quieren desarrollar actividades incompatibles, o que se perciben como tales, o se actúa de manera competitiva respecto de recursos limitados. Puede tratarse de una incompatibilidad real entre varias personas o grupos, o bien, de una simple creencia de que las partes no pueden lograr sus objetivos de manera simultánea.

Se trata de sistemas alternativos, lo que supone que buscan vías distintas a la jurisdiccional. Los sistemas de ADR´S son, básicamen-

---

[2] Respecto del arbitraje, como consecuencia de la formación impartida, podemos concluir:

i) El conocimiento debe ser del continente y del contenido. Es decir, un árbitro en el ámbito inmobiliario debe tener conocimientos de derecho inmobiliario, y debe conocer el procedimiento arbitral. El arbitraje tiene entre sus características que es procedimiento especializado. En el que se supone que quien va a resolver ese caso es alguien experto, o al menos con conocimiento suficiente en la materia. Es de hecho, ésta, una de las ventajas de procedimiento arbitral.

ii) Cada proceso en cada cámara o administrado por diferentes instituciones arbitrales puede tener sus peculiaridades, así que la formación debe ser sobre lo "genérico" y queda pendiente que cada árbitro proceda de acuerdo con lo pactado por las partes o según el reglamento de la institución a adaptarse al proceso previsto para cada caso.

iii) La formación debe insistir en los aspectos prácticos. Conocer cuáles son los puntos débiles en los procedimientos. Que aspectos hay que reforzar para evitar posibles situaciones de indefensión y consecuentes nulidades.

iv) Los árbitros deben ser los primeros que confíen en las bondades del arbitraje.

En lo que se refiere a la mediación, el planteamiento es distinto. La propia Ley exige formación acreditada a los mediadores que han de cumplir con unos cursos específicos para poder inscribirse en el Registro de Mediadores correspondiente. Como consecuencia de ello, han surgido instituciones que imparten la formación necesaria obligada por la Ley.

[3] En esta misma editorial he coordinado una monografía sobre mediación y deporte en la que colabora el Comité Olímpico Español y el Ilustre Colegio de Abogados de Madrid con el título *Mediación y Deporte* (2015).

te, además de la mediación, el arbitraje[4], la negociación[5] y la conciliación[6]. Cualquiera de los ADR´S, de los que los tipos más frecuentes son los mencionados, se caracterizan por ser opciones a la vía jurisdiccional. Se pretende en definitiva buscar otros sistemas que permitan resolver un conflicto sin necesidad de acudir a un proceso judicial, de manera que se obvien ciertos inconvenientes del mismo, como los costes, lentitud o la rigidez del procedimiento, entre otros.

El problema principal que ha ocurrido a efectos de entender su menor desarrollo, es que el arbitraje y la mediación se han venido utilizando para la resolución de grandes temas, y el primero especialmente para el comercio internacional. Los árbitros han venido

---

4 Arbitraje. Se trata de un mecanismo extrajudicial para la resolución de conflictos, en el que las partes deciden someterse a un tercero o terceros para la resolución de la controversia existente. Se trata de un sistema heterocompositivo cuyo fundamento está en la capacidad de disposición de las partes para aceptar previamente la decisión que se tome en el procedimiento arbitral.

El laudo, la decisión del árbitro, es un equivalente jurisdiccional, equiparable a una resolución judicial en cuanto que produce efectos de cosa juzgada, pero su cumplimiento coactivo trasciende los poderes del árbitro y solo puede conseguirse mediante la actuación del Poder Judicial, que monopoliza el poder de ejecución forzosa. Lo que verdaderamente caracteriza y define al arbitraje es la noción, antes expresada, de equivalente jurisdiccional.

5 La negociación: Es un método por el cual las partes interesadas resuelven conflictos, procurando obtener resultados que sirvan a sus intereses. Se contempla generalmente como una forma de resolución alternativa de conflictos o situaciones que impliquen acción multilateral. Son las partes las encargadas de buscar una solución al conflicto existente, sin acudir a un tercero que sea quien resuelva el citado conflicto.

6 La conciliación: En España, el procedimiento de conciliación está reconocido tanto en los procedimientos laborales como en los civiles, siendo en ambos casos un procedimiento previo al inicio del proceso judicial. La normativa aplicable es la Ley de Enjuiciamiento civil de 1881 (art. 460 a 480) y la Ley 36/2011, de 10 de octubre, reguladora de la jurisdicción social. En la conciliación las partes acuden a un tercero, pudiendo ser éste un órgano judicial, a los efectos de alcanzar una solución a un conflicto existente, evitando acudir a un procedimiento judicial. El tercero no incita activamente a las partes a alcanzar el acuerdo al conflicto suscitado, consistiendo su función más bien en reunir a las partes y en transmitir entre ellas los mensajes o las informaciones en forma correcta, con la finalidad de que las partes alcancen el acuerdo entre ellas, pero sin que se adopten por parte del tercero medidas persuasivas, integradoras e incluso de carácter disuasorio que tiendan a concretar y posibilitar una solución de consenso entre las partes. Pese a señalar tales diferencias entre conciliación y negociación, reconocemos que éstas son imprecisas.

siendo socios de grandes despachos y han venido a resolver en temas de gran envergadura económica.

Sin embargo, éstos métodos, no se ha popularizado, en el sentido de que su conocimiento no se ha llevado a los asuntos "menores". Entendemos que hay que llegar a una utilización masiva del arbitraje y la mediación. Ponerlo al servicio de la resolución de temas de cuantías menores. De carácter doméstico e interno.

Es una cuestión en la que hay que trabajar. El Consejo arbitral sirve a este fin. Es un referente, apoya el hecho mismo del arbitraje por su sola existencia. Es decir, que haya una institución dependiente de la Comunidad Autónoma que tenga como fin arbitrar procesos de conformidad con las reglas del arbitraje está señalando que cree en ello, no solo de una manera teórica sino experiencial y que apuesta por el arbitraje.

II. El Arbitraje. Definición, regulación y principios aplicables

El arbitraje puede ser definido como un mecanismo extrajudicial para la resolución de conflictos, en el que las partes deciden someterse a un tercero o terceros para la resolución de la controversia existente. Se trata de un sistema heterocompositivo cuyo fundamento está en la capacidad de disposición de las partes para aceptar previamente la decisión que se tome en el procedimiento arbitral.

Estamos ante una institución con arraigo histórico, que en su forma más primitiva arranca del Derecho Romano y se recoge en las Partidas y la Nueva y Novísima Recopilación y que tuvo un reconocimiento expreso en la Constitución de 1812, en la que se conceptúa como un procedimiento alternativo. Sin embargo, desde que esta institución se desarrolló a través de una ley específica, con la Ley de 1953-, ha sido tratada con recelo y sometida a fuertes restricciones hasta 1988

El cambio más reciente en el tratamiento del arbitraje se produce con la Ley de 60/2003 -si bien la Ley de 1988 ya había dado pasos decisivos basados en la libertad individual como fundamento de la institución arbitral, a la que considera un forma paralela que sustituye a la acción del Poder Judicial del Estado-, aunque esta caracterización no debe llevarnos a entender que en el arbitraje se esconde una renuncia excepcional del derecho a la tutela judicial efectiva que, con carácter general, recae exclusivamente en jueces y Tribunales. Si atribuyéramos tal carácter excepcional al arbitraje, debería ser interpretado de manera restrictiva, frente a la interpretación más abierta, y que tiene su arraigo en el derecho constitucional español, en las Cortes de Cádiz, soportando una concepción favorable al arbitraje [7].

En lo que se refiere a los principios, base de las garantías del proceso de arbitraje, señalamos a continuación como principios informadores de la igualdad, audiencia y contradicción, además del principio de confidencialidad.

El artículo 24 de la Ley de arbitraje bajo el título "Principios de igualdad, audiencia y contradicción" señala: "*1. Deberá tratarse a las partes con igualdad y darse a cada una de ellas suficiente oportunidad de hacer valer sus derechos*". Este precepto es concreción del artículo 24 CE y debe ser interpretado conforme al mismo.

La igualdad, que engloba el principio de contradicción, exige que las partes en el proceso dispongan de iguales medios y oportunidades para su defensa, aunque no implica que cada parte deba tener un número igual de actos de alegación y prueba, sino que las posibilidades y oportunidades de las partes sean similares.

Las garantías de contradicción y audiencia evitan dictar una resolución sin que alguna de las partes haya podido influir en el resultado formulando alegaciones y presentando las pruebas que le convengan.

La garantía de igualdad, de una manera más general, es un mandato a los árbitros que no podrán conceder ningún privilegio o ven-

[7] En España la figura del arbitraje se encuentra regulada en la Ley 60/2003, de 23 de diciembre, de Arbitraje y en la Ley 11/2011, de 20 de mayo, de reforma de la Ley 60/2003, de 23 de diciembre, de Arbitraje y de regulación del arbitraje institucional en la Administración General del Estado. La citada normativa será de aplicación a los arbitrajes cuyo lugar se halle dentro del territorio español, ya sean de carácter interno o internacional, sin perjuicio de lo establecido en tratados de los que España sea parte o en Leyes que contengan disposiciones especiales sobre arbitraje.

taja a ninguna de las partes en detrimento de la otra, y en ese sentido se configura como una limitación a la autonomía de la voluntad de las partes.

El que las partes tengan "*suficiente oportunidad de hacer valer sus derechos*" debe entenderse como posibilidad de ejercitar los derechos de carácter procesal propios de la tutela judicial efectiva, tales como efectuar alegaciones, proponer prueba o que se lleve a cabo la práctica de la prueba admitida-. Lo determinante es que las partes puedan hacer valer sus derechos, sin que sea necesario que lo hagan de manera efectiva. De tal forma que, tal y como ha señalado el TC, no puede alegar indefensión con posterioridad quien hubiera podido evitarla de actuar de modo diligente (STC 211/89).

Concluimos señalando que el arbitraje está sometido al control propio de un Estado de derecho, que tal control está limitado como consecuencia del fundamento del arbitraje en la autonomía de la voluntad y que, como veremos, deberá ser ejercido por medio de juez predeterminado según los motivos tasados en la Ley 46/2003. Sin embargo, no cabe el control mediante el recurso de amparo por vulneración del contenido del artículo 24 CE ante el Tribunal Constitucional.

III. El arbitraje. Su aplicación al ámbito inmobiliario

Hacemos referencia a continuación a cuestiones relacionadas con el arbitraje, que debemos tener en cuenta al sustanciar un tema relacionado con el ámbito inmobiliario a través de este procedimiento.

En primer lugar, la disponibilidad de la materia.

En segundo lugar, el papel de los árbitros.

En tercer lugar, el procedimiento

a) Arbitrabilidad de la materia

Es decisivo que el objeto de la controversia sea *arbitrable*. El arbitraje puede versar sobre todas aquellas materias que sean de libre disposición para las partes, conforme a la normativa vigente en la que se concretan limitaciones legales de materias que no son disponibles, por lo que necesariamente se deben reconducir para su solución al Proceso Judicial en sentido estricto.

De otra parte, es obligado señalar que esta capacidad de disposición de las partes no es absoluta ni puede ser contraria a los principios, valores y derechos fundamentales inderogables, ni puede afectar al estricto derecho de la persona. Lo que supone que quedarán excluidas todas aquellas cuestiones que afectan de manera directa o indirecta al estatuto de la persona y a sus derechos fundamentales a los que se refieren los artículos 14 a 29 CE. De esta forma, el orden público viene a determinar las materias que quedan fuera de la disponibilidad de las partes y que por tanto no son susceptibles de ser sometidas a arbitraje[8]

Lo que ha ocurrido con el tema inmobiliario, especialmente con los arrendamientos, es que no ha habido hasta fechas recientes una línea clara acerca de su disponibilidad. Esta cuestión ha supuesto dificultades y una enorme inseguridad. Con el consecuente recelo a implementar cláusulas de arbitraje en los contratos. De manera que el principal problema a la hora de optar por el proceso arbitral en un contrato de arrendamiento era no saber con seguridad si el laudo resultante se iba a ejecutar o no.

Nos encontrábamos con el caso de que la solución de un conflicto se hubiera previsto que tuviese lugar a través de un proceso arbi-

---

[8] MERINO MERCHÁN JF. Y CHILLÓN MEDINA, J.M. *Tratado de Derecho Arbitral.* Aranzadi, 2008, págs. 327 y ss. Se recogen las cuestiones a las que sería aplicable el criterio de indisponiblidad por razones de orden público: 1. Las normas constitucionales y de organización política, organización y funcionamiento judicial, así como las manifestaciones administrativas en las que el Estado aparece investido de autoridad ejerciendo potestades públicas y los derechos públicos subjetivos. 2. La cuestiones que definen el status de la persona: estado y capacidad de las personas, nacionalidad y condición de extranjeros, adopción, incapacidad, tutela, paternidad., etc. 3. El régimen jurídico de determinados actos y bienes como dominio público, naturaleza y transmisión de los bienes, etc. 4. Las restricciones a la libertad de comercio e industria o que limiten o alteren la libre competencia de los operadores del mercado, 5. La relación estatutaria-funcionarial. 6. Los Tratados de la UE y demás normas y convenios y Tratados internacionales. 7 El Derecho Penal.

tral y, a la hora de la ejecución del laudo, el juez correspondiente entendiese que no era posible, porque se trataba de una cuestión no arbitrable.

En este caso, la parte, generalmente el arrendador, que acude al arbitraje se encuentra en una situación muy complicada. Puede quedar "en tierra de nadie" Y en todo caso alarga el tiempo necesario para resolver el conflicto.

Si nos retrotraemos en el tiempo, en una primera etapa, de acuerdo con la Ley de Enjuiciamiento Civil, el desahucio se atribuía de manera exclusiva a la jurisdicción ordinaria. De ahí que durante mucho tiempo los conflictos en materia arrendaticia no han podido ser objeto de resolución alternativa pese a que ha habido jurisprudencia favorable en cierto sentido.

Tras una larga historia de vaivenes en la jurisprudencia que no dejaban clara la disponibilidad de la materia arrendaticia, hoy es un tema que no plantea ningún problema. La última referencia legal favorable está en la Ley 4/2013 de 4 de junio de medidas de flexibilización y fomento del mercado del alquiler de viviendas, que supone una reforma de LAU establece en su artículo 4.5

> *"Las partes podrán pactar la sumisión a mediación o arbitraje de aquéllas controversias que por su naturaleza puedan resolverse a través de estas formas de resolución de conflictos, de conformidad con lo establecido en la legislación reguladora de la mediación en asuntos civiles y mercantiles y del arbitraje.".*

De tal forma que en estos momentos el grado de seguridad es total.

b) El papel de los árbitros[9]

En lo que se refiere a los árbitros, las partes tienen capacidad, en virtud del principio de autonomía que rige el proceso arbitral, para decidir quién es el árbitro o árbitros, de la misma manera que

---

[9] Vid Gonzalez Malabia, "Número de árbitros" "Capacidad para ser árbitros" "Arbitraje institucional" "Nombramiento de los árbitros" y "Aceptación de los árbitros" en *Comentarios a la Ley de arbitraje. (Ley 60/2003)* Barona Vilar, S. (coord.) Thomson-Civitas 2004. Págs. 519 y ss.

las partes van a decidir a través de qué procedimiento se van a designar a los mismos dentro de los límites que establece la Ley y que van dirigidos a garantizar los principios informadores del procedimiento.

En los supuestos en que el procedimiento se sustancie a través de una Institución arbitral, como es el caso del Consejo Arbitral, la cuestión es distinta. Las partes que deciden acudir a un procedimiento institucionalizado asumen que será la administración correspondiente la que designará el árbitro conforme a sus criterios. Así, en el arbitraje ante el Consejo será éste quien decida. De todas formas, el Consejo no funciona como Cámara, sino que realiza ciertos acuerdos para que Cámaras y Colegios profesionales proporcionen su lista de árbitros. No hay, por así decirlo, árbitro del Consejo, sino que éstos proceden de diferentes instituciones colaboradoras o adheridas.

En un procedimiento arbitral puede haber uno o varios árbitros, siempre impares, siendo la imparidad un requisito esencial de composición del órgano arbitral, que serán personas físicas, no jurídicas, y que deben estar en pleno ejercicio de sus derechos civiles, entendiendo por tales que sea mayor de edad y con plena capacidad de obrar[10].

En el caso de Consejo arbitral, está previsto que el árbitro sea una figura unipersonal.

---

[10] Como nos recuerda Alonso Puig, J. M. Ser independiente e imparcial no es lo mismo que no incurrir en ninguna de las causas de abstención y recusación de jueces y magistrados. Así la Exposición de Motivos de la Ley de arbitraje señala que hay que entender que los motivos de abstención y recusación de jueces y magistrados no son siempre adecuados en materia de arbitraje. "Motivos de abstención y recusación" en *Comentarios a la nueva ley de arbitraje,* González Soria, J. (coord) Aranzadi, 2011 págs. 237 y ss. Montero Aroca. J "Motivos de abstención y recusación" en *Comentarios a la Ley de* arbitraje. Barona Vilar, s.(coord.) Thomson-Civitas 2004. págs. 659 y ss. Sobre la independencia e imparcialidad, se trata de dos cuestiones distintas, aunque a veces se traten como si fueran un único concepto. Si la independencia tiene un carácter absoluto, la imparcialidad es relativa y debe atender a un proceso concreto. A efectos de arbitraje, la norma se refiere en realidad a imparcialidad puesto que el árbitro carece de estatuto propio, de ahí que no pueda cuestionarse su independencia.

Se exige además que los árbitros sean y permanezcan durante el arbitraje independientes e imparciales, sin que puedan mantener con las partes relación personal, profesional o comercial, estableciendo la Ley la obligatoria revelación de todas las circunstancias que puedan dar lugar a dudas sobre su imparcialidad, así como las figuras de la abstención y recusación, remoción y renuncia.

La vulneración del principio de igualdad en el nombramiento del árbitro supone la nulidad del convenio arbitral en ese punto. Los órganos judiciales, en la resolución de un posterior proceso de anulación del laudo decidirán si se ha conculcado la ley en este punto específico por haberse dictado en circunstancias abusivas.

c) El Procedimiento. Especial referencia al procedimiento ante el Consejo Arbitral de la Comunidad de Madrid

Respecto de procedimiento, incluimos a continuación una referencia muy general, teniendo en cuenta que éste es un aspecto que se desarrolla en los siguientes capítulos de esta obra colectiva.

Podemos señalar que de acuerdo con la ley actual -artículo 7- *"En los asuntos que se rijan por esta ley no intervendrá ningún tribunal, salvo en los casos en que ésta así lo disponga"*.

De esta forma, la Ley está garantizando una mínima interferencia posible del juez estatal en el arbitraje.

A lo largo del procedimiento prima la autonomía de la voluntad y la ley se limita a establecer un régimen subsidiario para el caso de que las partes no hubieran pactado nada al respecto. Así ocurre, por ejemplo, con las notificaciones, comunicaciones y cómputo de plazos, si bien la fijación por acuerdo de un régimen de notificaciones y comunicaciones no puede desconocer las exigencias del derecho de defensa, que se constituye en un límite infranqueable impuesto por el artículo 24 CE. Ello implica que las partes no pueden acordar un régimen de notificaciones más severo para una de las partes o que no se garantice que las partes tienen conocimiento de las actuaciones arbitrales.

En el caso de que se trate de un arbitraje institucional, como es el caso del Consejo arbitral, la autonomía de las partes es la que decide acudir a ese procedimiento. La voluntariedad es elemento esencial al arbitraje, y por ello el Tribunal Constitucional ha entendido que no son procedimientos arbitrales los de carácter público obligatorio por no contar con el elemento de voluntariedad-, eso no quiere decir que no exista un mínimo contenido procedimental en la solución arbitral. En el caso del Consejo arbitral son las partes en virtud de su autonomía quienes asumen el Reglamento previsto en el Consejo arbitral. De manera que las partes, por voluntad propia, se someten a las reglas procedimentales establecidas por el Consejo Arbitral.

Asimismo, es preciso que el procedimiento de arbitraje se tramite conforme a los principios que señala la Ley, con las garantías de igualdad de las partes, audiencia, contradicción y prueba.

En este punto la evolución normativa ha sido muy clara y relevante, porque la Ley de 1953 se manifestó rígida y formalista en lo que al procedimiento se refiere, mientras que la de 1988, al edificar todo el instituto sobre la autonomía de la voluntad, descarga al arbitraje de buena parte del formalismo anterior, tanto para declarar la eficacia del convenio arbitral como en lo referente al procedimiento en sí mismo considerado, permitiéndose a las partes modificaciones en la tramitación del procedimiento arbitral.

Centrándonos en el procedimiento que se desarrolla por el Consejo arbitral de la Comunidad de Madrid, destacamos los siguientes aspectos:

- Estamos ante un procedimiento de carácter institucional en el que el Consejo, creado para esta función en 2008, lo que pretende es aportar una serie de garantías que vienen dadas por el sometimiento a ese Reglamento del Consejo y que se entiende que cumple las garantías necesarias de un derecho que se considera tuitivo. El Consejo no funciona como Cámara, sino que realiza ciertos acuerdos para que Cámaras y Colegios profesionales proporcionen su lista de árbitros. No hay, por así decirlo, árbitro del Consejo, sino que éstos proceden de diferentes instituciones colaboradoras o adheridas.
- En segundo lugar, es un procedimiento que viene acotado desde un doble punto de vista. Territorial, pues solo va a re-

solver las controversias de fincas sitas en Madrid y objetivo, pues solo prevé la resolución de las derivadas de los contratos de arrendamiento de fincas urbanas. Su objeto y determinación están claramente marcados.

- En tercer lugar, respecto de su funcionamiento. Se trata de un sistema de arbitraje de Derecho, que se pone en marcha con la inclusión en el contrato expresa y clara del sometimiento al arbitraje del Consejo, en el que quien arbitra es una figura unipersonal. Y que conlleva la aplicación de un Reglamento, cuyo carácter no es dispositivo. En el sentido de que, si las partes se someten a este arbitraje, lo hacen de conformidad con lo dispuesto en el Reglamento del Consejo.
- En cuarto lugar, respecto del procedimiento en concreto, no exige abogado ni procurador y es un procedimiento sencillo en el que se cuenta con que se realice una vista. Y que trata de asegurar el cumplimiento de los principios generales que la Ley de arbitraje exige.
- Por último, los laudos se ejecutan en un juzgado especializado. Se trata del Juzgado 101 de Primera Instancia de Madrid. Lo que ha supuesto una enorme ventaja para facilitar las ejecuciones de los laudos de una forma más armonizada.

El procedimiento, en grandes líneas, proviene de una cláusula de sometimiento a este tipo de arbitraje respecto de la ha habido un acuerdo entre las partes. Y se siguen los siguientes pasos:

- La presentación de la demanda, que se realiza ante el Consejo Arbitral
- El arrendador deberá indicar lo referente a la enervación del desahucio y el Árbitro señalará en la primera orden procesal si existe la posibilidad de enervar, y en caso positivo el plazo para proceder a la enervación será hasta que finalice el plazo para contestar a la demanda.
- La contestación a la demanda debe hacerse en un plazo de 7 días y una vez superado este plazo, en caso de que no hubiera contestado se le declarará en rebeldía y se declarará el desahucio sin más trámites.

- El arbitraje ante el Consejo prevé una Vista. Así como las consecuencias de la no asistencia por ambas partes. Así,
  - o si el demandante no asistiere a la vista, y el demandado no alegare interés legítimo en la continuación del proceso para que se dicte laudo sobre el fondo, se le tendrá en el acto por desistido de la demanda, se le impondrán los costes causados y se le condenará a indemnizar al demandado comparecido, si este lo solicitase y acreditare los daños y perjuicios sufridos.
  - o Y al demandado que no acuda a la vista, se le declarará en rebeldía procesal y sin volver a citarlo continuará el proceso su curso.
- Una vez practicadas las pruebas y las alegaciones de las partes, se dará por terminada la vista y el árbitro dictará laudo dentro de los cuatro días siguientes, convocándose en el acto de la vista a las partes para recibir la notificación

Este es en grandes líneas el procedimiento ante el Consejo.

Me gustaría, por último, incidir en una de las cuestiones con las que se ha de tener una mayor cautela, de hecho, en la práctica, es la que en un mayor número de casos conlleva la nulidad de un laudo arbitral. Se trata de los defectos en las notificaciones y comunicaciones. Las partes pueden fijar un acuerdo de un régimen de notificaciones y comunicaciones, pero no puede desconocer las exigencias del derecho de defensa, que se constituye en un límite infranqueable impuesto por el artículo 24 CE. Ello implica que las partes no pueden acordar un régimen de notificaciones más severo para una de las partes o que no se garantice que las partes tienen conocimiento de las actuaciones arbitrales.

El Reglamento del Consejo Arbitral establece que *"Las notificaciones se realizarán según la vigente Ley 60/2003, de 23 de diciembre, de Arbitraje"*. Por lo tanto, se siguen las pautas generales.

Un posible fallo en las notificaciones, del que es responsable el árbitro, puede producirse en relación, o bien en el curso del proceso respecto de cualquiera de sus actuaciones, o en su finalización a través del laudo. En cualquiera de los casos señalados, como sabemos, la falta de notificación conlleva una vulneración de los principios que rigen el proceso arbitral y es posible causa de indefensión[11].

Hay que tener en cuenta dos tipos de cuestiones en relación a este particular. Primero, cuál debemos considerar que es el domicilio al que enviar las notificaciones. Y segundo, a través de qué medio de comunicación debemos hacerlo.

En un procedimiento arrendaticio, el domicilio del demandado, que se debe hacer constar en la demanda, coincide generalmente con la vivienda arrendada. También es posible que la parte demandante señale otra dirección, lo cual, en principio, facilita la notificación. Y para el caso de que no conste un domicilio al que dirigir las notificaciones, deberá entenderse, por analogía con el proceso previsto en el Ley de Enjuiciamiento Civil (art. 155), que será el de la vivienda arrendada. En cualquier caso, el artículo 5 de la Ley 60/2003, de 23 de diciembre, de Arbitraje da por válida la entrega en el último domicilio, residencia habitual, dirección o establecimiento conocidos del destinatario, siempre que se haga tras una indagación razonable.

Éste último concepto, indagación razonable resulta complejo y sitúa al árbitro en una posición difícil. De una parte, deberá realizar las acciones que considere para dirigir las notificaciones a la dirección de la parte demandada, pero de otra cuenta con las limitaciones impuestas por la Ley Orgánica de Protección de Datos. Las cuales se reducen de hecho en un proceso por la vía jurisdiccional, dadas las posibilidades que la Ley de Enjuiciamiento Civil otorga al Secretario Judicial, en su artículo 156, para colaborar a la hora de realizar tales indagaciones y que no están al alcance de los árbitros.

El árbitro deberá utilizar cualquier dato que aparezca en la demanda, como puede ser la referencia a domicilios alternativos que consten en la demanda, y que aporte algo de luz a la hora de determinar en lugar correcto al que notificar los actos del procedimiento.

---

[11] Guzman Fluja, V. "Notificaciones, comunicaciones y cómputo de plazos" págs. 190 y ss.- "Intervención judicial" págs. 242 y ss. Ambos en *Comentarios a la Ley de arbitraje. (Ley 60/2003)* Barona Vilar, s. (coord.) Thomson-Civitas 2004, págs. 242 y ss.

Respecto de la segunda cuestión, el modo de hacer la comunicación, de manera general puede entenderse que siempre que la no recepción no sea debida a una conducta del arrendador dirigida a tal fin, el normal funcionamiento de correos, garantiza la entrega de las comunicaciones. Así pues, el depósito de aviso en ausencia de destinatario se considera en principio suficiente. El burofax de Correos es actualmente el método más utilizado y ofrece suficientes garantías, además de que el conducto notarial es también válido.

Junto con los sistemas que están ya implantados, están surgiendo empresas especializadas que se prestan como terceros de confianza. Se trata de sistemas perfectamente asumibles en el arbitraje que, además, según la propia Ley de Arbitraje, están expresamente reconocidos a través de los posibles arbitrajes telemáticos.

Además de lo expuesto respecto la actividad del Consejo, quería concluir con que se trata de un sistema garantista en lo posible, que está realizando una labor muy útil al preocuparse por el buen desarrollo de los procedimientos, de una parte, y al mostrar la existencia de una institución que cree en el arbitraje y en sus posibilidades y que tiene entre sus objetivos la promoción de los sistemas arbitrales y su aplicación a este ámbito concreto.

Todo esto se consigue, entre otras cosas, gracias al sistema creado, que es rápido y sencillo, pues hay prevista una única comparecencia, sin necesidad de abogado ni procurador, y la resolución se produce en un plazo de dos meses desde que se ha presentado la demanda y en el que se marca un plazo para dictar el laudo de cuatro días hábiles, desde la celebración de la vista. Además, y éste es un aspecto fundamental a efectos de logra un mayor desarrollo del arbitraje en temas "menores", debemos tener presente que es económico, pues los costes son los equivalentes a un mes de renta más un precio público que es muy asequible. Y cuya ejecución se despacha en un único juzgado, lo que facilita su coordinación.

IV. Mediación. Su aplicación al ámbito inmobiliario

Hacemos a continuación referencia a los rasgos generales del proceso de mediación, a sus caracteres básicos, con la idea de colaborar a una mejor comprensión del efecto de su aplicación en el ámbito inmobiliario.

La mediación es un tipo de proceso distinto al arbitraje, básicamente porque hace recaer la solución del conflicto en las partes y no en el mediador. La definición del rol del mediador es una cuestión fundamental para entender la justificación última de la mediación. De lo que se trata es de que sean las partes quienes resuelvan el conflicto, que éste no venga impuesto desde fuera. Lo que coadyuvará a su más fácil cumplimiento. De ahí que el mediador debe ocupar un papel determinado, dejar protagonismo a las partes y mantener una posición neutral.

En muchos casos, especialmente en aquellos en que el mediador proviene de una profesión en que se acostumbra a asesorar a las partes, el mediador tiende a proponer la solución que le parece más adecuada, puesto que mantener una posición neutra respecto del conflicto es extremadamente complicado. De ahí que sea preciso trabajar para lograr la aptitud del mediador que se espera en este tipo de procesos.

La mediación tiene como objetivo resolver un conflicto o la mejora de las relaciones. Todo el proceso está legalmente regulado y en caso de que se convenga un acuerdo, según lo que estipula la Ley, éste se convierte, siempre que se eleve a documento público ante notario, en un título ejecutivo.

En el ámbito inmobiliario, de manera más concreta en el arrendaticio, la mediación tiene, por su especificidad, un encaje especialmente positivo. En realidad, cualquier forma de sistema alternativo de resolución de conflictos es de hecho un instrumento de enorme interés para su aplicación a los conflictos en este ámbito.

La mediación puede definirse a través de sus caracteres. Se trata de un proceso, legalmente regulado, que tiene como ejes centrales de su actividad la voluntariedad y libre decisión de las partes y se desarrolla a partir de la intervención de un profesional neutral que facilita la resolución del conflicto por las propias partes, de una forma equitativa, permitiendo el mantenimiento de las relaciones subyacentes y conservando el control sobre el final del conflicto, que queda expresado en el acuerdo de mediación[12]. Estamos ante una forma autocompositiva o no adversarial frente a la vía heterocompositiva o adversarial, que es la propia del arbitraje. Esta diferenciación es fundamental y sitúa a la mediación como una forma de gestión positiva de un conflicto a través de técnicas multidisciplinares.

Según la Ley se entiende por mediación aquel medio de solución de controversias, cualquiera que sea su denominación, en que dos o más partes intentan voluntariamente alcanzar por sí mismas un acuerdo con la intervención de un mediador.

Para la Directiva reguladora, 2008/52/CE, de acuerdo con su artículo 3, la mediación es: *"un procedimiento estructurado, sea cual sea su nombre o denominación, en el que dos o más partes en un litigio intentan voluntariamente alcanzar por sí mismas un acuerdo sobre la resolución de su litigio con la ayuda de un mediador. Este procedimiento puede ser iniciado por las partes, sugerido u ordenado por un órgano jurisdiccional o prescrito por el Derecho de un Estado miembro"*[13].

De acuerdo con la propia Directiva, es una manera más rápida, simple y rentable de solucionar conflictos que permite tener en cuenta más aspectos, mas aristas y perfiles de los intereses de las partes. Ello aumenta las posibilidades de alcanzar un acuerdo, porque se entiende que lo respetarán voluntariamente, y contribuye a preservar una relación amistosa y sostenible entre ellos.

---

[12] GUILLÉN GESTOSO C.; J. MENA CLARE; E. RAMOS RUIZ y S. SÁNCHEZ SEVILLA: "Aproximación genérica a la mediación", SANCHEZ PEREZ, J. (coord)., *Aproximación interdisciplinar al conflicto y a la negociación,* Cádiz: Servicio de Publicaciones de la Universidad de Cádiz, 2005. p. 59-72.

[13] Entre otros puede verse sobre el tema: ORDOÑEZ SOLOS, D. "La Directiva sobre mediación y sus efectos en el derecho español: fuera de los tribunales también hay justicia", *Diario La Ley,* núm. 7165, 2009, pp. 1-30. Esta Directiva está basada en el Libro Verde sobre las modalidades alternativas de solución de conflictos en el ámbito del derecho civil y mercantil, que fue elaborado por la Comisión Europea en el mes de abril de 2002. disponible en: http://eur-lex.europa.eu/LexUriServ/site/es/com/2002/com2002_0196es01.pdf La Directiva ha venido a completar otras regulaciones en ámbitos diferentes. Ente ellas, la Decisión-Marco 2001/220/JAI, de 15.3.2001, sobre la implantación de la mediación en la vía penal, así como varias Recomendaciones del Consejo de Europa a los estados miembros en derecho de familia (R1/1998) y en derecho penal (R19/1999).

Es preciso destacar el reciente auge que vive la mediación en estos últimos años. Y a este respecto nos preguntamos el porqué. De una manera general, entendido como sistema de resolución de conflictos, la mediación forma parte de la historia de la humanidad. Sin embargo, en cuanto un proceso regulado jurídicamente, se trata de algo muy reciente. Esto ha llevado a que se plantee un debate entre los abogados, que defienden el que la mediación ya se practica de manera habitual como consecuencia del desarrollo de la actividad profesional. De manera que se ha extendido la idea de que la mediación es algo que ya se viene haciendo sin que la regulación aporte nada distinto.

Compartimos la idea de que en la mayoría de los casos el abogado trata de mediar, no a través de un procedimiento "formal" sino de forma espontánea, no estructurada. Intuitiva, no organizada, ni con el conocimiento de ciertas técnicas. Lo que nos lleva a delimitar los cambios que ha introducido la Ley en lo que era una función asumida muchas veces por los abogados.

A lo que nos referimos con la mediación en este caso es al procedimiento legalmente establecido, cuya regulación en nuestro país viene dada por la Ley 5/2012 sobre Mediación en Asuntos Civiles y Mercantiles, que a su vez ha sido desarrollada por el RD 980/2013. La Ley es transposición de una Directiva, la 2008/52/CE, del Parlamento Europeo y del Consejo, de 21 de mayo de 2008, sobre determinados aspectos de la mediación en asuntos civiles y mercantiles. Además, debe tenerse en cuenta la Ley 1/2000 de 7 de enero, de Enjuiciamiento Civil, con la redacción dada con los artículos modificados por la Ley 5/2012 de 6 de julio, de mediación en asuntos civiles y mercantiles. Así como la Ley de la Jurisdicción Social, en concreto sus artículos 63 a 68. Vemos, por tanto, que estamos ante una figura de reciente regulación, respecto de la cual se han puesto en marcha en estos años los instrumentos necesarios para el conocimiento de la mediación, la formación de los mediadores, así como la creación de registros de mediadores en los que se inscriban quienes cumplan los requisitos legalmente establecidos.

Tenemos en cuenta a continuación que el sistema de mediación se basa en determinados principios, sustancialmente la voluntariedad y libre disposición de la materia, a los que hacemos referencia.

Lo que pretende lograr la aplicación de los principios de voluntariedad y libre disposición en el procedimiento de mediación es que éste sea efectivo para las partes, de tal forma que se consiga una participación activa de las mismas en el procedimiento y una colaboración con el mediador, para lograr, en última instancia, que el procedimiento de mediación sea real y pueda ponerse fin a la controversia existente[14].

Este principio lleva implícito el respeto de las partes a la decisión adoptada en el procedimiento de mediación, al que han acudido libre y voluntariamente e implica que cualquiera de ellas pueda decidir, en cualquier momento, poner fin al procedimiento de mediación iniciado.

Debemos tener en cuenta que, sin la voluntad real de las partes, sin el compromiso efectivo que las partes están dispuestas a aceptar, con todo lo que eso implica de renuncia con relación a sus expectativas anteriores, el ADR no habría conseguido sus objetivos fundamentales, es decir, la verdadera solución del conflicto y la consiguiente pacificación social. En tal caso, señala el Libro Verde, habrá que temer nuevos problemas, como la impugnación jurídica de la validez del acuerdo, el cuestionamiento de la responsabilidad del tercero por "arrancarle" a una de las partes un compromiso no equitativo, etc. Por lo que conviene hacer todo lo posible para garantizar la validez de los consentimientos.

En la propia Ley, sin embargo, se plantea que las partes quedan obligadas a intentar la mediación, lo que concilia con dificultad con el principio de voluntariedad. Señala la Ley que "*Cuando exista un pacto por escrito que exprese el compromiso de someter a mediación las controversias surgidas o que puedan surgir, se deberá intentar el procedimiento pactado de buena fe, antes de acudir a la jurisdicción o a otra solución extrajudicial. Dicha claúsula surtirá estos efectos incluso cuando la controversia verse sobre la validez o existencia del contrato en el que conste*".

[14] El principio de voluntariedad es común a los distintos sistemas de ADRs. Así lo ha señalado el TC en relación con al arbitraje. En STC 75/96 "*La autonomía de la voluntad de las partes constituye la esencia y el fundamento de la institución arbitral, por cuanto que el arbitraje conlleva la exclusión de la vía judicial*".

Hay que destacar, sobre el contenido de este precepto, que podría no tener mucho sentido obligar a alguien a participar en un procedimiento de mediación contra su voluntad, como consecuencia de que el éxito del procedimiento depende, precisamente, de esta voluntad. El fin de la Ley no es, sin embargo, la exigencia de resolver una cuestión a través de la mediación, sino que se considera cumplido si una vez pactado al menos se intenta de buena fe, incluso a sabiendas de que una de las partes no desee hacerlo. Pero como existió una cláusula firmada, la buena fe reclama al menos intentarlo, asumiendo que las partes pueden poner fin al procedimiento en cualquier momento.

Además de la voluntariedad como principio eje de la mediación, es preciso referirnos a otros, fundamentales también para su buen desarrollo, que son los principios de imparcialidad, neutralidad, igualdad de las partes y confidencialidad. A los mismos se añaden las reglas o directrices que han de guiar la actuación de las partes en la mediación, como son la buena fe y el respeto mutuo, así como su deber de colaboración y apoyo al mediador.

Nos detenemos en el primero. A la igualdad entre las partes la Ley hace referencia junto con el principio de imparcialidad del mediador. El procedimiento de mediación debe garantizar que las partes intervengan con plena igualdad de oportunidades, manteniendo el equilibrio entre sus posiciones y el respeto hacia los puntos de vista por ellas expresados, y que puedan llegar por sí mismas a un acuerdo, no pudiendo el mediador actuar en interés o en perjuicio de ninguna de ellas.

De esta forma, una posición dominante o la existencia de cualquier traza de violencia, amenaza o intimidación impide que se celebre una mediación. De ahí que podamos entender que no es posible la mediación en casos de violencia de género, precisamente porque se rompe el principio de igualdad entre las partes.

A estos efectos, la Ley 5/2012 contempla la obligación del mediador de no iniciar o abandonar la mediación cuando concurran circunstancias que afecten a su imparcialidad, así como revelar cualquier circunstancia que pudiera afectarle a la hora de conducir el proceso con imparcialidad. Incluso, como señala el Código de conducta europeo para mediadores, el mediador no debería solo actuar imparcialmente con las partes en todo momento, sino también esforzarse en demostrar su imparcialidad.[15]

Junto con la imparcialidad, el principio de neutralidad trata de resaltar que la solución por vía de mediación sólo puede llegar a través de un acuerdo voluntariamente consentido por ambas partes, por si mismas, sin que el mediador esté facultado para decidir ni pueda imponer a las partes ninguna clase de solución o medida concreta.

Ambos principios están muy relacionados, si bien podemos entender que la diferencia entre ambos reside en que el mediador es imparcial en sus relaciones con las partes y neutral con respecto al resultado de la mediación. Es propio únicamente de la mediación, no de otro tipo de sistemas, como el arbitraje.

Este principio no sólo implica que la mediación es una figura autocompositiva, sino que los valores, criterios y posibles soluciones que el mediador tiene ante los problemas que se le presentan no han de condicionar la decisión a que lleguen las partes, siendo estas las únicas facultadas para alcanzar una solución sobre la controversia existente.

Este principio de neutralidad implica, por último, no solo una actuación negativa, en el sentido de no tomar partido, sino que va mas allá, tratando de situar a las partes en una posición equilibrada desde la que defender sus intereses.

Por último, la confidencialidad exige no dar a conocer ninguna información obtenida a través del proceso de mediación. Este principio asegura la mayor confianza de las partes y contribuye a un mejor desarrollo del proceso. El principio de confidencialidad es aplicable como un equivalente a reserva sobre la información obtenida a lo largo del procedimiento. Esta obligación incluye la de no revelar ningún dato del que se haya tenido conocimiento a través

---

15 El Código de conducta europeo para mediadores fue aprobado en julio de 2004. Puede verse en ec.europa.eu/civiljustice/adr/adr_ec_code_conduct_es.pdf

de la mediación, durante la misma y una vez ésta haya finalizado con o sin acuerdo. Se refiere al mediador, a las instituciones de mediación y a las partes intervinientes. No rige en aquellas mediaciones o cuestiones respecto de las cuales las partes expresamente lo acuerden así, y tampoco en aquéllas donde la mediación sea pública porque la ley lo exija.[16]

Una vez centrados los ejes fundamentales del proceso de mediación, a través del estudio de sus principios reguladores, hacemos mención en primer lugar a la capacidad de disposición en materia de arrendamiento.

La capacidad de disposición de las partes no es absoluta ni puede ser contraria, como ya señalamos en referencia al arbitraje, a los principios, valores y derechos fundamentales inderogables, ni puede afectar al estricto derecho de la persona. Lo que supone que quedarán excluidas todas aquellas cuestiones que afectan de manera directa o indirecta al estatuto de la persona y a sus derechos fundamentales a los que se refieren los artículos 14 a 29 CE. De esta forma, el orden público viene a determinar las materias que quedan fuera de la disponibilidad de las partes y que por tanto no son susceptibles de ser sometidas mediación[17]

Otro aspecto que nos parece fundamental es la posición de las partes en el proceso de mediación y especialmente en relación con el rol del mediador.

En el proceso debemos hacer referencia a los sujetos que intervienen en el mismo, esto es, las partes y el mediador.

---

[16] Sobre esta cuestión vid. BARONA S. *Mediación en asuntos civiles y mercantiles en España*. Tirant Lo Blanch. 2013. págs. 180 y ss.

[17] Sobre el ámbito de aplicación y materias disponibles en mediación vid. MARTÍN DIZ, F . *La Mediación: Sistema complementario de la Administración de Justicia*. CGPJ. 2010.. págs. 87 y ss. Señala que son disponibles las que lo sean legalmente por las partes o bien que sean en su caso susceptibles de ser homologadas judicialmente. En el ámbito familiar quedarían excluidas las referentes a materia de capacidad de las personas y reconocimiento o impugnación de la filiación. En el ámbito penal rige, como sabemos, de manera general la garantía jurisdiccional del derecho penal. A su juicio, la introducción de la mediación penal en España podría requerir una modificación constitucional de las atribuciones que en materia de Justicia penal otorga la Constitución a jueces y magistrados con carácter de exclusividad (artículo 117.3 CE y 2.1 LOPJ).

Respecto de las partes, al tratarse de un sistema autocompositivo, son las partes implicadas en la mediación las que han de encontrar una solución a su conflicto, no delegando en una tercera persona la decisión sobre el mismo. Por ello el mediador debe mantenerse en un plano neutral, imparcial y equidistante entre las partes. Es un mero canal de la comunicación que debe ayudar a las partes a negociar y alcanzar ellas mismas una solución[18].

Las partes son, por tanto, los protagonistas del desarrollo de la mediación y su voluntad, o autonomía de decisión, el principio eje de todo el procedimiento, de tal forma que el mediador queda obligado a la búsqueda de soluciones, a trazar puentes de comunicación e intentar que las partes lleguen a un acuerdo desde una posición neutral y sin que en ningún momento, al contrario de lo que ocurre con el arbitraje, pueda variar su función imponiendo soluciones, sino que el proceso gira en torno al acuerdo y capacidad de disposición de las partes.

En lo que se refiere a los mediadores, la Ley regula de forma detenida las cuestiones relacionadas con su necesaria preparación, condiciones de ejercicio y demás aspectos que vienen a reforzar la exigencia de imparcialidad del mediador a lo largo del procedimiento.

> *"El mediador deberá estar en posesión de título oficial universitario o de formación profesional superior y contar con formación específica para ejercer la mediación, que se adquirirá mediante la realización de uno o varios cursos específicos impartidos por instituciones debidamente acreditadas, que tendrán validez para el ejercicio de la actividad mediadora en cualquier parte del territorio nacional".*

¿Cual es en la práctica la formación del mediador? Generalmente actúan como mediadores abogados, psicólogos, así como técnicos de acuerdo con la materia de que se trate. De esta forma, tiene senti-

[18] En la mediación el eje cardinal del sistema es la figura del mediador. Los principios rectores de su actuación. Libertad de las partes en conflicto y del mediador para participar en los procedimientos de mediación, igualdad de las partes, imparcialidad, neutralidad, principio de legalidad, deber de no imposición, confidencialidad, protección del bienestar e interés del menor y personas con discapacidad, competencia y ética del mediador, buena fe de las partes en conflicto y del mediador, sencillez y rapidez del procedimiento y otros que, junto con los deberes del mediador familiar en el ejercicio de su profesión, perfilan una actuación reglada de la mediación.

do que en una mediación relacionada con cuestiones del ámbito de la construcción hubiera un arquitecto, o cualquier otro profesional conocedor de este ámbito que podrán estar actuando como mediadores o co-mediando, en su caso, junto con otros profesionales.

Como ya hemos comentado anteriormente, el rol del mediador no es el propio de un psicólogo ni de un abogado, no es un experto en la materia sobre la que versa la mediación, o al menos no actúa en calidad de tal, y la principal diferencia que encontramos con los profesionales de estas disciplinas es el lugar que ocupa el mediador con respecto a sus clientes. El mediador debe abandonar la situación de poder que le confiere ser un "técnico" para situarse en un plano de igualdad con las partes. Es lo único que puede hacer que éstas se sitúen en una posición que facilite para el acuerdo.

Ahora bien, dependiendo de los casos, qué duda cabe que la preparación técnica de un asunto sobre el que se va a mediar ayuda y facilita su mejor comprensión. De ahí que sea aconsejable tal preparación para actuar como mediador.

Además, el mediador, como se ha señalado, se espera que proceda de forma imparcial respecto a las partes y sea neutral en relación con el objeto del proceso. Debe permanecer en una posición de equilibrio respecto de las partes, sin que muestre ninguna preferencia respecto de alguna de ellas. Esto implica límites a la hora de expresar opiniones respecto del conflicto, y exige evitar que el mediador plantee la solución al conflicto. El mediador no puede situarse en un papel activo ni debe animar a las partes a resolver "su" conflicto en un sentido u otro distinto. Esto exige un esfuerzo por parte del mediador que deberá necesariamente controlar su tendencia natural a ponerse de parte, a dar su opinión desde un prisma personal, basado en percepciones subjetivas y formas propias de entender el mundo.

Por último, al mediador se le suponen ciertos rasgos de la personalidad como la creatividad, la flexibilidad o la tolerancia, que son fundamentales para poder desarrollar la labor que le corresponde. Así como otras, tales como la empatía o la capacidad de comunicación desde una perspectiva amplia. Comunicar, en este caso, se puede traducir no tanto como intercambio de información, sino de una manera más amplia que incluye la comunicación no verbal, así como la escucha activa y el saber crear lo silencios necesarios desde una posición abierta en la que se colabore a crear un clima favorable a la toma de acuerdos. Todo ello es necesario para actuar como mediador.

Analizados los aspectos que afectan a las partes intervinientes en el proceso, vemos a continuación cómo se desarrolla la mediación y cuáles son las técnicas aplicables al proceso.

Partimos de la idea de que se trata de un procedimiento complementario a la jurisdicción, no antagónico ni excluyente de la misma; extrajudicial, por el hecho de que se administra por sujetos no integrados en el Poder Judicial y alternativo, por cuanto no permite la utilización simultánea de la resolución judicial.

Es un proceso sencillo en que se pueden destacar las siguientes fases: iniciación, desarrollo y redacción del acuerdo y acta final[19].

En primer lugar, el inicio del procedimiento, al que se da comienzo con una sesión informativa y la sesión constitutiva. En éstas se identifican las partes y se designa al mediador, ya sea de la institución de mediación, o se acepta al designado por una de las partes. Asimismo, se determina el objeto de conflicto que se somete a mediación, el programa de actuaciones y duración máxima prevista del procedimiento. También se da información sobre el coste de la mediación. Es preciso que se recoja una declaración de que las partes aceptan de manera voluntaria la mediación. Por último, en esta fase inicial se determinan el lugar de celebración de la mediación y la lengua del procedimiento.

En una segunda fase, una vez constituida la mediación, se deberá firmar el acta de iniciación y comienza lo que es el desarrollo en sentido estricto de la mediación. El proceso se caracteriza por su fle-

---

[19] Existen distintos modelos de mediación. El más utilizado entre nosotros y que tiene un mayor reflejo en la Ley es el de Harvard: Este modelo tiene su origen en la escuela de Derecho de Harvard. Se desarrolla bajo una perspectiva contractualista, cuyo objetivo primordial es alcanzar el acuerdo. Para ello aplican técnicas objetivas, sustancialmente ajenas al mundo interno o emocional de las partes en conflicto, con el fin de conducirlas hacia el acuerdo.

xibilidad, de manera que hay libertad para desarrollarlo de la forma que se considere conveniente, dentro del respeto de los principios básicos aplicables a la mediación.

De manera general se puede decir que en esta fase se va a definir el problema, a centrar el objeto de mediación, para elaborar un programa, un plan de trabajo. Deberá recopilarse toda la información, para lo que es preciso dejar que las partes sean las que definan el problema, las que se hagan conscientes del mismo, de manera que el mediador debe trabajar para lograr este fin ayudando a las partes a definir el objeto del conflicto. Una vez centrado el tema, se realizará un plan de actuación. Es preciso recoger la información para comprender el asunto en toda su dimensión.

Se ponen en marcha todas las técnicas propias de la mediación en un proceso en que las partes deben exponer sus ideas, respecto de las que se hace una clasificación, de manera que se analizan explorando sus consecuencias, costes y beneficios. Es preciso acercarse al conflicto, partiendo de que cada conflicto es único, y es función del mediador tratar de comprenderlo, descifrar los distintos elementos que lo componen, tratar de comprender la situación de cada parte, ponerse en el lugar de éstas con empatía. Solo se puede actuar como mediador en un proceso si éste se trata de comprender en toda su amplitud.

El mediador deberá esforzarse por desbloquear el conflicto, para lo que es preciso que conozca su grado de intensidad en el momento en que está para ambas partes. Con este objetivo el mediador utilizará ciertos métodos conciliatorios, para lo que es preciso legitimar a las partes, equilibrar sus posiciones y crear un ambiente en el que las partes puedan acercarse. Una de las técnicas más utilizadas es la reformulación, mediante la que se va a hacer un eco positivo de la información que recibimos de las partes, y cuya finalidad inicial es convertir los reproches que plantean las partes en deseos insatisfechos.

Las técnicas utilizadas en la mediación son la búsqueda de intereses, frente a las posiciones. Esto es, el mediador debe lograr descubrir que es lo que las partes quieren, que hay detrás de lo que reclaman. Irá de un qué se quiere a un porqué se quiere. Y es posible que los intereses se satisfagan con más facilidad que las posiciones, que son las que mantienen inicialmente las partes.

En esta segunda fase se desarrolla la mediación mediante ciertas técnicas, de las que hemos hecho una somera referencia a algunas de las más utilizadas en el proceso de mediación.

La última fase viene dada por la redacción del acuerdo final al que nos referimos a continuación.

En primer lugar, debemos señalar que el acuerdo puede ser total o parcial y que éste viene seguido del acta final. Sin embargo, el convenio de mediación, si se quiere convertir en título ejecutivo, debe elevarse a escritura pública. Es decir, su efectividad es la propia de un convenio entre partes privadas documentado públicamente en forma de escritura de esa naturaleza. De tal forma, que no se podrá recurrir directamente a un procedimiento de ejecución, sino que se deberá acudir antes a un procedimiento declarativo.

Podría no haber sido necesario, de la misma forma que hoy no es exigible que los laudos arbitrales se protocolicen. Pero esta diferencia deriva de la distinta naturaleza de los institutos en cuestión: en el arbitraje las partes someten y aceptan la decisión de un tercero; en la mediación son ellas, y solo ellas, las que alcanzan el acuerdo, de modo que su decisión asume naturaleza contractual o convencional, y de ahí la exigencia de elevación a público para alcanzar la consideración procesal de título ejecutivo. Ya que el mediador no soluciona, no adopta decisión.

Sobre la cuestión de en qué casos es posible ejercitar la acción de nulidad del acuerdo, ésta sólo podrá ejercitarse por las causas que invalidan los contratos[20]. Por lo que, en general, hay que seña-

[20] Los requisitos de los contratos, la validez de los mismos, las causas de nulidad, eficacia, interpretación etc., se regulan en los artículos 1254 y siguientes del Código Civil. En cuanto al consentimiento, el artículo 1265 del Código Civil regula las causas de nulidad del consentimiento. Por lo que respecta al objeto de los contratos nos referimos al artículo 1271 del Código Civil, Por lo que respecta a la causa de los contratos, los artículos 1274 a 1277 del Código Civil. En cuanto a la acción de nulidad se regula en los artículos 1301 y siguientes del Código Civil. Se establece un plazo de duración de la acción de nulidad de cuatro años.

lar que no se aprobarán aquellos acuerdos que resulten contrarios a derecho, contravengan la moral, las disposiciones de orden público, afecten a derechos irrenunciables o de terceros o vulneren el principio de equidad en perjuicio de una de las partes.

Tanto los laudos como los acuerdos de mediación son títulos ejecutivos extrajudiciales, a los que corresponde un procedimiento ordinario de ejecución singular en el que el control que se realiza de los laudos y acuerdos de mediación es similar al que se lleva a cabo para la ejecución de una sentencia. Esto es, que concurran los requisitos procesales y que sean conformes con la naturaleza y contenido del título.

La última cuestión, cierre del proceso, o más bien consecuencia del mismo, tiene que ver con la ejecución que, como sabemos, está destinada a la realización judicial del derecho del acreedor reconocido en un título que puede ser una sentencia firme, un laudo arbitral, una escritura pública o cualquiera de los títulos que según el artículo 517 LEC, lleva aparejada la ejecución.

En concreto, el artículo 517.2 LEC establece cuales son los títulos ejecutivos que llevan aparejada ejecución, entre los que se encuentran; entre otros, las sentencias firmes, los laudos o resoluciones arbitrales y los acuerdos de mediación, debiendo estos últimos haber sido elevados a escritura pública de acuerdo con la Ley de mediación en asuntos civiles y mercantiles.

De esta forma, el procedimiento de ejecución de los acuerdos se prevé que se ajuste a las previsiones que ya existen en el Derecho español y sin establecer diferencias con el régimen de ejecución de los acuerdos de mediación transfronterizos cuyo cumplimiento haya de producirse en otro Estado; para ello se requerirá su elevación a escritura pública como condición necesaria para su consideración como título ejecutivo. Además de la opción de crear el título ejecutivo gracias a la actuación del notario, el acuerdo puede ser homologado por el juez[21].

[21] En este caso la ley no innova puesto que la posibilidad de dar fuerza ejecutiva a un acuerdo sobre el que existía un conflicto ya está prevista en la LECiv tal y como señala Bonet Navarro A. *Proceso Civil y Mediación.*, Aranzadi, 2013. pág. 25.

Sin embargo, como se ha señalado, respecto de los acuerdos no jurisdiccionales que no reúnan los caracteres para ser títulos ejecutivos, quienes han otorgado el pacto deben hacerlo valer mediante un proceso declarativo. De tal forma que, en realidad, lo ejecutivo no es el acuerdo sino la sentencia por la que se ha condenado al cumplimiento del pacto[22].

V. Conclusiones

En conclusión, y de acuerdo con lo expuesto podemos señalar.

Primero. En el ámbito inmobiliario, que exige una especial eficacia procesal, especialmente en términos de tiempo, es preciso utilizar sistemas de ADR´S como una forma de lograr más rápidamente y con menor coste la solución de los conflictos.

Segunda. Hemos insistido en la necesaria formación de los árbitros. Tanto en el ámbito general, referido al proceso arbitral como en el ámbito específico o en este caso de especialización en inmobiliario/arrendamientos. El ámbito inmobiliario exige especialización, conocimiento de la materia. De hecho, la especialización es una de las ventajas que ofrece la utilización del arbitraje frente al proceso en vía jurisdiccional.

Tercero. El control y cumplimiento de los principios básicos a los que hemos hecho referencia es una cuestión fundamental. Un proceso nulo es un paso atrás. Se exige una especial cautela con el tema de las notificaciones.

Cuarto. Se hace preciso para un mejor aprovechamiento de las oportunidades que nos ofrece el arbitraje, su extensión y popularización, como arbitraje referido a cuestiones "menores".

Quinto. Debemos tener en cuenta las posibilidades que ofrece la mediación.

La mediación participa sustancialmente de la naturaleza del contrato o convenio inter privados puesto que el mediador no solucio-

---

[22] *Ibid.* págs.153 y ss.

na, no adopta decisión alguna sobre la mejor solución del conflicto, sino que simplemente canaliza el debate de manera ordenada y conforme a los principios de la buena fe para tratar de conseguir que las partes solucionen el conflicto. De forma gráfica podríamos decir que las partes en la mediación son árbitros de sí mismos y la fuerza de su decisión deriva de su propia voluntad expresada en convenio escrito.

Sexto. La mediación tiene la virtud, frente a otros posibles sistemas, que trata no solo de resolver el conflicto sino también de mejorar las relaciones. En el ámbito inmobiliario nos encontramos ante conflictos que afectan a relaciones que de manera forzosa deben mantenerse en el tiempo, por lo que este sistema puede resultar de suma utilidad.

Séptimo. Es preciso un mayor conocimiento de la mediación, lo que conlleva la necesaria formación de mediadores y apoyo desde las instituciones, especialmente de orden inmobiliario y especialmente arrendaticio, para generalizar la práctica de la mediación como un proceso reglado al que le son aplicables los efectos previstos en la reciente Ley de 2012 sobre mediación.

Por último, quiero hacer una mención a la labor que está realizando el Consejo arbitral de la Comunidad de Madrid en este campo.

ASPECTOS GENERALES DEL PROCEDIMIENTO ARBITRAL

JAVIER DE LÓZAR

Abogado. Arbitro.

I. INTRODUCCIÓN[1]

Si bien la presente obra se centra en el concreto arbitraje inmobiliario, resulta necesario aproximarse a tal tipo de arbitraje partiendo de las generalidades del arbitraje en sí, pasando de lo que en común tienen todos los arbitrajes a las particularidades predicables del concreto arbitraje en materia inmobiliaria.

Dicho lo precedente, procede señalar que no existe una definición unívoca y universalmente aceptada de arbitraje, si bien toda la doctrina coincide en señalar que consiste en un método, medio o sistema alternativo y heterónomo de resolución de controversias fundado en la voluntad de los sujetos que, en manifestación de su

---

[1] Conviene poner de manifiesto que el arbitraje en absoluto es una institución novedosa ni es una *moda pasajera* que unos cuantos juristas acaban de "descubrir". En efecto, no sólo fue objeto de expresa regulación en las derogadas Leyes de 22 de diciembre de 1953 y 36/1988, sino que ya venía recogido o regulado en el Digesto, en el Fuero Juzgo, en el Breviario de Alarico, en el Liber Iudiciuorum, en Las Partidas, en la Constitución de 1812 (Arts. 280 y 281) y en la Ley de Enjuiciamiento Civil de 1881. Dicho esto, las principales fuentes normativas del arbitraje son las siguientes:

Ley 60/2003 de 23 de diciembre, de Arbitraje (en adelante, LA); Ley Modelo de la Comisión de las Naciones Unidas para el Derecho Mercantil Internacional, de 21 de junio de 1985 (CNUDMI/UNCITRAL), recomendada por la Asamblea General en su Resolución 40/72, de 11 de diciembre de 1985; Convención Europea sobre Arbitraje Comercial Internacional, hecha en Ginebra el 21 de Abril de 1961; Convención sobre el Reconocimiento y la Ejecución de Sentencias Arbitrales extranjeras, de 1958 (Convención de Nueva York).

libertad o autonomía, someten la dirimencia de una controversia a un tercero no jurisdiccional cuya decisión es equivalente a la de un tribunal jurisdiccional ordinario[2].

Así, muy resumidamente, procede resaltar las características definitorias del arbitraje:

a) Constituye un medio o un sistema alternativo a la Jurisdicción ordinaria, pues las partes remiten la resolución de un litigio, existente o potencial, a un tercero que no es juez para que la dirima, con compromiso de las partes de aceptar la resolución que emita ese citado tercero.

b) Además de alternativo, el arbitraje es excluyente de la dirimencia jurisdiccional, pues las partes ya no podrán resolver su controversia en sede jurisdiccional[3]. Lo dicho no supone necesariamente la total ausencia de actividad jurisdiccional en torno a un arbitraje o tras él, pues la actuación de los Tribunales jurisdiccionales puede resultar preceptiva o necesaria, tal y como veremos en estas páginas respecto del auxilio judicial y de la revisión y anulación de laudos arbitrales.

c) Tal sumisión de las partes al sistema de dirimencia por ese tercero no jurisdiccional es voluntaria y ha de ser expresa, y se pone de manifiesto en el denominado "convenio arbitral", que puede formalizarse bien antes de surgir la controversia o bien ya manifestada ésta.

---

[2] Tales características aparecen recogidas en varias Sentencias del Tribunal Constitucional, de las que destacamos las nº. 43/1988, nº. 233/1988, nº. 15/1989, nº. 288/1993, nº. 174/1995, nº. 176/1996 y varias más, sobre las cuales incidiremos a lo largo de estas páginas.

[3] Tal y como se pone de manifiesto en la STS de fecha 25/10/2005, de la Sala 1ª., el carácter excluyente que la sumisión a arbitraje tiene respecto de la vía judicial no requiere que la alegación o excepción procesal jurisdiccional de sometimiento de una controversia a arbitraje deba alegarse de forma exclusiva, sin entrar *ad cautelam* en motivos de fondo, y llega incluso a permitir que el demandado en aquellos autos civiles llegara incluso a plantear reconvención ante su demandante. De tal modo, establece el Tribunal Supremo que la realización de actos procesales –que inequívocamente revelarían que la vía jurisdiccional ordinaria es o sería procedente para dirimir esa concreta controversia– no implica necesariamente y por sí mismos el reconocimiento de la vía jurisdiccional en detrimento de la vía arbitral si dichos actos procesales se plantean de modo subsidiario a la excepción de sumisión a arbitraje.

d) El objeto de controversia y de dirimencia arbitral ha de versar sólo sobre materias de libre disposición por las partes.

e) Como sistema alternativo y excluyente, el arbitraje se erige en verdadero equivalente y sustitutivo de la función jurisdiccional[4][5].

Con respecto a la entidad de cosa juzgada que tienen las resoluciones dictadas por los árbitros y con respecto asimismo del carácter excluyente de la jurisdicción ordinaria que caracteriza al arbitraje, procede destacar que, tal y como se explicita en la *Sentencia del Tribunal Supremo de 28 de Julio de 1995: " ... lo que en ningún caso puede ser procesalmente permisible es que trate de plantearse, a través de un procedimiento declarativo ordinario, la cuestión, verdaderamente insólita, atinente a la interpretación del repetido laudo, pues ello equivale, real y prácticamente, a que por esa vía indirecta, a plantear de nuevo ante el órgano jurisdiccional, con evidente infracción del principio de santidad de la cosa juzgada, la misma cuestión litigiosa que ya había sido resuelta por el expresado laudo arbitral firme, al que libre y voluntariamente se habían sometido las partes."*

Ahondando en el carácter de equivalente y de sustitutivo que el arbitraje voluntariamente aceptado y asumido tiene con respecto a la Jurisdicción del Estado -dado que el árbitro tiene como función principal resolver con carácter vinculante un conflicto, y teniendo en cuenta que el artículo 117 de la CE reserva la jurisdicción a jueces y tribunales-, el Tribunal Constitucional, como máximo intérprete de la Constitución Española, ha puesto de manifiesto que el arbitra-

---

4 SSTC 43/1988, 15/1989, 62/1991, o la nº. 288/1993, de 4 de octubre, según la cual el arbitraje es *"...un equivalente jurisdiccional, mediante el cual las partes pueden obtener los mismos objetivos que con la jurisdicción civil, esto es, la obtención de una decisión al conflicto con todos los efectos de la cosa juzgada"*, por lo que la institución del arbitraje resulta compatible con lo explícitamente establecido en los Art. 24.1 y 117.3 de la Constitución Española, referente a la tutela judicial efectiva.

5 En abundamiento del expreso reconocimiento que el Ordenamiento viene tributando a la institución del arbitraje como alternativa equivalente o sustitutiva de la función jurisdiccional del Estado, procede asimismo citar la Sentencia del Tribunal Constitucional de 2 de Julio de 1984 y las Sentencias del tribunal Supremo de fechas 3 de Julio de 1962, 7 de septiembre de 1966 y 6 de septiembre de 1987 entre otras más.

je sólo se erigirá en equivalente o en sustituto de la Jurisdicción si se cumplen los siguientes requisitos:

1.- Que no exista sombra o duda alguna acerca de la clara voluntad de las partes a someterse a arbitraje (SSTC nº. 11/1981 y nº. 174/1995)[6].

2.- Que las partes acepten y asuman que la resolución que se dicte en arbitraje surtirá entre ellos los mismos efectos que una resolución judicial[7] (SSTC nº. 43/1988 y nº. 62/1991).

i) Clases de arbitrajes

Podemos referirnos a un primer tipo de arbitraje al que se denomina Arbitraje institucional a aquél en el que las partes se remiten a una institución especializada para que administre el arbitraje según sus propias normas (Art. 14 LA). [8]

Estas citadas instituciones tienen carácter permanente, y pueden ser corporaciones de derecho público, o asociaciones y otras entidades sin ánimo de lucro (Art. 14.2 LA).

Con ámbito internacional destacan la Corte Internacional de Arbitraje de la Cámara de Comercio Internacional (ICC/CCI), el Centro Internacional de Arreglo de Diferencias relativas a Inversiones (ICSID/CIADI), el Centro de Arbitraje y Mediación de la Organización Mundial de la Propiedad Intelectual (OMPI/WIPO), la London Court of International Arbitration (LCIA), la American Arbitration Association (AAA) / International Centre for Dispute Resolution

[6] Según se pone de manifiesto en esta Sentencia del Tribunal Constitucional nº. 174/1995, no cabe atribuirle a los arbitrajes obligatorios -aunque resulten renunciables por mutuo acuerdo de las partes- los efectos sustitutivos o equivalentes a las resoluciones judiciales de que gozan los arbitrajes voluntarios.

[7] Así, en la STC de 23 de noviembre de 1995, se niega la equivalencia jurisdiccional a un concreto arbitraje sectorial obligado por Ley, al faltar el requisito de total voluntariedad por las partes.

[8] Atendiendo al objeto de las presentes páginas debe destacarse la existencia de diversas cortes arbitrales con secciones especializadas en materia inmobiliaria y con reglamentos específicos que regulan los litigios sobre tal materia, algunos de los cuales contemplan procedimientos específicos en materia, por ejemplo, de arrendamientos urbanos, de propiedad horizontal o de responsabilidad derivada de la construcción.

(ICDR), la Court of Arbitration for Sports (CAS/TAS), la London Maritime Arbitration Association (LMAA), la Society of Maritime Arbitrators (SMA), la Internet Corporation for Assigned Names and Numbers (ICANN) ...

Entre las principales funciones de estas instituciones se encuentran las siguientes:

- Prestar asistencia a las partes para la celebración del arbitraje.
- Facilitar la necesaria infraestructura administrativa (secretaría, gestión documental, notificaciones, comunicaciones, certificaciones...).
- Designar al /los árbitro/s si las partes no lo han hecho y el reglamento de la Institución permite la designación de árbitros por las partes.
- Custodiar la documentación y colaborar con los órganos judiciales.

Junto con los arbitrajes institucionales, hacemos referencia al arbitraje "ad hoc". Es aquel arbitraje en el que las partes, al margen de cualquier institución administradora de arbitraje, no sólo nombran a los árbitros, sino que también establecen las normas del procedimiento arbitral y cualquier otra cuestión relativa al arbitraje.

De otra parte, pueden distinguirse entre arbitrajes de equidad y de Derecho.

El denominado arbitraje en equidad no requiere que el árbitro tenga conocimientos jurídicos, pues éste resolverá sólo según su leal saber y entender, sin atenerse a fundamentación jurídica. Tal arbitraje de equidad "*... queda limitado a los casos en que las partes lo hayan pactado expresamente, ya sea a través de una remisión literal a la «equidad», o a términos similares como decisión «en conciencia», «ex aequo et bono», o que el árbitro actuará como «amigable componedor».*[9]" (Exposición de Motivos de la LA) (Art. 34.1 LA).

[9] Pero en el concreto ámbito del Arbitraje de Consumo, regulado por el Real Decreto 231/2008, y ya reseñado en la Disposición Adicional Única de la LA, en referencia a la derogada Ley 26/1984, la presunción es la contraria. En efecto, en este tipo

Así, en los arbitrajes de equidad puede ser árbitro cualquier persona mayor de edad en pleno uso de sus facultades. En cambio, el arbitraje en Derecho requiere que el árbitro sea un jurista (Art. 15.1 LA).

Al respecto procede reseñar que la dirimencia del arbitraje en equidad no exige la total ausencia de razonamiento jurídico alguno, ni implica que el recurso a normas legales conlleve anulación alguna del Laudo[10].

ii) Materias y controversias susceptibles de ser sometidas a arbitraje

Una de las cuestiones más controvertidas que ha rodeado a la institución del arbitraje ha sido -y sigue siendo en cierto modo- el elenco de materias susceptibles de ser resueltas por vía arbitral, sin intervención del poder judicial para ello. Así, dado el carácter resumido del presente trabajo procede ahora limitarse a explicitar que, a día de hoy, tras larga evolución legislativa y oscilante evolución jurisprudencial, puede afirmarse que el listado de las materias y de las controversias que quedarían extramuros del arbitraje tendría mero carácter orientativo y no exhaustivo. A saber:

- Materias sobre las cuales una ley prohíbe de modo expreso el arbitraje (p.e.: Ley de Contrato de Agencia, que impide al acceso al arbitraje de algunas materias).

de arbitraje se entiende que la resolución ha de ser en equidad, salvo pacto expreso en contrario de las partes.

[10] Sobre el arbitraje de equidad tiene declarado el TS, Sala 1.ª, en su sentencia de 22-6-2009 (n.º 429/2009, rec. 62/2005) que: *"...La aplicación de la equidad no supone, como ha declarado esta Sala, prescindir de los principios generales del Derecho y la justicia, ni contravenir el Derecho positivo (según la STS de 30 de mayo de 1987 la jurisprudencia no declara que los laudos de equidad deban desconocer o contravenir las normas de Derecho positivo, sino que viene a afirmar que no se apliquen exclusivamente normas de Derecho de forma rigurosa), sino más bien atenerse a criterios de justicia material fundados en principios de carácter sustantivo y premisas de carácter extra sistemático para fundar la argumentación, las cuales tienen un valor relevante en la aplicación del Derecho, aunque pueda prescindirse, dado el carácter esencialmente disponible del objeto del arbitraje, de aquellas reglas que tienden a la protección del sistema jurídico como institución (...)".*

- Controversias en las que, con independencia de la materia litigiosa, haya de intervenir el Ministerio Fiscal en representación y defensa de menores, personas con capacidad modificada judicialmente y personas ausentes.
- Las relativas a alimentos futuros, al no poder transigirse sobre los mismos.
- Las que no sean susceptibles de ser objeto de contrato (Art. 1271 del Código Civil).
- Aquéllas en las que la disposición pueda afectar a un tercero (según el Art. 6.2 el Código Civil, la renuncia no es válida si perjudica a un tercero).
- Aquéllas que puedan afectar al orden público[11].

A fin de cuentas y *prima facie*, sólo pueden someterse a arbitraje las materias de carácter disponible (Art. 2.1 LA[12]). Así, no existiendo en esta Ley (a diferencia de lo que acontecía en la anterior Ley de Arbitraje, la Ley 36/1988) una relación o elenco de materias no arbitrables, ha de estarse a la concreta materia objeto del concreto arbitraje, teniendo en cuenta que no son disponibles las materias de *ius cogens* reservadas en exclusiva al ejercicio de la potestades públicas o que afecten al estado civil de las personas (nacionalidad, capacidad, filiación, matrimonio, menores...), si bien no hay motivo para excluir del arbitraje la dirimencia de cuestiones económicas derivadas de asuntos relativos al estado civil, dada su exclusiva relevancia patrimonial.

Hoy en día parece indiscutible la general aceptación del arbitraje en materia arrendaticia, pero lo cierto es que ésta ha sido una materia ciertamente discutida por una minoría de Tribunales ordinarios hasta fechas recientes [13]

---

[11] Sobre la posible afectación al orden público y sobre la ambigüedad de tal afectación haremos mención más adelante al estudiar los motivos de anulación del laudo arbitral.

[12] En definitiva, y como recoge el [anterior] Tribunal Constitucional en su Sentencia nº. 259/1993 de 20 de Julio : [siguiente] *[anterior] "Desde la perspectiva del objeto, el arbitraje sólo llega hasta donde alcanza la libertad, que es su fundamento y motor. Por ello, quedan extramuros de su ámbito aquellas cuestiones sobre las cuales los interesados carezcan de poder de disposición, según cuida de indicar el art. 1 de la Ley* (entonces) *vigente". [siguiente]*

[13] En efecto, por Ley 4/2013 *de 4 de junio, de medidas de flexibilización y fomento del mercado del alquiler de viviendas,* se modificó parte del texto de la Ley de Arrendamientos

Urbanos, y se añadió un nuevo apartado 5 de su Art. 4, cuyo texto determina de modo expreso la posibilidad de someter a arbitraje cuestiones arrendaticias (algo, por cierto, que ya obraba anteriormente en su derogado Art. 36): *"Las partes podrán pactar la sumisión a mediación o arbitraje de aquéllas controversias que por su naturaleza puedan resolverse a través de estas formas de resolución de conflictos, de conformidad con lo establecido en la legislación reguladora de la mediación en asuntos civiles y mercantiles y del arbitraje."*

Pero ciertos tribunales habían venido negando de modo reiterado la posibilidad de someter a arbitraje -ya en derecho o en equidad- materias arrendaticias, cual es el caso de la Sección 21ª. de la Audiencia Provincial de Madrid, cuya fundamentación -reiterada en sucesivas resoluciones- decisiva de la inejecutabilidad de un laudo que, dictado en equidad, resolvía el desahucio de un inquilino, se basaba en la derogación del citado Art. 39 de la LAU, en la regulación de carácter imperativo de los derechos arrendaticios, en la normativa tuteladora de los derechos del arrendatario -que se califica cono de orden público-, y en la indisponibilidad de las partes para dirimir en equidad este asunto con abstracción de normas sustantivas arrendaticias, las cuales no son disponibles por las partes.

En similar sentido, el Auto de la Sección 19ª de la Audiencia Provincial de Madrid, de fecha 30 de Marzo de 2011, que negaba la arbitrabilidad de una litis en materia arrendaticia, y para ello ponía de manifiesto los mismos fundamentos jurídicos de la resolución citada en el párrafo precedente, y añadiendo el hecho de que la Ley de Arbitraje actualmente vigente (Ley 60/2003) expresamente derogó la anterior Ley de Arbitraje (Ley 36/1988), cuyo Art.30.3 sí contemplaba el concreto arbitraje arrendaticio, a diferencia de la actual, que no lo contempla de modo expreso.

En sentido diametralmente opuesto a las tesis mantenidas por las Secciones 19ª y 21ª de la Audiencia Provincial de Madrid se hallan el resto de secciones civiles, que admitían la arbitrabilidad en materia arrendaticia. Por su interés, procede reproducir parte del Auto de la Sección 14ª de la Audiencia Provincial de Madrid, de fecha 15 de Febrero del año 2011: *"SEGUNDO..../.... El primero, que la materia de arrendamientos urbanos no está excluida del arbitraje, pues tal y como indica la Exposición de Motivos de la LAU de 1994, es una posibilidad no despreciable. El segundo, que la regulación del contrato de arrendamiento mediante norma imperativa no significa la existencia de un derecho indisponible que impida el arbitraje. En el tercero, que las normas de competencia territorial dictadas para el proceso no son aplicables a los arbitrajes que, por definición, excluyen la actividad procesal. (...) La Exposición de motivos de la LAU de 1994 prevé el arbitraje como método de solución de conflictos y en sintonía con esa posibilidad, el art. 39.5 LAU de 1994 permitía la solución de conflictos arrendaticios por tribunales arbitrales. Esa norma, lo mismo que las demás disposiciones procesales de los arts. 38 a 40 de la LAU de 1994 fueron derogadas por la LEC 1/2000, pero esa derogación no significa imposibilidad de someter la cuestión al arbitraje. La finalidad de la disposición derogatoria única de la LEC 1/2000 era eliminar la maraña de procesos especiales diseminada por todo el ordenamiento jurídico, pero no suprimir la posibilidad del arbitraje arrendaticio convirtiendo en indisponible una materia que lo es esencialmente, y así lo afirmábamos en nuestra sentencia de 25-11-2009. Es más, desde la LA de 2003, art. 2, no vemos inconveniente ni estructural ni de otro tipo que lo impida. La cuestión decisiva es deslindar los campos de la imperatividad y la libertad de disposición, a los efectos de saber si las normas imperativas de la LAU de 1994 impiden la arbitrabilidad de los conflictos arrendaticios. (...) Desde la naturaleza del proceso tampoco hay problemas. La LEc no contiene precepto de orden público como era el art. 1.561 LEc de 1881, y la naturaleza del proceso de desahucio por falta de pago es muy especial. Si analizamos detenidamente el proceso de desahucio por falta de pago, vemos que el legislador no lo ha concebido como estructura neutra de defensa de derechos, sino como método beligerante de lucha contra la mora. .../...En las moras posteriores no habrá más que una forma de pago que, necesariamente, deberá ser anterior a la demanda; el pago posterior no tendrá efecto enervatorio alguno, será pago moroso con la consecuencia ineludible del desahucio. Desde esta óptica tampoco vemos inconveniente alguno en la sumisión al arbitraje, ni aun desde la perspectiva de la ejecución. Si la restitución posesoria no se lleva a cabo voluntariamente, la ejecución forzosa a corresponde a los tribunales, únicos que tienen jurisdicción y potestad para hacerlo. (...) El examen de la diferencia entre normas imperativas y derechos disponibles también nos lleva a estimar la posibilidad del arbitraje arrendaticio. En nuestra sentencia de 25 de noviembre de 2009 decíamos: "Esta corriente (se refiere a la que admite el arbitraje arrendaticio) encuentra apoyo en las Ss. T.S. 21. Mar.1985, 19. Feb.1998 y 30. nov.2001 que, aunque se ocupan sobre la posibilidad del arbitraje en litigios referentes a la nulidad de Junta de accionistas y a la impugnación de acuerdos sociales, guardan una estrecha conexión en cuanto ambas materias vienen reguladas por normas imperativas. Las citadas resoluciones defienden que es admisible el arbitraje «sin perjuicio, de que, si algún extremo está fuera del poder de disposición de las partes, no puedan los árbitros pronunciarse sobre el mismo, so pena de ver anulado total o parcialmente su laudo» (...) .../. Estos criterios se podrían aplicar a la materia arrendataria, que, también, consideramos puede ser objeto de disposición por las partes, ya que no debe confundirse «el carácter de las normas jurídicas, con el ejercicio de los derechos privados 'no públicos' de los que se puede disponer, incluso en el máximo grado de disposición que implica la renuncia» (STS 21. Mar.1985). Las partes solo renuncian a que su pretensión se ventile ante un órgano judicial, sin que ello implique lo mismo respecto al derecho sustantivo aplicable ni a sus normas imperativas, de modo que el árbitro será el que deba aplicar las mismas". Por su parte la Sección 25.ª de esta misma Audiencia en sentencia de 19. Feb.2010, participa del mismo criterio y afirma: "El tema de la posibilidad de someter a arbitraje cuestiones relativas a la Ley Arrendamientos Urbanos, en especial las que atañen al arrendamiento de vivienda, por falta de pago de la renta, siempre ha sido muy controvertido si bien debemos tener en cuenta que en el art. 2.1. de la Ley de Arbitraje se expone que: «Son susceptibles de arbitraje las controversias sobre materias de libre disposición conforme a derecho», y como declaró la STS 21.Mar.1985, el carácter imperativo de las normas no convierte a las controversias surgidas en torno a un derecho en no susceptibles de arbitraje y, en consecuencia, el límite de lo que puede ser objeto de arbitraje debe situarse en aquellas materias que contraríen el orden público, pudiendo citar en tal sentido el Auto de la Audiencia Provincial de Barcelona 72/2005 de 16 de Marzo, y la Sentencia de la Audiencia Provincial de Vizcaya 373/2005, de 17 de Mayo. Según esta sentencia: El arbitraje no es materia de libre disposición cuando la decisión que recaiga no afecta exclusivamente a las partes del Convenio Arbitral, celebrado en el ámbito de la autonomía de la voluntad negocial (art. 1.225 CC.), sino a terceros, o al interés o al orden público. No obstante, el interés y el orden público no debe identificarse con regulación de derecho público ni imperativo, porque existen materias que, aun participando de este carácter, pueden ser objeto de libre disposición de las partes. En esta clase de asuntos es doctrina consolidada en sendas Sentencias de la AP Madrid, Sec. 14 de 3. Feb.2009 y Sec. 11 de 22. jun.2009, que partiendo de anteriores consideraciones y atendiendo al carácter patrimonial de las normas concernidas por el arbitraje, no parece que la LAU haga indisponible la materia que regula, tanto más cuando se trata de de-*

iii) Principios rectores del procedimiento arbitral: igualdad, contradicción y audiencia

Las partes tienen plena libertad para disponer lo que consideren pertinente acerca del procedimiento al que someter el arbitraje.

Así, pueden las partes someterse al procedimiento que tenga establecido al efecto la Corte arbitral a la que en su caso sometan el arbitraje, o bien pueden establecer un procedimiento específico, cual podría suceder en un arbitraje *ad hoc*, si bien tal libertad dispositiva de que gozan las partes no es absoluta, pues un notorio desequilibrio procesal en favor de una de las partes, aún admitido por la parte perjudicada, vulneraría el orden público. Por tal motivo ha de velarse por un efectivo equilibrio de las partes, que han de ser oídas (atendidas sus alegaciones) en plano de igualdad. Debe ser valorada la pertinencia y utilidad de las pruebas que propongan, todo ello sin menoscabo de derecho alguno y con igualdad de armas procesales (*Waffengleichheit*). En tal punto, el Art. 24.1 de la LA entronca con el Art. 24 CE y con el Art. 6 de la Convención Europea para la Protección de los Derechos y Libertades Fundamentales.

Efectivamente, dado el carácter de equivalente o de sustitutivo que el arbitraje tiene respecto de la jurisdicción, es obvio que en el procedimiento arbitral deben ser respetados los principios inspiradores de los procesos judiciales, y ello no se debe a que el procedimiento arbitral esté supeditado al rituario jurisdiccional -que no lo está-, ni a que las leyes procesales jurisdiccionales sean supletorias -que tampoco lo son- del procedimiento arbitral, sino por la potísima razón de que los derechos fundamentales recogidos en la Constitución son de obligado acatamiento en todo el ordenamiento jurídico, pues tal Norma (cuya supremacía está explicitada en las SSTC nº. 21/1981, nº. 16/1982, nº. 101/1983, nº. 103/1990 y muchas otras más), es fuente obligada y primaria del entero ordenamiento (Art. 1.1 del Código Civil) y toda actuación jurídica ha de hacerse de acuerdo con ella (SSTC nº. 77/1985 y muchas más).

---

terminar el cumplimiento contractual y, muy significadamente, el de la principal obligación del arrendatario".

Por lo expuesto, la protección de tales derechos no es meramente retórica o formal, sino que viene explícitamente reforzada en la misma LA, cuyos Arts. 26, 29, 30 y 32 obligan al árbitro a conceder trámite de alegaciones y a dar traslado a la contraparte de las alegaciones que se formulen, así como a citar a las partes para la práctica de las pruebas[14].

iv) Disponibilidad de las partes y flexibilidad rituaria: libertad de pacto en cuanto al procedimiento

Sentado ya que no hay una libertad absoluta de pacto en cuanto al procedimiento, pues ha de sustanciarse con respeto a los principios de igualdad, contradicción y audiencia arriba relacionados, lo cierto es que la LA otorga y reconoce a las partes libertad plena para, entre otros extremos, pactar el número de árbitros (si bien en todo caso ha de ser impar) (Art. 12), elegir o *diseñar* el procedimiento que se va a seguir (Art. 25), acordar la celebración o no de audiencias, la sustanciación por escrito o también oral, y la práctica de pruebas o la formulación de conclusiones (Art. 30), o establecer las consecuencias de la falta de actuaciones o comparecencia de alguna de las partes (Art. 31)

Con todo, y pese a que trataremos más detenidamente las especiales facultades decisorias que convencional o legalmente tienen atribuidas los árbitros, procede adelantar que, en caso de falta de acuerdo entre las partes o en caso de inexistencia de Reglamento de la respectiva Corte Arbitral que especifique las reglas a seguir, el árbitro podrá elegir el procedimiento que ha de seguirse, decidir sobre las pruebas y valorarlas (Art. 25), adoptar medidas cautelares (Art. 23), elegir el lugar del arbitraje y celebrar deliberaciones (Art 26), nombrar peritos (Art. 32), o recabar auxilio judicial para la práctica de pruebas (Art. 33).

---

[14] Efectivamente, los Arts. 40 y 41 de la LA prevén la anulación del arbitraje en caso de contravención de aquellos Arts. 26, 29, 30 y 32 y, como comentaremos más adelante, existe la posibilidad de fiscalización constitucional (no directa, sino mediata) del arbitraje.

v) Ley aplicable al fondo del asunto

Si el arbitraje no es de equidad las partes pueden fijar las normas aplicables para dirimir su controversia (Art. 25 LA).

vi) Lugar del arbitraje. Idioma

Con independencia de que, en virtud del antes citado Art. 26.2 LA, los árbitros pueden celebrar deliberaciones en los lugares que consideren apropiados, corresponde a las partes decidir el lugar de celebración del arbitraje, y sólo ante la falta de acuerdo, podrá el árbitro decidir al respecto (Art. 26.1).

La relevancia de la elección del lugar del arbitraje estriba, principalmente, en la competencia territorial del Tribunal que haya de conocer de las acciones de anulación del laudo que se dictare o de designación decisoria de árbitro/s (la Sala de lo Civil y Penal del Tribunal Superior de Justicia con competencia territorial en el lugar de dictado del laudo) así como en las labores de auxilio judicial (práctica de determinadas pruebas, medidas cautelares), o ejecución forzosa del laudo, que son competencia del Juzgado de Primera Instancia correspondiente por razón de territorio (apartados 2,3 y 4 del Art. 8 LA).[15]

Podrá asimismo pactarse el idioma en que hayan de desenvolverse las actuaciones arbítrales. (Art. 28 LA). En caso de desacuerdo, no decidirá el árbitro, sino que se prevé la celebración en cualquiera de los idiomas oficiales del lugar del arbitraje (apartado 1 de dicho Art. 28 LA). En tal caso, habiendo varias lenguas cooficiales, parece apropiado que sea el árbitro el que decida cuál será la utilizada, si bien la LA no prevé tal atribución arbitral de modo expreso.

---

[15] En este sentido, la STSJ de Cataluña, de fecha 14/04/2013, señala que es preciso que en el convenio quede explicitado de modo terminante el lugar del arbitraje, y que la mera designación de una Institución arbitral para el desarrollo del arbitraje no conlleva necesariamente que éste tenga lugar en la plaza de su sede, ni tampoco que pueda esta Institución arbitral decidir el lugar del arbitraje. Asimismo, resalta la relevancia que el lugar del arbitraje tiene para el desarrollo de éste.

vii) Cómputo por días naturales

Según se prevé en el Art. 5. b) de la LA, *"Los plazos establecidos por días se computarán por días naturales"*, a diferencia de lo previsto en la Ley 30/1992, en la Ley 39/2015 (que excluye los Sábados como días hábiles a efectos administrativos) y en la normativa tributaria, en que los Domingos y los festivos son procesalmente inhábiles, y a diferencia de lo previsto en la Ley Rituaria Civil, según la cual, además de los Domingos y Festivos, son también inhábiles los Sábados y el mes de Agosto (excepto para algunas actuaciones).

Con todo, este cómputo por días naturales es eludible por acuerdo de las partes, tal y como principia este Art. 5 LA: *"Salvo acuerdo en contrario de las partes..."*.

viii) Forma de las resoluciones arbitrales

Como se ha señalado, el criterio inspirador del arbitraje es eminentemente antiformalista, por lo que no existe una obligación formal concreta a la que deban adecuarse las resoluciones que se dicten, a excepción del Laudo (Art. 37.3 LA), que sí está sometido a forma escrita y tiene obligado contenido.

Del mismo modo, a diferencia de lo contemplado en la Ley de Enjuiciamiento Civil, tampoco existe deber alguno de denominar los diferentes actos procedimentales, que bien pueden ser meras resoluciones interlocutorias o de mera tramitación o impulso procedimental, como de aclaración, rectificación o complemento del laudo que se dicte, y que bien pueden denominarse Diligencias, Proveídos o de otra manera.

II. El convenio arbitral. concepto, forma y contenido

Se puede afirmar que un Convenio Arbitral consiste en un negocio jurídico bilateral[16] en el que las partes renuncian a dirimir even-

[16] Sobre la bilateralidad conviene precisar que es excepcionalmente válido el arbitraje impuesto por el testador, expresamente recogido en el Art. 10 de la LA, y ello sin perjuicio -a mi entender- de que los herederos y legatarios decidan de modo unánime

tuales controversias en sede judicial, y encomiendan tal dirimencia a un tercero ajeno a las partes (el árbitro, obviamente), a cuya resolución se otorga efectos ejecutivos, de cosa juzgada y de irrecurribilidad de fondo.

Se establece en el Art. 9 de la LA que el convenio arbitral podrá figurar bien en una cláusula incorporada a un contrato o bien en acuerdo independiente, y que ha de explicitar de modo claro y concluyente la voluntad de las partes de someter a arbitraje todas o algunas de las controversias que hayan surgido o puedan surgir respecto de una determinada relación jurídica.

La posibilidad de que el Convenio obre en acuerdo independiente, además de ser consonante con el principio de autonomía de la voluntad de las partes, resulta consecuente con la posibilidad de que las partes convengan, tras suscitarse la controversia, someterla a arbitraje aún cuando al inicio de la relación jurídica en cuyo seno se ha suscitado la controversia las partes no hubieran pactado tal sumisión.

Además de la "separabilidad" física del convenio respecto del contrato cuyo cumplimiento sería objeto de arbitraje, procede destacar la "separabilidad" funcional o interpretativa del convenio, entendida como la autonomía o conservación de éste en caso de anulación parcial del contrato principal, como se advierte en la STSJ de Extremadura de fecha 28/06/2012[17].

Si bien los Tribunales jurisdiccionales españoles son cada vez más "comprensivos" con la institución del arbitraje y tienden cada vez más a una interpretación en su favor, lo cierto es que existe cierta jurisprudencia anulatoria de laudos por falta de total claridad en el pacto de sumisión a arbitraje[18], motivo que se asimilaría al previsto

---

solucionar sus diferencias hereditarias por la vía jurisdiccional ordinaria por mucho que el causante les haya impuesto la eventual dirigencia por vía arbitral.

[17] *"Esta regla abarca lo que se conoce como separabilidad del convenio arbitral respecto del contrato principal, en el sentido de que la validez del convenio arbitral no depende de la del contrato principal y que los árbitros tienen competencia para juzgar incluso sobre la validez del convenio arbitral.*

[18] Por ejemplo, la STSJ de Cataluña, de fecha 14/04/2013, respecto de la validez de cláusulas arbitrales insertas en Contratos de Adhesión:

en el Art. 41.1.a) LA ("*Que el convenio arbitral no existe o no es válido*"), por lo que resulta conveniente establecer todas las precauciones posibles en aras de la protección de la dirimencia por vía arbitral.

Así, aparte del contenido recomendable que debería obrar en un Convenio, al que se hará mención en el párrafo siguiente, resulta preciso que el Convenio figure por escrito u obre en soporte accesible (apartado 3 del Art. 9 LA), sea muy especialmente inteligible (*ex* Art. 1289.2º. del Código Civil) específico o determinado (*ex* Art. 1286 del C.Civil) y claro (*ex* Art. 1287 C.Civil), pues la sumisión al arbitraje, suponiendo e implicando una renuncia a un derecho fundamental cual es el acceso a la tutela judicial efectiva, ha de ser y evidenciarse inequívoca y exclusiva, es decir, no puede dejar lugar a dudas acerca de que las partes se remiten a arbitraje y renuncian a la vía jurisdiccional, por lo que esta vía no puede resultar ni concurrente ni alternativa de la vía arbitral[19].

Por lo dicho, y aunque no sean requisitos legalmente previstos, conviene que en el Convenio se expliciten los siguientes extremos:

- Definición o expresión de la relación jurídica o controversia objeto de arbitraje (Art. 2 LA).
- Expresión clara de la voluntad de someterse a arbitraje.

"SEXTO…/…En este sentido, el TC ha precisado que la renuncia al derecho a que la cuestión litigiosa sea resuelta por los tribunales de justicia competentes -lo que implica el derecho al juez predeterminado territorialmente- " debe ser explícita, clara, terminante e inequívoca y si bien, por la protección que se debe dispensar a la buena fe,... puede inferirse de la conducta de los titulares del derecho ", en cualquier caso, " no es lícito deducirla de una conducta no suficientemente expresiva del ánimo de renunciar (por todas, STC 65/2009 de 9 mar . FJ4) " (STC 136/2010 de 2 dic. FJ2).

…/….Pero es igualmente cierto que la advertencia contenida en el art. 9.2 LA respecto del convenio arbitral incorporado a un contrato de adhesión, en especial cuando pueda ser considerado una condición general de la contratación, exige para su validez -con independencia de la condición de consumidor o de empresario o profesional del adherente- que su redacción integre de manera " completa " todos los elementos esenciales que el adherente deba conocer (art. 7.a LCGC), y que lo haga ajustándose a " los criterios de transparencia, claridad, concreción y sencillez " (art. 5.5 LCGC) y, por tanto, que no pueda ser tildada de ilegible, ambigua, oscura o incomprensible (art. 7.b LCGC)…/…".

[19] SSTS de 18 de marzo y 20 de junio del año 2002; de 31 de mayo del 2003, y de 20 de noviembre del año 2008, entre otras más

- Manifestación de renuncia a la dirimencia judicial, pese a que el arbitraje sea en sí excluyente de tal vía.
- Mecanismo de nombramiento de árbitro/s (Arts. 15.1 y 2 y 20 LA), si bien es eficaz y válida la remisión al Reglamento procedimental de la Corte arbitral a la que las partes, en su caso, se sometan (Arts. 4.a y 14 de la LA).
- Mecanismo o procedimiento de recusación del árbitro (Art. 18 LA), si bien resulta válida la remisión al Reglamento procedimental de la Corte arbitral a la que las partes, en su caso, se sometan (Arts. 4.a y 14 de la LA).
- Determinación del procedimiento arbitral en sí[20] (Art. 25.1 LA), con la ya consabida posibilidad de remisión al Reglamento procedimental de la Corte arbitral a la que las partes, en su caso, se sometan (Arts. 4.a y 14 de la LA).
- Lugar del arbitraje (Art. 26 LA).
- Idioma de las actuaciones arbitrales (Art.28 LA).
- Lugar, dirección, domicilio y medios para practicar las notificaciones.

III. La figura del árbitro

Partiendo de repetida idea de libertad de las partes para conformar el arbitraje tanto en cuestión de fondo como de procedimiento, cabe destacar nuevamente la libertad de los litigantes de nombrar al árbitro o a los árbitros, con las solas salvedades ya dichas de que, en caso de que el arbitraje no sea de equidad, al menos uno de los árbitros ha de ser jurista[21] y que el número de árbitros ha de ser impar[22]. Pueden las partes asimismo acordar el procedimiento o sistema de

[20] Por ejemplo, si es de derecho o de equidad, fases de alegaciones, posibles réplica y dúplica, plazos para las partes, plazo para resolverse el arbitraje, fecha de inicio del arbitraje, habilidad de días festivos, notificaciones, vistas orales, trámites de conclusiones, consecuencias de la inactividad o de la incomparecencia de las partes, costas...

[21] Art. 15.1 LA.

[22] Art. 12 LA.

elección del/los árbitro/s, siempre que no sea desequilibrado en perjuicio de una de las partes[23].

Si las partes hubieran sometido la dirimencia de una relación jurídica o de una controversia a arbitraje administrado por una corte o institución administradora de arbitrajes, también podrán la partes elegir al/los árbitro/s, si bien, en caso de tal arbitraje institucional, lo habitual es que sea tal corte la que lo/s nombre[24].

Por otra parte, y sin perjuicio del principio de intervención judicial mínima en sede arbitral propugnado por la LA[25], en caso de falta de acuerdo de las partes tanto en el nombramiento del árbitro como en el de designación de institución arbitral (que normalmente designaría al árbitro), en el Art. 15.2 de la LA se prevé el nombramiento judicial de árbitro o árbitros.

El órgano judicial competente para tal nombramiento es la Sala de lo Civil y Penal del Tribunal Superior de Justicia del territorio del lugar en que se sustancie el arbitraje[26], y el cauce procesal será el del juicio verbal[27]). La resolución definitiva que dictare el Tribunal será irrecurrible[28].

Respecto de la capacidad, debemos señalar que si bien el Art. 13 de la LA parece limitarse a exigir que la persona del árbitro se halle en pleno ejercicio de sus derechos civiles, el Art. 15.1 de dicha Ley requiere que en el caso de que el arbitraje no sea de equidad (ver Art. 34.1 LA), al menos uno de los árbitros sea jurista, a no ser que medie acuerdo de las partes en sentido contrario *(Artículo 15. Nombramiento de los árbitros: 1. Salvo acuerdo en contrario de las partes, en los arbitrajes que no deban decidirse en equidad, cuando el arbitraje se haya de resolver por árbitro único se requerirá la condición de jurista al árbitro que actúe como tal.*

Cuando el arbitraje se haya de resolver por tres o más árbitros, se requerirá que al menos uno de ellos tenga la condición de jurista").

---

[23] Art. 15.2 LA.
[24] Arts. 14 y 15 LA.
[25] Art. 7 LA.
[26] Art. 8.1 LA.
[27] Art. 15.4 LA.
[28] Art. 15.7 LA.

Tal y como se aprecia en el Art. 14 LA, puede encomendarse el arbitraje a instituciones públicas y privadas, en cuyo caso serán éstas las que designen a las personas físicas que hayan de actuar como árbitros.

En cuanto a la competencia, el árbitro goza de competencia para decidir sobre si él mismo es competente para dirimir el arbitraje (es la denominada "*Kompetenz-Kompetenz*") y también para decidir si, en su caso, la institución arbitral es asimismo competente para administrar el procedimiento.

Tiene también competencia para resolver cualquier excepción relativa a la eventual inexistencia o invalidez de convenio arbitral, y para resolver acerca de cualquier excepción cuya estimación impidiera la prosecución del procedimiento arbitral[29].

Al respecto de tales excepciones procede destacar lo siguiente:

- Han de ser aducidas, a lo más tardar, en la contestación de la demanda arbitral[30]. Debe recordarse lo dicho respecto de los diferentes reglamentos procedimentales arbitrales de las instituciones arbitrales, que pueden establecer otro hito o fase procedimental o plazo como límites de oposición de las excepciones. Debe asimismo tenerse en cuenta lo establecido en el Art.6 de la LA, recogido en casi todos los reglamentos de las diferentes cortes arbitrales, relativo a la renuncia tácita a las facultades de impugnación que tienen las partes.
- El hecho de que el árbitro declare la nulidad de un contrato en cuyo seno obre el convenio arbitral no presupone, por sí solo, la nulidad de tal convenio[31].

Como es obvio, la decisión que adopte el árbitro respecto de las precedentes cuestiones es *fiscalizable* bien mediante la acción de anulación del laudo que resuelva la entera controversia, bien mediante la acción de anulación del laudo parcial o de la resolución interlocutoria que se emita para dirimir sólo la eventual existencia

[29] Art. 22.1 LA.
[30] Art. 22.2 de la LA.
[31] Art. 22.1 LA.

de tales excepciones[32]. Sobre la acción de anulación hablaremos más adelante.

Salvo pacto de las partes en contrario, en el plazo de 15 días debe el árbitro comunicar su aceptación a quien lo designó[33].

Se entenderá que no acepta el nombramiento si en dicho plazo de 15 días o en el pactado por las partes no comunica su aceptación[34].

La Ley establece las causas de abstención y de recusación de los árbitros. En el Art. 17 de la LA se explicitan motivos de abstención y recusación que resultan aparentemente evidentes, cuales son la falta de imparcialidad e independencia, expresamente aplicables también a los árbitros designados por una de la partes en los casos de arbitrajes colegiados.

En ningún caso debe existir relación personal, profesional o comercial alguna entre el árbitro y las partes, y podrá pedirse su recusación si existieran dudas sobre su imparcialidad e independencia[35].

La relación personal, comercial o profesional que queda vedada a los árbitros en virtud de lo explicitado en el Art. 17.1 de la LA no es la que en el pasado haya podido mantener el árbitro con alguna de las partes, sino que se refiere a las que tuviere o mantuviere una vez aceptado el arbitraje. En tal sentido, parece lógico que un árbitro suscite dudas de parcialidad suficientes si se supiera que en un pasado tuvo las citadas relaciones con alguna de las partes, si bien es preciso analizar cada caso en concreto, tal y como sostiene el Tribunal Superior de Justicia de Madrid en diversas Sentencias:

> *"…/…La verificación de la falta de imparcialidad alegada, como la verificación de la vulneración del orden público en que cabe incluirla, debe constatarse "in casu", tal y como enseña, entre otras, la STC 236/97 ,comprobando la real y*

---

32 Ver Arts. 22.3, 40, 41 y 42 LA.

33 Las partes, una sola parte -en caso de tribunales arbitrales colegiados-, a la Sala de lo Civil y Penal del Tribunal Superior de Justicia que lo nombró, a la corte arbitral o a los demás árbitros -en caso de lo previsto en el Art. 15.2.b de la LA.

34 Art. 16 LA.

35 Art. 17.3 LA. Al respecto es recomendable repasar la a Sentencia del Tribunal Constitucional de fecha 17 de enero del año 2005.

efectiva contaminación o eliminación de la imparcialidad objetiva y subjetiva que resulta exigible a los miembros de los órganos decisorios de controversias dentro de una sociedad democrática, así como la efectiva desaparición de esa necesaria apariencia más allá de las meras sospechas o de presunciones basadas en indicio no concluyentes, incapaces de destruir a su vez la presunción de imparcialidad que hade predicarse de los órganos decisorios, ya sean éstos de naturaleza jurisdiccional, ya integrados en una institución arbitral o que participen de esa naturaleza".[36]

---

[36] Al respecto, la Sala 1ª del Tribunal Supremo se pronunció mediante Sentencia de fecha 24 de octubre de 1989 sentando que la relación del árbitro con una parte surtiría efectos recusatorios sólo si tal relación tuviera lugar a las fechas de aceptación y de emisión del laudo, sin que surtan efectos recusatorios las relaciones mantenidas con anterioridad.

Por su parte, y con referencia del canon de imparcialidad que debe respetar un árbitro es paradigmática la STC nº. 9/1995, de 17 de enero, así como lo es la STSJ de Madrid nº. 41/2013, de 12 de junio, en cuanto a que estable el canon y alcance de la imparcialidad exigible a los árbitros:

"…/…SEGUNDO.- Cuestionada la imparcialidad de uno de los tres árbitros que, de modo unánime, dictaron el laudo impugnado, los hechos en los que se basa la sospecha de parcialidad se refieren a expresiones públicas, en una página de presentación de la firma de abogados a la que pertenece al árbitro recusada y en una conferencia pronunciada por la misma después de su designación en el proceso arbitral -hechos acreditados en la documentación aportada con la demanda-, y en ser una "conocida activista" en contra de las entidades bancarias -circunstancia esta que no se ha intentado acreditar de forma alguna.

Así planteada la cuestión debatida, deben analizarse, en primer lugar, los requisitos que debían cumplir los árbitros, en los términos pactados por las partes en el convenio arbitral…./….

Exigida, por tanto, a los árbitros en el convenio arbitral una especial cualificación en la materia objeto de resolución, el modo de acreditar tal conocimiento amplio en el mercado de productos financieros y derivados tiene, necesariamente, que estar en función de una vinculación profesional con la comercialización, tratamiento o estudio de estos instrumentos, acreditable, entre otras formas, a través de estudios doctrinales o participación en debates públicos sobre esta materia. Elegida así, por voluntad de las partes -soberanas en este ámbito-, una vinculación de los árbitros con los productos financieros que habrían de ser objeto de contienda arbitral, tal opción, libremente adoptada por las partes, es incompatible con una absoluta neutralidad doctrinal sobre las cuestiones derivadas de esa materia, difícilmente alcanzable en cualquier cuestión jurídica, en la que toda opinión siempre se inclinará por una de las alternativas posibles, en detrimento de las demás.

Lo esencial, por tanto, para calibrar la imparcialidad de los árbitros que fueran designados entre los expertos en esos productos no podría nunca estar en función de las opiniones doctrinales manifestadas por cada uno de ellos en debates o trabajos jurídicos, sino en la vinculación objetiva o subjetiva con la materia concreta objeto de decisión en el arbitraje. Ese es, en definitiva, el criterio que reiteradamente se viene aplicando en los Tribunales de Justicia, porque, en caso contrario, la mayor preparación jurídica del juez o magistrado (en este caso el árbitro), su más intensa participación en obras doctrinales o el mayor número de sus resoluciones al respecto reduciría cada vez más su capacidad de intervenir en la decisión de conflictos.

La parcialidad con efectos relevantes en un arbitraje es asimismo

---

Para evitar tan indeseable resultado, la jurisprudencia y la doctrina del Tribunal Constitucional ha delimitado claramente los términos en los que opera la imparcialidad exigible a todos los encargados de resolver controversias con las debidas garantías.

A las condiciones de imparcialidad de los tribunales de justicia, extensivas a los que ejercen funciones arbitrales, se ha referido el Tribunal Constitucional, distinguiendo entre una imparcialidad subjetiva, que garantiza que el Juez no ha mantenido relaciones indebidas con las partes, en la que se integran todas las dudas que deriven de las relaciones del Juez con aquéllas, y una imparcialidad objetiva, es decir, referida al objeto del proceso, por la que se asegura que el Juez se acerca al tema decidendi sin haber tomado postura en relación con él (SSTC, por todas, 145/1988, de 12 de junio [RTC 1988, 145] F. 5 ; 137/1994, de 9 de mayo [RTC 1994, 137] , F. 8 ; 47/1998, de 2 de marzo [RTC 1998, 47] , F. 4 ; 162/1999, de 27 de septiembre [RTC 1999, 162] , F. 5 ; 69/2001, de 17 de marzo [RTC 2001, 69] , F. 16 y 21; 154/2001, de 2 de julio [RTC 2001, 154] , F. 3 ; 155/2002, de 22 de julio [RTC 2002, 155] , F. 2 ; 156/2002, de 23 de julio [RTC 2002, 156] , F. 2 ; 38/2003, de 27 de febrero [RTC 2003, 38] , F. 3 ; 85/2003, de 8 de mayo [RTC 2003, 85] , F. 7 ; 5/2004, de 16 de enero [RTC 2004, 5] , F. 2; SSTEDH de 17 de enero de 1970 [TEDH 1970, 1] , caso Delcourt ; de 1 de octubre de 1982 [TEDH 1982, 6] , caso Piersack ; de 24 de octubre de 1984 [TEDH 1984, 16] , caso De Cubber ; de 24 de mayo de 1989 [TEDH 1989, 8] , caso Hauschildt ; de 22 de junio de 1989 [TEDH 1989, 11] , caso Langborger ; de 25 de noviembre de 1993 [TEDH 1993, 59] , caso Holm ; de 20 de mayo de 1998 [TEDH 1998, 73] , caso Gautrin y otros; de 16 de septiembre de 1999 [TEDH 1999, 35] , caso Buscemi).

El mismo Tribunal pone así de manifiesto que para que un Juez pueda ser apartado del conocimiento de un asunto concreto, en garantía de la imparcialidad, es siempre preciso que existan dudas objetivamente justificadas; es decir, exteriorizadas y apoyadas en datos objetivos que hagan posible afirmar fundadamente que el Juez no es ajeno a la causa o permitan temer que, por cualquier relación con el caso concreto, no va a utilizar como criterio de juicio el previsto en la Ley, sino otras consideraciones ajenas al Ordenamiento jurídico, pues aun cuando en este ámbito las apariencias son muy importantes, porque lo que está en juego es la confianza que los Tribunales deben inspirar a los ciudadanos en una sociedad democrática, no basta con que tales dudas o sospechas sobre su imparcialidad surjan en la mente de quien recusa, sino que es preciso determinar caso a caso si las mismas alcanzan una consistencia tal que permitan afirmar que se hallan objetiva y legítimamente justificadas (SSTC, por todas, 162/1999, de 27 de septiembre [RTC 1999, 162] , F. 5 ; 69/2001, de 17 de marzo [RTC 2001, 69] , FF. 14.a y 16; 5/2004, de 16 de enero [RTC 2004, 5] , F. 2; SSTEDH de 1 de octubre de 1982, caso Piersack, § 30 ; de 26 de octubre de 1984, caso De Cubber, § 26 ; de 24 de mayo de 1989, caso Hauschildt, § 47 ; de 29 de agosto de 1997 [TEDH 1997, 52] , caso Worm, § 40 ; de 28 de octubre de 1998 [TEDH 1998, 51] , caso Castillo Algar, § 45 ; de 17 de junio de 2003 [TEDH 2003, 27] , caso Valero , § 23).

En esta línea de analizar el caso concreto para determinar si concurren datos objetivos indicativos de la pérdida de la imparcialidad que debe rodear a todo el encargado de resolver conflictos ajenos con las debidas garantías, el Auto del Tribunal Constitucional núm. 26/2007 de 5 febrero , expresa la necesidad de valorar -en casos como el presente en el que la duda de parcialidad deriva de expresiones públicas- el grado de compromiso del Magistrado con la opinión previa manifestada, atendiendo a la totalidad de las circunstancias concretas de cada caso, para determinar si las manifestaciones cuestionadas constituyen una toma de partido sobre el fondo del proceso concreto en que se plantea la recusación, y, entre ellas, si la opinión había sido emitida antes de adquirir la condición de magistrado, iniciado ya el proceso o con anterioridad; el medio o ámbito en el predicable de las mismas cortes o instituciones administradoras de los arbitrajes.

Salvo el consabido pacto entre las partes acerca del procedimiento de recusación que habría de seguir[37], dicha recusación puede ser solicitada en el plazo de 15 días contados desde el momento en que surjan tales dudas [38]. No ha de solicitarse, pues, en momento concreto alguno del arbitraje, sino desde el momento en que se justifiquen dudas acerca de la imparcialidad o independencia del árbitro. En efecto, las aclaraciones sobre las relaciones del árbitro con las demás partes pueden pedirse en cualquier momento[39], por lo que en cualquier momento pueden surgir las dudas en cuestión.

Las facultades de resolución del *incidente* de recusación planteado recaen sobre el árbitro mismo[40], y si no prosperase la recusación, la parte que la hubiera instado podrá hacerla valer al impugnar el laudo que se dicte[41].

La redacción dada por tal apartado 3 del Art. 18 LA es algo confusa, pues no especifica los siguientes extremos:

a) Si tal "impugnación" se limita a la acción de anulación del laudo (como sí se explicita en el Art. 22.3 LA al referirse a la anulación de laudo relativo a excepciones que impedirían la prosecución del arbitraje, o como también se explicita en el Art. 23.2 LA al referirse a las medidas cautelares), ni...
b) Si al decirse "laudo" se refiere a un laudo interlocutorio o parcial que resuelva sólo sobre la recusación o, por el contrario, se refiere al laudo que resuelva el entero arbitraje.

También constituye expreso motivo de recusación la falta de cualificaciones que la partes hubieran pactado que debería tener el

que las opiniones se vierten o dejan traslucir, su contundencia, grado de precisión, etc. (AATC 226/2002, de 20 de noviembre [JUR 2003, 195913] F. 2 ; y 61/2003, de 19 de febrero [RTC 2003, 61 AUTO] , F. 3)".

37 Art. 18.1 LA.

38 Art. 18.2 LA.

39 Art. 17.2 párrafo 2º. de la LA.

40 Art. 18.2 LA.

41 Art. 18.3 L).

árbitro[42]. No en vano, una de las muchas y principales ventajas que tiene el arbitraje sobre la vía judicial es, precisamente, la posibilidad de acudir a un arbitraje administrado por instituciones especializadas y dirimido por profesionales expertos en la materia objeto de controversia, por lo que, advertida la falta de capacitación profesional en el árbitro, lógica es la remoción del árbitro en cuestión.

Hacemos por último referencia a las facultades del árbitro en relación con las medidas cautelares.

Aparte de las facultades y competencias arbitrales que ya hemos repasado (de decisión sobre la competencia propia y de la institución arbitral, en su caso; de decisión sobre recusación u otras excepciones impeditivas de proseguir con el arbitraje) y de otras facultades que las partes y la LA otorgan al árbitro (p.e., de dirección, ordenación e impulso del procedimiento, de decisión sobre las pruebas y su valoración, de solicitar auxilio judicial para practicarlas, o la más evidente, cual es la de decisión sobre el fondo del asunto), en los Arts. 8, 11.3 y 23 LA se prevé la potestad de los árbitros para adoptar medidas cautelares, todo ello salvo el consabido pacto de las partes en sentido contrario.

Tal y como se prevé en el Art. 11.3 de la LA, existe para las partes la posibilidad de solicitar la adopción de medidas cautelares tanto antes de iniciarse el procedimiento arbitral como una vez iniciado éste.

En caso de solicitarse antes del inicio de las actuaciones arbitrales[43] será competente el Juzgado de Primera Instancia del lugar del arbitraje y, en su defecto, el lugar donde las medidas han de surtir sus efectos[44].

En tal supuesto de solicitud de medidas cautelares al Juzgado, éste debe verificar la concurrencia de 3 extremos:

a) que existe convenio arbitral;

---

[42] (Art. 17.3 LA).

[43] Art. 730.3 LEC.

[44] Art. 8.3 LA en relación con el Art. 722, 724 y ss. de la LEC.

b) la utilidad, procedencia, proporcionalidad, urgencia, necesidad y pertinencia de las medidas solicitadas, y
c) su adecuación a la Constitución y a las demás leyes.

En cambio, si tales medidas cautelares fueran solicitadas en el seno de un procedimiento arbitral, es decir, una vez iniciado éste, corresponderá al árbitro adoptarlas o denegarlas, y el Juzgado de Primera Instancia competente deberá ejecutarlas[45] previa verificación tan SÓLO del respeto a los derechos fundamentales en la adopción de tales medidas (como ocurre con el control judicial del laudo), es decir, sin posibilidad de examen judicial de fondo (utilidad, pertinencia, idoneidad, proporcionalidad...) de las medidas acordadas por el Árbitro.

A las medidas cautelares adoptadas en un procedimiento arbitral, cualquiera que sea la forma que revistan (laudo definitivo, laudo interlocutorio, laudo parcial, diligencia, decisión arbitral...), les serán de aplicación las normas sobre ejecución forzosa de laudos[46] y de anulación de laudos[47].

IV. Procedimiento

a) Inicio del procedimiento arbitral

Tal y como se prevé en el Art. 27 LA, y salvo que las partes hayan pactado otra cosa[48], el procedimiento se iniciará en la fecha en que el demandado reciba el requerimiento de someter la controversia a arbitraje.

En ocasiones las partes ya se encuentran vinculadas por un previo convenio arbitral que obliga a las partes a dirimir sus controversias en vía arbitral y ante una concreta institución administradora

[45] Art. 23.2 LA.

[46] Arts. 44 y ss. de la LA.

[47] Arts. 40 y ss LA.

[48] Que bien puede ser el sometimiento a una institución administradora de arbitrajes, en cuyo caso habrá que estarse a lo establecido en su propio reglamento procedimental.

de arbitrajes, casi todas las cuales cuentan con reglamentos procedimentales prevén un hito iniciador de tales actuaciones diferente del requerimiento previsto en el citado Art. 27 de la LA. Así, suelen tales instituciones administradoras de arbitrajes considerar iniciado el correspondiente procedimiento arbitral bien mediante la presentación de una más o menos sencilla solicitud de arbitraje[49] ante la respectiva institución, o bien con la presentación de una demanda arbitral, inclusiva de su entera fundamentación fáctica, jurídico-procedimental y jurídica de fondo.

Los efectos del inicio del procedimiento arbitral son los siguientes:

1. El principal efecto es el excluyente de la vía procesal judicial. El arbitraje es equivalente o sustitutivo de la función jurisdiccional, así como excluyente de ésta. No obstante lo dicho, conviene puntualizar que este efecto excluyente de la vía judicial no tiene que darse necesariamente con el inicio de un arbitraje, pues esta vía judicial queda ya inicialmente cercenada con la mera existencia de un previo convenio arbitral por el que las partes sometan a arbitraje las diferencias que tengan o puedan tener, y todo ello sin perjuicio de que, antes de iniciado el concreto arbitraje, y pese a la existencia de tal convenio arbitral, las partes decidan renunciar al arbitraje y someter la controversia en sede judicial[50].
2. Así como en vía judicial se produce la denominada *perpetuatio iurisdictionis* (Art. 411 de la Ley de Enjuiciamiento Civil), con la iniciación del procedimiento arbitral se produce lo que se denominaría *perpetuatio arbitralis*, en cuya virtud las alteraciones que una vez iniciado el procedimiento arbitral se produzcan en cuanto al domicilio de las partes, la situa-

---

[49] No de un mero requerimiento de someterse a arbitraje.

[50] Para tal renuncia al arbitraje existiendo convenio arbitral, por supuesto han de estar ambas partes de acuerdo, si bien tal acuerdo no tiene por qué ser necesariamente explícito, pues bastaría que el demandado en vía judicial no alegara la arbitrabilidad del caso y no instara en plazo (10 días) la declinatoria prevista en el Art. 63 de la Ley Rituaria Civil en relación con sus Arts. 39 y 65, para que operara una renuncia bilateral al arbitraje inicialmente vinculante.

ción de la cosa litigiosa y el objeto de la *litis* no modificarán la arbitrabilidad del caso ni la competencia del árbitro o de la institución administradora del arbitraje.

Lo que no necesariamente produce la iniciación del arbitraje es la litispendencia (que en vía judicial civil se produce con el escrito de demanda -Art- 410 LEC-) pues, como acabamos de comentar[51], no todos los procedimientos arbitrales se inician por demanda.

3. Habilita y obliga al árbitro y/o a la institución arbitral a tramitar e impulsar el procedimiento.
4. Interrumpe los plazos de prescripción aplicables a las acciones que se ejerzan en el arbitraje.
5. Faculta a las partes y al árbitro a adoptar medidas cautelares, si bien tales medidas pueden ser rogadas y adoptadas incluso antes de iniciado el arbitraje[52].

Es preciso hacer una breve referencia al acta de misión. Si bien su utilidad se manifiesta más claramente en los arbitrajes *ad hoc*, son numerosas las instituciones administradoras de arbitrajes que prevén la realización de la denominada Acta de Misión u Ordenanza del arbitraje, cuyas características y circunstancias se relacionan a continuación:

- Se suele confeccionar al inicio del arbitraje, ya sea una vez efectuado el requerimiento de arbitraje, ya sea una vez efectuadas las alegaciones iniciales o preliminares que acabamos de comentar, o bien tras la presentación de demanda arbitral.
- En ella se consignan las identidades de las partes y del/los árbitro/s, la legitimación con que litigan las partes, el objeto de controversia, las peticiones de las partes, los puntos de controversia fáctica, la fundamentación jurídica de las partes (a no ser que el arbitraje sea de equidad), el idioma, la normativa de aplicación al fondo del asunto, lugar del arbitraje, plazos y calendario de actuaciones (que en su caso suele remitirse al reglamento de la institución), el procedimiento

---

51 At. 27 LA.

52 Arts. 8, 11.3 y 23 LA.

(que también suele remitirse al reglamento de la institución) y cualesquiera datos que el árbitro y las partes consideren oportunos.

b) Fase alegatoria

Dada la existencia de una controversia que ha de dirimirse por un tercero cual es el árbitro, parece obvia la necesaria aportación por las partes de los hechos y fundamentos jurídicos en que basan sus pretensiones, así como explicitar de qué pretenden que resuelva el árbitro y en qué sentido. Como es de suponer, la fundamentación jurídica no es precisa en los arbitrajes de equidad.

Tales alegaciones no sirven sólo para conocer qué pretenden las partes y con arreglo a qué hechos o normas lo pretenden, sino para fijar las respectivas posiciones en el procedimiento, algunas de ellas realmente trascendentales, como las de negar la arbitrabilidad de la controversia, la inexistencia o invalidez de convenio alguno, o cualquier excepción que impidiera la prosecución del arbitraje.

Algunos reglamentos de instituciones arbitrales prevén que las partes aporten una suerte de alegaciones iniciales o preliminares meramente inclusivas de una breve exposición de los hechos, personas intervinientes, de la controversia, de las pretensiones y de la procedencia o improcedencia del arbitraje. Tales alegaciones consistirían en una mera solicitud de arbitraje y en su correlativa contestación, y se sustanciarían con anterioridad a la designación o nombramiento de árbitro/s, dejando para posterior momento la formulación de alegaciones sobre el fondo de la controversia.

Al respecto, debemos volver a recordar la libertad de pacto en cuanto a la determinación o "diseño" de procedimiento que asiste a las partes (especialmente en arbitrajes *ad hoc*), así como la usual remisión al procedimiento ya establecido por las respectivas instituciones administradoras de arbitrajes, algunas de las cuales prevén que el procedimiento arbitral se inicie directamente por demanda, sin escrito previo alguno.

c) Fase de prueba

En caso de existir discrepancia sobre hechos relevantes para la dirimencia del asunto, las partes podrán aportar o solicitar las pruebas que consideren conducentes a probar el hecho controvertido, para lo cual contarán con los medios de prueba que también son usados en la vía judicial, si bien serán los árbitros quienes decidan sobre la utilidad, legalidad y pertinencia de su práctica y de su aportación[53].

Con respecto a su práctica, debe llevarse a cabo con inmediación ante el árbitro, con intervención de éste, y con plena audiencia a las partes[54].

Habida cuenta de que los árbitros carecen de facultades coercitivas, en ciertas ocasiones habrán de recabar auxilio judicial para la práctica de determinadas pruebas, las cuales, aprobadas o autorizadas por el árbitro, podrán practicarse ante el árbitro o ante el Juzgado que preste el auxilio.

El órgano competente para prestar tal auxilio es el Juzgado de Primera Instancia del lugar del arbitraje o del lugar donde haya de prestarse la asistencia[55], que no podrá entrar en el fondo del asunto para denegar prueba alguna. Sólo podría denegar la práctica de concretas pruebas si consisten en algo prohibido[56] o suponen vulneración de derechos fundamentales[57]

El Art. 30 de la Ley Arbitral establece que, salvo el tantas veces mencionado acuerdo en contrario de las partes –que podría haberse plasmado en la antes citada Acta de Misión-, los árbitros tendrán plenas facultades de ordenar o no la celebración de audiencias para presentar alegaciones, celebrar pruebas y, asimismo, para formulación de conclusiones, o bien de ordenar que tales actuaciones se sustancien por escrito.

---

53 Art. 25.2 LA.

54 Arts. 24 y 25.2 LA.

55 Art. 8.2 LA.

56 Art. 283.3 LEC.

57 Art. 287 LEC.

Evidentemente, también habrá de estarse a lo que prevea el reglamento procedimental de la corte arbitral a la que las partes hubieran, en su caso, sometido el arbitraje.

d) Terminación del procedimiento arbitral

El procedimiento arbitral puede terminar bien por medio de resolución que dirima el fondo del asunto debatido, bien de otro modo que no llegue a resolver la discrepancia o la resuelva sólo parcialmente. La primera forma de resolución citada sería la *normal*, mientras que la segunda constituiría una terminación *anormal* o atípica del proceso.

Dentro de los casos de terminación atípica del arbitraje puede citarse el desistimiento unilateral del demandante si tal desistimiento es consentido por el demandado[58]. En este supuesto se paraliza el procedimiento y se da por terminado sin entrar en el fondo del asunto, por lo que la controversia queda irresuelta, con posibilidad de sustanciarla de nuevo en otro procedimiento. En ocasiones, tal desistimiento se documenta por resolución arbitral, también denominada laudo, aunque tal resolución no resuelva el fondo de la controversia.

Asimismo, puede darse el acuerdo de las partes en dar por terminadas las actuaciones[59], que bien puede documentarse en resolución arbitral, la cual también recibe en ocasiones la calificación de laudo arbitral.

Salvo acuerdo en contrario, tal terminación deja irresuelta la controversia, la cual puede ser suscitada en nuevo procedimiento[60].

---

58 Art. 38.2.a de la LA, análogo al Art. 20.2 LEC.

59 Art. 2.b LA.

60 Al respecto es de sumo interés la Sentencia dictada en fecha 9 de octubre del 2013 por la Sala de lo Civil y Penal del Tribunal Superior de Justicia de Madrid, en la que se señala el concreto alcance de los efectos de cosa juzgada atribuibles a un laudo en el que no se resuelven determinadas pretensiones habida cuenta de su inadmisión a causa de su extemporánea introducción en la *litis*:

"El único motivo de anulación del laudo arbitral alegado en la demanda se concreta en el previsto en el artículo 41.1,f) de la Ley 60/2003 de arbitraje, por infracción del orden público".

Caso diferente sería el de un acuerdo alcanzado por las partes en el que, entrándose en el fondo del asunto, se solicitara su "homologación arbitral" según lo establecido en el Art. 36 LA, pues la incorporación de tal acuerdo al laudo le confiere la eficacia de éste.

Por otra parte, en el apartado 2.c del Art. 38 de la LA también se recoge la forma de terminación atípica consistente en que los árbitros aprecien la innecesariedad o la imposibilidad de proseguir con las actuaciones arbitrales, ya sea por causa de fuerza mayor, por desaparición del objeto de reclamación arbitral, por fallecimiento de alguno de los contendientes sin subrogación en su posición procedimental, ...etc...

Como forma atípica de terminación de los procesos arbitrales y jurisdiccionales que es, interesa advertir que, pese a que la enervación de la acción de desahucio (causa de terminación atípica del proceso civil) no se encuentra en el elenco casuístico de los citados Arts. 36 y 38 de la LA, tal causa está expresamente contemplada en diversos reglamentos procedimentales de cortes arbitrales en las que exista una cámara o sección dedicada a materia de arrendamientos urbanos.

"Por todo ello, expresamente también el laudo reservó a la parte demandante su derecho a reclamar tales cantidades en un procedimiento distinto diciendo textualmente: "No se hace pronunciamiento por tanto de las pretensiones de la parte actora contenidas en el escrito de conclusiones y en el posterior de 17 de mayo de 2012, sin perjuicio del derecho que creyere asistirle para reproducir tales pretensiones en la forma y modo que tuviere por conveniente" .

En razón de todo ello, el laudo de 1 de marzo de 2013, aquí impugnado, tras analizar el contenido del laudo anterior considera que "es claro que inadmite la pretensión introducida por I..., S.L. en sus escritos de fecha 7 y 17 de mayo de 2012 por ser extemporáneos" , "dejando la cuestión imprejuzgada, al no haberse realizado ningún pronunciamiento al respecto en la parte dispositiva del laudo "sin perjuicio del derecho que creyese asistirle (a INPRISMA) para reproducir tales pretensiones en la forma y modo que tuviere conveniente", que es lo que, cabalmente, plantea, pretende y reclama en este otro Arbitraje".

No puede aceptarse, en consecuencia, el argumento de la demanda de que el laudo 14 de junio de 2012, no sólo inadmitió la pretensión ahora deducida de nuevo por INPRISMA por extemporánea, sino que desestimó dicha pretensión por entender que no se formuló correctamente, entrando así en el fondo de la petición, por lo que dicha pretensión no puede volver a plantearse en un procedimiento arbitral posterior porque el Laudo que desestimó la misma produce efecto de cosa juzgada. Con absoluta nitidez, el laudo primeramente dictado se abstuvo de pronunciarse sobre las pretensiones ejercitadas en el laudo que ahora es objeto de impugnación y dejó abierta la posibilidad de su planteamiento en un procedimiento arbitral posterior, lo que impide apreciar la vulneración a los efectos de cosa juzgada en los que se basa el motivo de nulidad alegado".

Al respecto, es oportuno comentar que en el proceso civil se consideran modos anormales de terminación del proceso la renuncia (que implica una resolución, siquiera somera y parcial, sobre el fondo del asunto, con efectos de cosa juzgada y consecuente inviabilidad de la reiteración de las pretensiones en ulterior proceso), la transacción, el desistimiento, la carencia sobrevenida del objeto litigioso, el allanamiento (que también implica una resolución sobre el fondo del asunto), la enervación de la acción de desahucio y la caducidad de la instancia.

Con respecto a todo lo dicho, es preciso poner de manifiesto que en el Art. 37.1 LA se prevé de modo explícito la posibilidad de dictar laudos parciales, por lo que nada obsta a que se emita un laudo parcial que tenga por objeto una modalidad de terminación anormal del arbitraje (cual sería una transacción parcial, un desistimiento o un allanamiento parciales, o la declaración de que resulta imposible o innecesario proseguir las actuaciones con respecto a una concreta pretensión del arbitraje, etc...) y, posteriormente, se emita un laudo que resuelva sobre el fondo (o resto del fondo) del asunto debatido.

Tal actuación procesal no es en absoluto extraña en la vía judicial civil, en la que se contempla el dictado de autos de allanamiento parcial o de desistimiento parcial, proseguidos de posteriores sentencias resolutorias sobre el resto de la materia objeto del debate procesal.

V. El laudo arbitral

a) Requisitos

Aunque, como se ha dicho, los casos de terminación atípica del arbitraje también puedan documentarse por medio de resoluciones que adopten la forma y denominación de laudos, lo más común es que tal denominación se reserve para las resoluciones que documenten terminaciones *normales* del arbitraje, esto es, para aquéllas que resuelven sobre el fondo del asunto debatido.

Como requisito formal, y pese a la libertad de forma predicada en la Ley de Arbitraje, el Art. 37.3 de dicha norma legal obliga a que el Laudo se plasme por escrito, ya sea en formato "físico" (papel), o en soporte electrónico, óptico o de otro tipo, siempre y cuando quede constancia del texto del laudo y de las firmas de los árbitros, y pueda accederse a tal texto con posterioridad. En análogo sentido procede manifestar que la LEC también obliga a documentar las resoluciones orales por escrito[61] y prohíbe que se dicten sentencias orales.

Tal requisito formal no sólo otorga seguridad a las partes y permite conocer e l*iter* lógico o lógico-jurídico seguido por los árbitros a los efectos de posibilitar el control judicial y el control constitucional del laudo, sino que también facilita la ejecutabilidad del laudo mismo en sede judicial[62].

El Art. 37.2 LA establece el régimen supletorio de cómputo de plazo para emisión del laudo (6 meses contados desde la contestación a la demanda arbitral o desde la expiración del plazo para tal contestación), si bien procede volver a citar la libertad de pacto de las partes, así como que los diferentes reglamentos de cortes arbitrales contemplarán sus respectivos plazos.

Con todo, es importante destacar que en el Art. 37.2 LA, en su nueva redacción dada por la Ley 11/2011 de reforma de la LA, se explicita que -salvo el consabido acuerdo de las partes en sentido contrario- la expiración del plazo legalmente o convencionalmente previsto para que se emita el laudo no implicará la nulidad ni la ineficacia del laudo ni, mucho menos, del convenio arbitral[63].

---

[61] Art. 210 LEC.

[62] Art. 44 LA.

[63] Para aclarar con taxatividad tal extremo referente a que el dictado de un laudo una vez transcurrido el plazo legal o el convenido para su emisión no supone *per se* la nulidad de tal resolución, procede citar la Sentencia del TSJ de Madrid, de 30 de Julio del año 2013, de idéntico sentido a la de otros muchos tribunales:

"Para concluir, en modo alguno puede considerarse que se hubiera ya producido nulidad ipso iure del laudo por no haberse dictado en el plazo previsto, en primer lugar porque .../... en segundo término, porque el artículo 37.2 de la Ley de Arbitraje establece taxativamente la validez del laudo arbitral, aun caso de haber mediado tal circunstancia de extemporaneidad al dictarlo, imputando en su caso responsabilidad al árbitro, que es cuestión distinta, y así vienen sancionando los distintos TTSSJJ (Sentencia del TSJ de la Comunidad Valenciana nº13/2012, de 24 de Abril y TSL del País Vasco de 25 de Septiembre de 2.012, citadas ambas por la Abogacía del Estado),

Finalmente, resta mencionar que el laudo dictado y firme surte efectos análogos a los de una resolución judicial firme, cuales son, entre otros los de ejecutividad y cosa juzgada, sin que para ello sea preciso protocolizar notarialmente el laudo[64].

En lo que se refiere a los requisitos internos del laudo, en su momento comentamos que la actividad arbitral es equivalente y sustitutiva de la judicial, y es comúnmente sabido que toda actuación judicial ha de respetar escrupulosamente derechos fundamentales cuales son el de tutela (judicial) efectiva y el de proscripción de la indefensión. A la vista de que el respeto por dichos derechos fundamentales obliga a tales resoluciones judiciales a ser formales y motivadas así como congruentemente decisorias, es lógico que tales requisitos, aplicables y exigibles a la función jurisdiccional del Estado, sean también aplicables a la función arbitral, ya sea porque derechos fundamentales consagrados en la Constitución como son la proscripción de la indefensión y tutela efectiva han de ser observados en cualquier sistema de dirimencia de controversias.

Dicho lo precedente, parece lógico y claro que el laudo debe estar motivado, salvo que las partes, en ejercicio de su autonomía, hayan alcanzado un acuerdo que ponga fin (total o parcialmente) a la controversia[65] y decidan no plasmar en el acuerdo la *ratio* jurídica o fáctica de tal acuerdo resolutorio.

Así, salvo en caso del citado acuerdo a que se refiere el citado Art. 36 LA, en el laudo ha de expresarse el *iter* lógico y jurídico (excepto en casos de arbitraje de equidad) seguido por los árbitros para alcanzar la decisión o solución que plasman en el Laudo, esto es, la valoración de los hechos, las pruebas, las pretensiones y las normas sustantivas de aplicación o el leal saber y entender profesional (en caso de arbitraje de equidad), con explicación -no necesariamente exhaustiva- de las razones que ha llevado toda esta valoración a la conclusión adoptada o solución dada en el Laudo.

---

y dictarlo fuera de plazo, en todo caso, no está previsto dentro de las causas tasadas de anulación del artículo 41 de la Ley de Arbitraje" .

[64] Art. 37.8 LA y Art.517.2. 2°. de la LEC.

[65] Arts. 36 y 37.4 LA.

Aparte de lo ya dicho acerca de la motivación del laudo, la LA exige que en el Laudo se explicite la fecha y el lugar en que se ha dictado[66], así como los honorarios y gastos del arbitraje salvo pacto en contrario[67].

Respecto de la congruencia, es muy abundante la Jurisprudencia civil y del Tribunal Constitucional relativa al deber de congruencia predicable de las resoluciones judiciales, toda la cual es aplicable, casi sin matices, a la actividad arbitral, con la excepción evidente de los arbitrajes de equidad, en los que no es preciso seguir ni exteriorizar razonamiento jurídico alguno.

De un modo muy resumido procede calificar como incongruencia *extra petita* la que daría en caso de que la resolución arbitral decidiera sobre un asunto o *thema decidendi* no sometido por las partes a dirimencia ni solicitado por éstas; se calificaría de incongruencia *ultra petita* la que se daría en caso de que, versando el laudo sobre la materia efectivamente sometida a dirimencia, conceda más de lo solicitado por las partes; e incurriría en incongruencia *infra petita* el laudo que dejara sin resolver una concreta petición de las partes.

Por otra parte, puede darse también la denominada incongruencia interna cuando se da incoherencia entre la *ratio decidendi* y lo resuelto en el fallo o parte dispositiva, es decir, por no reflejar una adecuada conexión entre los hechos admitidos o definidos, los argumentos jurídicos utilizados y el fallo de la sentencia o del laudo.

Se habla así de un supuesto de incongruencia o de incoherencia interna[68] de la sentencia cuando los fundamentos de su decisión y su fallo resultan contradictorios. Y se da tal incongruencia aunque no se aprecie desajuste entre lo concedido y lo pedido (desajuste total o parcialmente apreciable en casos de incongruencia *infra, ultra* y *extra petita*) en los términos que derivan del artículo Art. 218 LEC,

[66] Art. 37.5 LA.

[67] Art. 37.6 LA.

[68] Al respecto de esta modalidad de incongruencia procede citar la STC 15/1999, en cuyo FD 3º. señala que *"...la adecuación debe extenderse tanto al resultado que el litigante pretende obtener, como a los hechos que sustentan la pretensión y el fundamento jurídico que la nutre, sin que las resoluciones judiciales puedan modificar la causa petendi..."*.

sino por falta de la lógica que requiere que la conclusión plasmada en el fallo sea el resultado de las premisas previamente establecidas por el árbitro.

La existencia de incongruencia puede ser motivo de anulación del laudo[69], ya sea por la vía del apartado 1.c) de dicho artículo (caso de incongruencia *extra petita*), ya sea por la vía del apartado 1.f (por ir contra el orden público, al vulnerar derechos fundamentales contemplados en el Art. 24.1 de la Constitución, cuales son el de tutela efectiva y de la interdicción de la indefensión).

En el Art. 39 LA se establece un sistema de corrección de errores materiales o aritméticos o mecanográficos (apartado 1.a), de aclaración de conceptos oscuros (apartado 1.b) y de subsanación de incongruencia omisiva o *infra petita* (apartado 1.c) o *ultra petita* (apartado 1.c) o *extra petita* (mismo aparatado 1.c), así como de depuración del laudo en caso de haber resuelto materias no susceptibles de ser arbitradas (apartado 1.c).

En la sustanciación de las solicitudes a instancia de parte ha de darse traslado a las demás partes, trámite que no es preceptivo en caso de la corrección de oficio.

Aparte de los efectos subsanatorios, complementarios, rectificativos o aclaratorios que, en su caso, tenga la resolución correspondiente, es preciso destacar el efecto de cómputo de plazos que para tal resolución prevé el Art. 40.4 LA, cual es el de inicio del cómputo del plazo para instar la anulación del laudo.

Tales efectos iniciadores (o reiniciadores) de plazos también son de aplicación para el cómputo del plazo de espera para instar ejecución forzosa del laudo[70], para el cómputo del plazo quinquenal previsto para la revisión de sentencias (y laudos) firmes previsto en la LEC[71] o para el cómputo del plazo quinquenal de caducidad de la ejecutabilidad del laudo[72].

---

69 Art. 41 LA.
70 20 días computados según el Art. 548 la LEC.
71 Arts. 509 y ss. LEC en relación con el Art. 43 LA.
72 Art. 518 LEC.

b) Eficacia

Señalado lo anterior, nos detenemos en la eficacia del laudo, que se desprende de la teoría del equivalente jurisdiccional.

La principal eficacia del laudo es su exigibilidad a la contraparte esto es, su ejecutividad, efecto al que nos referiremos más adelante.

Asimismo, el laudo surte esenciales efectos de cosa "juzgada" material y formal[73].

Al igual que en el proceso judicial civil, el efecto de cosa "juzgada" (¿o arbitrada?) formal se refiere a que la resolución arbitral, por el hecho de no haber sido recurrida queda firme e inmodificable (salvo por el recurso de revisión, que trataremos en próximas líneas). En tal sentido, conviene repasar el Art. 207 LEC.

Por su parte, el efecto de cosa juzgada/arbitrada material se refiere a que no cabe plantear nueva *litis* (ni en sede judicial ni en sede arbitral) sobre una materia ya resuelta de modo firme.

Al respecto, para poder aducir la excepción de cosa juzgada, la Jurisprudencia del Tribunal Supremo y del Tribunal Constitucional vienen requiriendo que concurra la triple identidad de sujetos, objeto y fundamentos en ambos litigios, es decir, identidad de sujetos litigantes, identidad de objeto litigioso e identidad de causa *petendi* o fundamentación jurídica de las pretensiones.

El hecho de que una pretensión se haya dilucidado en sede arbitral y se intente dilucidar nuevamente tal pretensión en vía judicial, o a la inversa, no supone variación alguna de hechos, sujetos y fundamentos, por lo que el efecto de cosa juzgada material es perfectamente aducible, aún habiéndose sustanciado el primer litigio por una vía diferente. No en vano, como ya hemos anotado profusamente, la vía arbitral es sustitutiva y equivalente de la judicial.

Por lo que tienen de orientadores en la materia, conviene asimismo repasar el contenido de los Arts. 222 y 405 LEC.

[73] Art. 43 LA.

c) Ejecución del laudo

Establece el Art. 44 LA que la ejecución forzosa del laudo se ventilará según la LEC, cuyo Art. 517.2.2° califica al laudo arbitralcomo título ejecutivo, y cuyo 518 prevé la caducidad del título si no se ha instado su ejecución forzosa en el plazo de 5 años contados desde su firmeza.

Por su parte, el Art. 45 LA prevé una suerte de *"ejecución provisional"* del laudo que, aún siendo firme en vía arbitral (por haberse dictado el laudo y/o haberse, en su caso, resuelto las solicitudes previstas en el Art. 39 LA[74]), fuera objeto de demanda de anulación, en cuyo caso el ejecutado podría solicitar la suspensión de la ejecución si aportara caución que se estime suficiente.

Según prescriben el Art. 8.4 LA y el Art. 545.2 LEC, será el Juzgado de Primera Instancia del lugar donde se haya dictado el laudo el competente para conocer de la ejecución.

Una de las propiedades inherentes a los laudos es su ejecutividad directa, si bien ha de recabarse para ello la intervención de la jurisdicción ordinaria, pues el árbitro carece de capacidad o potestades para impeler al cumplimiento forzoso de lo resuelto por su laudo.

Así, la ejecutividad del laudo no es provisional, sino directa, y no queda suspendida en modo alguno por el mero hecho de haberse ejercitado acción de anulación contra él, pues quedaría suspendida sólo en caso de dictarse expresa resolución judicial en tal sentido suspensivo, otorgada tras previa solicitud expresa de suspensión.

A diferencia de la Ley de Enjuiciamiento Civil, la Ley de Arbitraje no prevé el resarcimiento de los daños y perjuicios que se pudieren irrogar al ejecutado en caso de anularse el laudo con posterioridad, sino que tan sólo contempla el resarcimiento de perjuicios que se pudieren causar al ejecutante por demoras en la ejecución.

Por otra parte, el árbitro no es parte en la ejecución, como tampoco lo es en los procedimientos de anulación de laudos. Lo dicho

---

[74] Corrección, aclaración y complemento del aludo, a los que nos referiremos unas líneas más adelante.

es una obviedad, pero no es asunto baladí. En efecto, es cada vez más amplia la tendencia doctrinal que propone que los árbitros y las cortes arbitrales puedan ser partes, siquiera como *amicae curiae*, en procedimientos en los que no sólo puedan aportar sus puntos de vista, aclaraciones y demás datos complementarios o interpretativos que quizás no obren en sus laudos, sino que también puedan prevenirse de posibles reclamaciones por responsabilidad en que podrían incurrir.

Con respecto a la postulación y defensa procesales, el Arrt. 539.1 LEC establece que Para la ejecución derivada de un acuerdo de mediación o un laudo arbitral se requerirá la intervención de abogado y procurador siempre que la cantidad por la que se despache ejecución sea superior a 2.000 euros.

Como requisitos de procedibilidad, el Art. 5501.1º. LEC establece que cuando el título sea un laudo, se acompañarán, además, el convenio arbitral y los documentos acreditativos de la notificación de aquél a las partes.

Con respecto a la aportación del convenio, bien podría interpretarse que, existiendo laudo al respecto, la existencia de convenio válido ya ha sido adverada por el árbitro, por lo que su aportación es redundante e innecesaria, y sólo se erige en demostración de desconfianza hacia la vía arbitral. En efecto, si la válida existencia de convenio es presupuesto o requisito de la formación del arbitraje, y el laudo es la culminación de éste, parecería que los tribunales ordinarios encargados de la ejecución de los laudos estuvieran "inmiscuyéndose" -¿de manera preventiva?- en materias que están reservadas al árbitro, cuales son las de apreciación de la validez del convenio.

En efecto, la inexistencia de convenio válidamente otorgado es motivo de anulación del laudo –que trataremos en próximos párrafos–, y la apreciación de oficio de su inexistencia, de su invalidez o de su ineficacia no está legalmente prevista en la Ley de Arbitraje, o al menos, no de modo expreso.

En efecto, a la vista del Art. 41 LA, que trataremos en los siguientes párrafos, tal apreciación de invalidez o inexistencia de convenio arbitral sería pertinente en el seno de un procedimiento de anulación, el cual sólo puede ser ejercitado por quien ha sido parte en el arbitraje, no por un tercero, ni siquiera por un tribunal.

Es decir, las causas de anulación de un laudo -como veremos en las siguientes líneas- son tasadas, y sólo se pueden apreciar en el seno de un concreto incidente o procedimiento judicial, el cual únicamnte puede ser instado por la parte afectada, de modo que la apreciación de tal causa de nulidad sólo cabría -aun reconociendo hipotéticamente que resultara apreciable de oficio- si la parte afectada hubiera instado la anulación del laudo.

Con tal proceder -obligado por la LEC-, los tribunales ordinarios extendienden al procedimiento de ejecución funciones revisoras propias del procedimiento de anulación y sólo a éste; y asumen de oficio la apreciación de causas de nulidad que la Ley no les confiere de oficio. Además, como veremos, los órganos judiciales encargados de ejecutar y hacer ejecutar los laudos (Juzgados de primera instancia) son diferentes de los que tienen la potestad anulatoria de los arbitrales (Salas de lo civil y penal de los Tribunales Superiores de Justicia).

En cambio, con respecto a la acreditación de la efectiva notificación del laudo a la parte ejecutada, sí resulta razonable su exigencia por el tribunal encargado de la ejecución forzosa del laudo, toda vez que podría darse el caso de que el ejecutado no hubiese sido notificado de tal laudo, habiendo sido notificado tan sólo el ejecutante e ignorando éste que aquél no fue notificado.

No obstante, conviene reflexionar acerca de los motivos que llevan a los tribunales a denegar despacho de ejecución de un laudo cuya notificación no consta se haya efectuado a la parte ejecutada. En efecto, si la ejecución no queda suspendida por el sólo hecho de haberse instado un procedimiento de anulación, no vemos motivos para que se deniegue el despacho en el citado caso de no demostrarse haber notificado el laudo al ejecutado, pues el ejecutado habrá de ser notificado del despacho de ejecución (inclusivo del laudo mismo), y entonces podrá solicitar la suspensión de la ejecución, así como la anulación del laudo si lo considerare oportuno.

Al efecto podría argüirse que al no habérsele notificado el laudo al ejecutado se le ha cercenado la posibilidad de instar su aclaración, corrección o complemento -que trataremos en próximas líneas-, pero no parece que por sí mismo sea un motivo potente para denegar *a limine* la ejecución de un laudo, culminación de un procedimiento expresamente elegido por las partes, quienes en manifestación de su libertad y voluntad renunciaron a la potestad dirimente de la jurisdicción ordinaria y confiaron la resolución de sus diferencias a un árbitro mediante un procedimiento flexible, particular, ágil y rápido.

d) Acción de anulación

Según se establece en el Art. 41 de la LA, el laudo sólo podrá ser anulado en los siguientes casos:

i) Que el convenio arbitral no exista o no sea válido.

ii) Que alguna parte no haya sido debidamente notificada de la designación de un árbitro o de las actuaciones arbitrales o no haya podido, por cualquier otra razón, hacer valer sus derechos.

iii) Que los árbitros hayan resuelto sobre cuestiones no sometidas a su decisión.

iv) Que la designación de los árbitros o el procedimiento arbitral no se hayan ajustado al acuerdo entre las partes, salvo que dicho acuerdo fuera contrario a una norma imperativa de esta Ley, o, a falta de dicho acuerdo, que no se hayan ajustado a esta ley.

v) Que los árbitros hayan resuelto sobre cuestiones no susceptibles de arbitraje.

vi) Que el laudo sea contrario al orden público.

Los motivos de la anulación del laudo han de ser tasados y no han de permitir, como regla general, una revisión del fondo de la decisión de los árbitros. Por otra parte, es oportuno poner de manifiesto que según consolidada jurisprudencia, los motivos de anulación de los arbitrajes han de ser interpretados con criterios restrictivos, reservando la actuación anulatoria de los tribunales ordinarios a los casos estrictamente previstos en la Ley.[75]

En tal sentido, procede añadir que tanto el Tribunal Constitucional como el Tribunal Supremo tienen repetidamente declarado que, fuera del ámbito penal -y dentro de éste, con ciertas reticencias-, no existe un derecho a los recursos, a la doble instancia o a un determinado tipo de recurso, siendo posible que el legislador no prevea ningún recurso contra algunos tipos de resoluciones o los subordine a la concurrencia de determinadas condiciones.

Con respecto al concreto ámbito arbitral, de la Constitución Española tampoco deriva una exigencia a una protección jurisdiccional al arbitraje incondicionada dada la naturaleza de derecho prestacional que presenta el derecho a la tutela (judicial) efectiva. Por lo dicho, la irrecurribilidad de los laudos, ya sea en sede arbitral, ya sea en sede judicial, es perfectamente constitucional, tanto en virtud del derecho dispositivo de las partes, como por la misma configuración legal y constitucional del sistema de recursos que ofrece el ordenamiento jurídico español[76].

---

[75] En tal sentido, en la STS de 15 de septiembre de 2008 se establece que *"…/… Como dice el auto de la Sala Primera del Tribunal Supremo de 21 de febrero de 2006 : …/… la actuación de los Tribunales se circunscribe a actuaciones de apoyo o de control expresamente previstas por la Ley reguladora de la institución; es consustancial al arbitraje, por lo tanto, la mínima intervención de los órganos jurisdiccionales por virtud y a favor de la autonomía de la voluntad de las partes, intervención mínima que, tratándose de actuaciones de control, se resume en el de la legalidad del acuerdo de arbitraje, de la arbitrabilidad - entendida en términos de disponibilidad, como precisa la exposición de Motivos de la Ley 60/2003 - de la materia sobre la que ha versado, y de la regularidad del procedimiento de arbitraje; …/…habiendo entendido el legislador que a través de una única instancia y con una sola fase procesal se satisface suficientemente la necesidad de control jurisdiccional de la resolución arbitral, que, evidentemente, no alcanza al fondo de la controversia, sino únicamente a los presupuestos del arbitraje y su desarrollo."*

En análogo sentido, la STC 352/2006, de 14 de diciembre, y el Auto TC 231/1994, de 18 de julio, señalan que *"…/…en definitiva, versando el arbitraje en todo caso sobre materias informadas por el principio dispositivo y teniendo por norte la resolución extrajudicial de conflictos de intereses, libremente acordada, las exigencias derivadas del art. 24 de la Constitución se satisfacen sobradamente con los mecanismos y supuestos de anulación previstos en la vigente Ley de Arbitraje, por cuanto aseguran un minimum irrenunciable (el respeto al convenio arbitral libremente pactado, a la propia Ley de Arbitraje y a las garantías del propio art. 24 C.E.), más allá del cual, por la vía de la revisión judicial de fondo, quedaría desnaturalizada la institución del arbitraje"*.

[76] Por su parte, en la Sentencia del Tribunal Superior de Justicia de Madrid de fecha 15 de octubre del año 2013, reiteración de doctrina anteriormente aplicada de modo

A tenor de lo contemplado en el apartado 2 de este Art. 41, podrán apreciarse de oficio las causas de anulación consistentes en la falta de notificación de la designación de árbitro o de otras actuaciones arbitrales; o en la imposibilidad de hacer valer sus derechos una de las partes; en la extralimitación de los árbitros al decidir sobre cuestiones no susceptibles de arbitraje; o en que el laudo sea contrario al orden público.

Dada la concreción que se hace en este citado apartado 2 con respecto a la apreciación de oficio de lo específicos motivos relacionados en los citados apartados b)[77], e)[78], y f)[79] del Art. 41.1 de la LA, podría interpretarse que los demás motivos recogidos en el citado Artículo[80] no son apreciables de oficio, sino tan sólo a instancia de la parte que promueva la acción de anulación, lo cual es consonante con la redacción que se da al inicio de este Art. 41, que hace nuevamente explícita referencia a la parte: 1. *El laudo sólo podrá ser anulado cuando la parte que solicita la anulación alegue y pruebe:...*".

Pero lo cierto es que es abundante y variada la jurisprudencia que atribuye a los tribunales jurisdiccionales competencias y facultades para la apreciación de oficio de motivos de anulación no sólo contemplados en estos apartados b), e) y f) del Art. 41.1 de la LA,

uniforme, se afirma *que "…/…Debe recordarse, en primer término, que la acción de anulación de laudo arbitral diseñada en la Ley de Arbitraje no permite …/… reexaminar las cuestiones debatidas en el procedimiento arbitral. La limitación de las causas de anulación del laudo arbitral a las estrictamente previstas en el artículo 41 de esa Ley de Arbitraje, restringe la intervención judicial en este ámbito a determinar si en el procedimiento y la resolución arbitrales se cumplieron las debidas garantías procesales, si el laudo se ajustó a los límites marcados en el convenio arbitral, si éste carece de validez o si la decisión arbitral invade cuestiones no susceptibles de arbitraje".*

77 Que alguna parte no haya sido debidamente notificada de la designación de un árbitro o de las actuaciones arbitrales o que no haya podido, por cualquier otra razón, hacer valer sus derechos.

78 Que los árbitros han resuelto sobre cuestiones no susceptibles de arbitraje.

79 Que el laudo es contrario al orden público.

80 Que el convenio arbitral no existe o no es válido, que los árbitros han resuelto sobre cuestiones no sometidas a su decisión, y que la designación de los árbitros o el procedimiento arbitral no se han ajustado al acuerdo entre las partes, salvo que dicho acuerdo fuera contrario a una norma imperativa de esta Ley o, a falta de dicho acuerdo, que no se han ajustado a esta ley.

sino también en los apartados a), c) y d), incluso en fase de ejecución del laudo.

i) Causas

Dicho lo precedente, pasaremos a analizar someramente las diferentes causas de anulación expresamente previstas en la LA.

Causa a): *"Que el convenio arbitral no existe o no es válido"*:

Es evidente que los vicios de nulidad del pacto por el que se acuerda someter una controversia actual o futura a arbitraje hacen incurrir al arbitraje -derivado de tal pacto- en necesaria nulidad. Tales vicios serían, por ejemplo, los vicios invalidantes contemplados en los Arts. 1300 y ss. del Código Civil; los casos de falta de concurrencia de los esenciales requisitos establecidos en el Art. 1261 de dicho Código Civil; aquellos casos en que el objeto de arbitraje sea una materia o controversia inarbitrable (Art. 2.1 LA); o el caso de que el pacto o convenio arbitral contraríe *ius cogens* o *ius prohibendi* (Art. 6.3 del Código Civil).

En consonancia con lo ya dicho al respecto de la invalidez o inexistencia de convenio arbitral válido como motivo de inadmisión de la ejecución de un laudo, son numerosos los tribunales que también vienen considerando que la invalidez, la inexistencia o la ineficacia de un convenio arbitral son causas de anulación apreciables de oficio, y ello pese a que la redacción de la LA es clara en el sentido de relacionar tal motivo como apreciable, tan sólo, a instancia de parte. En efecto, son diversas las secciones de Audiencias Provinciales[81] y variados los Tribunales Superiores de Justicia[82] que interpretan que la concreta causa de anulación relacionada en el apartado a) de este Art. 41 LA, pese a venir clara y delimitadamente explicitada como motivo autónomo de anulación, puede ser subsumida en el heterogéneo y siempre difuso motivo consistente en contravenir el orden

---

[81] Tribunales antaño encargados de conocer de las acciones de anulación de laudos.

[82] Órganos judiciales con competencia hoy día para conocer de tales acciones de anulación.

público, concepto jurídico de los denominados "indeterminados", y del que trataremos unas líneas más adelante.

Causa b): *"Que no ha sido debidamente notificada de la designación de un árbitro o de las actuaciones arbitrales o no ha podido, por cualquier otra razón, hacer valer sus derechos"*:[83]

La *ratio essendi* de la causa de anulación -que, como ya hemos visto, también se erige en causa de inadmisión de ejecuciones de laudos- consistente en la falta de notificación de la designación de árbitro tiene una triple vertiente:

1) Debe permitirse a las partes verificar si en el trámite de designación del árbitro se ha seguido lo pactado por las partes y lo previsto en los Arts. 15 y 16 LA.

---

[83] Por la clara exposición que en ella se hace de los presupuestos y requisitos que la falta de notificación de actuaciones arbitrales ha de tener el procedimiento arbitral cuestionado, es oportuno reproducir parcialmente la STSJ de Madrid de fecha 22 de Julio del año 2.013:

"…/…QUINTO.- Motivo tercero.- Infracción del artículo 41.1, apartado b) por no haber podido hacer valer sus derechos, por falta de notificación de la designación de árbitro y actuaciones arbitrales.-

…/…como tiene declarado nuestro Tribunal Supremo Sala 1ª, entre otras, en Sentencia de 19-5-2008, nº 415/2008, rec. 1329/2003 ,"…La efectividad de la indefensión requiere la concurrencia de determinados requisitos, y así:

a) Que el análisis de la indefensión se realice siempre en atención a las circunstancias concurrentes en cada caso (STC 145/1986, de 24 de noviembre).

b) Que se produzca un real y efectivo menoscabo del derecho de defensa de la parte procesal, un perjuicio de índole material que le impida poder defender sus derechos e intereses legítimos en la esfera del proceso jurisdiccional (SSTC 186/1998, 145/1990, 230/1992, 106/1993, 185/1994, 1/1996, 89/1997, entre otras muchas), y que ese menoscabo esté en relación con la infracción de normas procesales y no responda a otras causas.

c) Que la indefensión no haya sido provocada por la parte que la invoca (STC 57/1984, de 8 de mayo), bien a través de un comportamiento negligente o doloso (SSTC 9/1981, 1/1983, 22/1987 , 36/1987 , 72/1988 y 205/1988), bien por su actuación errónea (STC 152/1985, de 5 de noviembre), o bien por una conducta de ocultamiento en aquellos supuestos en los que el motivo invocado para instar la nulidad se funda en la falta de emplazamiento, incluso en el caso de que la misma la hubiese provocado la imprecisa técnica en la utilización de los medios procesales previstos por el ordenamiento (STC 109/1985, de 8 de noviembre).

En consecuencia, la pasividad y el comportamiento negligente o doloso, fue la causa determinante de esa indefensión provocada por el propio demandante.

El motivo se desestima".

2) Debe conocerse la identidad y cualificación del árbitro designado, siquiera a efectos de controlar si es idóneo, imparcial, independiente y capaz para dirimir la controversia.
3) Debe facilitarse la posibilidad de instar la recusación en todo momento.

Pero las razones de ser de tales causas de anulación consistentes en la falta de notificación de las actuaciones arbitrales y en la imposibilidad de que alguna parte haga valer sus propios derechos deben ponerse en directa relación con la causación de indefensión a la parte, para cuya apreciación como causa de anulación de cualquier procedimiento es precisa la concurrencia de los siguientes requisitos:

- que se deban a actuaciones u omisiones del órgano dirimente que priven o limiten las facultades de alegación o de prueba de alguna de las partes[84];
- que tales privaciones o limitaciones sean relevantes para el resultado de la *litis*;
- que las privaciones o limitaciones no traigan causa de incuria ni de falta de pericia de la parte supuestamente agraviada o de su propia estrategia procesal;
- que la privación o mengua de los derechos de defensa sean reales y efectivas, no meramente formales o retóricas[85]; y
- que la parte agraviada denuncie el hecho lesivo en cuanto tenga oportunidad procesal para ello[86].

Causa c): *"Que los árbitros han resuelto sobre cuestiones no sometidas a su decisión"*:

Parece evidente que la extralimitación del árbitro al resolver sobre materias o sobre controversias cuya dirimencia no le ha sido encomendada hace incurrir al laudo en motivo de anulación siquiera parcial, si bien cabe matizar que no toda extralimitación supone claramente un supuesto de anulación. En efecto, los casos en los que

84 STC de 21 de marzo de 2002.

85 STC de 20 de enero de 2003.

86 Art. 6 LA.

el árbitro resuelve sobre materias o cuestiones que, aún no estando expresamente sometidas a la dirimencia por el árbitro, son resueltas por éste como consecuencia lógica u obligada de la materia que sí ha sido expresamente sometida a su conocimiento, son generalmente considerados como válida resolución de la controversia arbitral, por lo que la Jurisprudencia viene tratando con cierta flexibilidad la institución de la incongruencia *extra petita* en sede arbitral[87].

---

[87] Con referencia a la incongruencia como motivo de anulación de laudos, ya sea como motivo autónomo, ya sea como motivo eventualmente incorporable al apartado f) ("Que el laudo es contrario al orden público"), y relativa a las modalidades de incongruencia, muy interesante resulta la STSJ de Madrid de fecha nº. 76/2013, de fecha 15 de octubre, que se reproduce a continuación:

"…/…En general, la congruencia de los laudos arbitrales y la de las resoluciones judiciales exige un ajuste racional del fallo con las pretensiones de las partes y con sus hechos fundamentadores, referido tanto a la base fáctica de la acción como al componente jurídico de la misma. En este sentido, la congruencia puede producirse por omisión o ex silentio, cuando el órgano judicial deja sin contestar alguna de las pretensiones sometidas a su consideración por las partes -siempre que no quepa interpretar razonablemente el silencio judicial como una desestimación tácita cuya motivación pueda inducirse del conjunto de los razonamientos contenidos en la resolución-; o por exceso, por conceder más de lo pedido -ultra petitum-, o por otorgar algo distinto de lo pedido -extra petitum- (SSTC 40/2006 de 13 feb . y 83/2009 de 25 mar .).

Ahora bien, centrando el análisis en la incongruencia por exceso extra petita, para que el desajuste entre el fallo y los términos en que las partes hayan formulado sus pretensiones tenga transcendencia es preciso que suponga " una modificación sustancial del objeto procesal "con la consiguiente indefensión y sustracción a las partes del verdadero debate contradictorio, impidiéndole ejercitar oportunamente su derecho de defensa" (STC 3/2011 de 14 feb . FD3).

…/…

CUARTO .- En consecuencia con lo analizado, entendemos que no se ha producido la modificación sustancial alegada por la demandante, -ni por ende la indefensión que se alega, tal y como hemos analizado-, pues la misma no se produce cuando, en virtud del principio iura novit curia, tanto el Árbitro como el Juez se limitan a aplicar normas distintas de las invocadas por las partes, sin alterar el componente fáctico esencial de la acción ejercitada ni la causa petendi (Cfr. SSTS 1ª de 1 oct. 2010 y 7 nov. 2011 , así como la STSJ Galicia 15/2012 de 23 abr . y la STSJ Canarias 5/2012 de 15 nov .). Hay que tener en cuenta que tanto el TC como el TS vienen reiterando la exigencia de prudencia a la hora de examinar la denuncia de incongruencia, pues " no toda variación hecha por el Tribunal del enfoque jurídico de la relación o situación jurídica traídos a debate, puede tener ese alcance, cuando es mínima, y no rompe la propia discusión o debate en Derecho de las partes " (cfr. STS 1ª 444/2005 de 3 jun . FD2)".

Por lo que se refiere, en concreto, a la congruencia de los laudos arbitrales, cuyo incumplimiento por exceso (extra petita) está previsto como causa de anulación (art. 41.1.c LA), su determinación permite, incluso, un mayor grado de flexibilidad que el que es aplicable a las sentencias judiciales (art. 218 LEC), lo que justifica que el legislador haya previsto su reparación por el propio Árbitro, no solo en el caso de la incongruencia omisiva (art. 39.1.c LA) -del mismo modo que ocurre con las sentencias judiciales (art. 215.2 LEC)-, sino también -a diferencia de lo que se

La necesidad de que exista congruencia entre las resoluciones arbitrales y las pretensiones de las partes ya fue puesta de relieve por el Tribunal Supremo en su Sentencia de 25 de Octubre de 1982[88] afirmando que los árbitros están *"ciertamente sometidos al principio de congruencia, sin que puedan traspasar los límites del compromiso resolviendo cuestión no sometida a su decisión"*, aunque matizando que *"la naturaleza y finalidad del arbitraje permite una mayor elasticidad... pudiendo reputarse comprendidas en el compromiso aquellas facetas de la cuestión íntimamente vinculadas a la misma"*.

Causa d) *"Que la designación de los árbitros o el procedimiento arbitral no se han ajustado al acuerdo entre las partes, salvo que dicho acuerdo fuera contrario a una norma imperativa de esta Ley, o, a falta de dicho acuerdo, que no se han ajustado a esta ley"*.

En cuanto al procedimiento de designación de árbitros (ya sea convencional, ya sea el legalmente previsto), su vulneración sólo supondrá motivo de anulación cuando tal vulneración afecte a la esencia del procedimiento. Sería el caso de que en el árbitro no concurrieran la capacitación acordada por las partes; o se infringiera el pacto relativo al número de árbitros.

Sobre la vulneración del procedimiento pactado o, en su defecto, del legalmente previsto, procede mencionar el efecto convalidatorio que la falta de denuncia temporánea prevé el Art. 6 LA respecto de los vicios del procedimiento que no sean directamente apreciables de oficio[89].

---

permite a jueces y tribunales- en el caso de la incongruencia por exceso o extra petita (art. 39.1.d LA). Esta flexibilidad en el examen de la congruencia del laudo fue recogida por la mayor elasticidad en la interpretación de las estipulaciones que describen las cuestiones a decidir, que deben apreciarse no aisladamente, sino atendiendo a aquella finalidad y a sus antecedentes, pudiendo reputarse comprendidas en el compromiso aquellas facetas de la cuestión a resolver íntimamente vinculadas a la misma y sin cuya aportación quedaría la controversia insuficientemente fallada " (STS 1ª 25 oct. 1982 y , en el mismo sentido, SSTS 1ª 9 oct. 1984 , 17 sep. 1985 , 17 jun. 1987 , 28 nov. 1988 y 20 dic. 1989 ; en el mismo sentido también nuestra STSJC 15/2013 de 25 feb.)".

88 Recogida en posteriores resoluciones por el TS, como Ss. 28 de noviembre d 1988 o 15 de diciembre de 1987, que la comentan y amplían.

89 Aquéllos que supongan vulneración de derechos fundamentales o atenten contra los principios rectores mínimos del arbitraje: igualdad, contradicción y audiencia.

Así, la vulneración de lo pactado en cuanto al lugar de dictado del laudo, o en cuanto a la apertura o no de fases probatoria o de conclusiones expresamente pactadas, sólo se erigirán en motivos de anulación del laudo si tales omisiones no hubieran sido consentidas por ambas partes y si hubieran causado efectiva y relevante indefensión a alguna de las partes.

Causa e): *"Que los árbitros han resuelto sobre cuestiones no susceptibles de arbitraje"*:

También es evidente que tal tipo de extralimitación, contra derecho imperativo y prohibitivo, se erija en motivo de anulación, incluso apreciable de oficio.

Pero lo que ya no es tan evidente es si un laudo que ha resuelto sobre diversas materias, varias de ella arbitrables, debe ser anulado en su totalidad, o si cabe la anulación parcial de éste. Al efecto, el apartado 3 del Art. 41 prevé de modo expreso la anulabilidad parcial de los laudos dictados en extralimitación (ya sea la prevista en el apartado 1.c como la del apartado 1.f de este Art. 41 LA), pero sólo en el caso de que las cuestiones indebidamente resueltas puedan separarse de las apropiadamente resueltas, lo cual obliga a examinar cada caso.

Causa f): *"Que el laudo es contrario al orden público"*:

Partiendo de que el "orden público" es un concepto jurídico indeterminado, además de difuso e impreciso, procede hacer mención de las SSTC 11/87, de 11 de febrero, 116/1988, de 20 de junio y 54/1989, de 23 de febrero, que vienen a definir tan difuso concepto como el conjunto de principios jurídico públicos, privados, políticos, morales y económicos que son absolutamente obligatorios para la conservación de un modelo de sociedad en un pueblo y época determinados.

Diversos tribunales jurisdiccionales han venido poniendo de manifiesto que el concepto de orden público ha de ser identificado con el *"...núcleo o principios básicos y esenciales de un sistema"*, o bien como *"el conjunto de principios que inspiran el ordenamiento jurídico tanto en su aspecto material como procesal, los cuales, a su vez, son consecuencia, manifestación o trasunto de los principios que constituyen la esencia misma de la sociedad y que ésta declara en su Ley Fundamental, de manera que, entre nosotros, un laudo será atentatorio contra el orden público cuando conculque alguno de los principios o derechos fundamentales de la Constitución Española*[90]".

Por lo tanto, el "orden público" incluye y supone y exige que en la celebración de un proceso (penal, civil, administrativo, judicial, arbitral...) se procuren, observen y respeten todas las garantías[91], con especial proscripción de la indefensión, lo cual conllevaría la ilegalidad de aquellos procesos en los que se cause efectiva indefensión (ya sea por falta de notificación del laudo o de otras actuaciones arbitrales, ya sea por falta de motivación del laudo -STSJ de Madrid, de 19 de Julio del año 2013-); de aquéllos en los que se provoque falta de tutela efectiva, la cual se daría en caso de extralimitación material o funcional del árbitro; de aquéllos en los que se resuelva sobre materias no sometidas por las partes (incongruencia *extra petita*) o no arbitrables; de aquellos casos en los que resolviera concediendo más de lo pedido por las partes (incongruencia *ultra petita*) o de aquéllos en los que se dejara controversias sin resolver (incongruencia *infra petita,* motivo explícitamente previsto en otro apartado del Art. 41 LA), e incluso en arbitrajes en los que se aprecie desequilibrio de armas procesales[92].

Por ello, parece que la explicitación de la causa 1.f) del Art. 41 LA, que es inclusiva de los motivos señalados en los demás apartados de dicho Art. 41.1 LA, parecería que se debe a que el legislador español, atendiendo a la particularidad del arbitraje con respecto a otros procedimientos, intenta concebir un sistema autónomo de motivos de anulación, dando especial preponderancia a ciertos motivos específicso que a renglón seguido repite de modo genérico en el apartado

---

[90] Ya desde la STC nº. 43/1986 viene el Tribunal Constitucional manifestando que el concepto de "orden público" no sólo incluye los derechos relacionados en el Art. 24 CE, sino también las libertades públicas y otros derechos fundamentales distintos de los contemplados en dicho Art. 24 CE. La doctrina vertida en dicha ha sido reiterada luego las SSTC nº. 54/1989, de 23 de febrero; en la nº. 132/1991, de 17 de junio y en la nº. 91/2000, de 30 de marzo.

[91] Art. 6 CEDDHH; Art. 24 CE.

[92] STSJ de Madrid, de 16 de Julio de 2013.

f). Pero no conviene hacerse ilusiones acerca de nuestros legisladores, pues un mero análisis sistémico del Art. 41 revela a las claras que los motivos de anulación previstos en la LA son un trasunto de los expuestos en la Ley Modelo UNCITRAL, a los que el legislador español ha añadido el *cajón de sastre* que es el citado apartado f).

ii) Procedimiento de anulación

El procedimiento legalmente previsto es civil, especial, declarativo (pues el Tribunal ha de pronunciarse acerca de si el Laudo es válido o no, por lo que la resolución que dicte no es de condena, ni constitutiva, pues no extingue ni crea ni modifica relación jurídica alguna), plenario y de motivación aparentemente tasada.

Según el Art. 42 LA, este procedimiento se sustanciará por los cauces del Juicio Verbal, pero con ciertas especialidades:

1ª. Se iniciará por demanda acorde con lo requerido en el Art. 399 LEC acompañada del convenio, del laudo, de los documentos justificativos de las pretensiones y con proposición de medios de prueba.
2ª. Se habrá de contestar por escrito y en el plazo de 20 días (también como en el Juicio Ordinario[93]), con aportación de documental y con proposición de prueba.
3ª. De esta contestación se dará traslado a la parte actora, que podrá volver a aportar documentos adicionales y proponer nueva prueba.
4ª. Si las partes no solicitan vista o no es precisa la ratificación de peritos, se dictará sentencia sin más trámite, contra la que no cabe recurso alguno[94].

iii) Plazo

Según se prevé en el Art. 41.4 LA, se iniciará en el plazo de dos meses contados a partir de la notificación del laudo o, en su caso, de

---

[93] El plazo de contestación del Juicio Verbal es de 10 días.

[94] En rigor, la acción de anulación del laudo, que trataremos unas líneas más adelante, no es un recurso.

la notificación de la resolución sobre solicitud de corrección, aclaración o complemento, o desde que expire el plazo para solicitarla. Aún no previéndose en este Art. 41.4 LA, debe entenderse que este plazo de 2 meses también contaría desde la notificación de la corrección de errores efectuada de oficio por el árbitro ex Art.39.3 LA.

Resulta de esencial importancia explicitar que dicho plazo bimensual es de índole sustantiva, no procesal, por lo que es de caducidad, sin posibilidad de suspensión alguna, por lo cual la acción de anulación se extinguiría por el mero transcurso del plazo sin haberse instado la anulación del laudo, llegando a considerarse caducada la acción incluso en el caso de ejercicio de ésta mediante la presentación de demanda de anulación ante órgano judicial no competente[95].

Por su condición de plazo de caducidad, y al hallarse fijado por meses, debe computarse de fecha a fecha[96], sin excluir el mes de Agosto[97][98] ni los días festivos, y ello sin perjuicio de considerar prorrogado el plazo hasta el primer día laborable siguiente si el último fuera festivo en el lugar de recepción de la notificación o comunicación (art. 5.b LA).

Como plazo de caducidad, su transcurso y eventual vencimiento es apreciable de oficio por los tribunales[99].

iv) Eventuales requisitos de procedibilidad

No es pacífica la controversia relativa a si existe el deber de agotar recursos en fase arbitral para poder luego ejercer la acción de

95 SSTS 1ª 23/09/2004; 11/04/2005; 30/04/2007; 20/12/2010; 21/09/2011...

96 Según lo previsto en el Art. 5 del Código Civil en consonancia con el Art. 5.b de la LA.

97 SSTS 1ª 171/2010 de 15 marzo. FD2 , 645/2010 de 21 oct. FD3 , 837/2010 de 9dic. FD1 y 233/2011 de 29 mar . FD2, así como el ATS 1ª de 15/02/2011 (rec. nº 28/2010)-, que), como tampoco los días festivos, sin perjuicio de considerar prorrogado el plazo hasta el primer día laborable siguiente, si el último fuera festivo en el lugar de recepción de la notificación o comunicación (art. 5.b LA).

98 Únicamente es inhábil a efectos procesales, según el Art. 183 LOPJ.

99 (SSTS., Sala 1.ª, de 26/03/2002, de 9/10/2007 y de 21/09/2011, entre otras muchas.

anulación del laudo, o acerca de si por el contrario se puede ejercer tal acción *per saltum*.

En efecto, es comúnmente aceptada la presunción tácita de renuncia a las facultades de impugnación que se establece en el Art. 6 LA[100]. De hecho, una amplia corriente jurisprudencial sostiene que las facultades anulatorias expiran o decaen por falta de denuncia temporánea -esto es, en seno de arbitraje- de los motivos de anulación alegados en fase jurisdiccional.

Entiende tal corriente que no cabe invocar como motivo de anulación una infracción cometida en el procedimiento si no se dio antes a los árbitros la oportunidad de corregirla. Este entendimiento de la acción de anulación como remedio subsidiario parece haberse decantado en la práctica judicial española.

Con todo, previéndose en la LA concretas causas de anulación, que serían la extralimitación del laudo por haber resuelto cuestiones no sometidas a arbitraje o no susceptibles de éste[101], o por dejar irresueltas peticiones de las partes[102], no hay uniformidad en cuanto a si es preciso agotar estos trámites arbitrales para luego hacerlos valer en sede judicial.

Incluso puede decirse que tampoco hay uniformidad en cuanto a si la incongruencia omisiva constituye por sí misma un motivo de anulación, pues figurando la extralimitación del árbitro como expresa causa de anulación en los apartados c y e del Art. 41.1 LA, dicho cuerpo legal no prevé sanción alguna para la incongruencia *infra petita*, la cual podría, en cierto modo, incardinarse en la causa f)[103] o en una de las causas incluidas en el apartado d)[104].

100 Artículo 6. Renuncia tácita a las facultades de impugnación. Si una parte, conociendo la infracción de alguna norma dispositiva de esta ley o de algún requisito del convenio arbitral, no la denunciare dentro del plazo previsto para ello o, en su defecto, tan pronto como le sea posible, se considerará que renuncia a las facultades de impugnación previstas en esta ley.

101 Extralimitación que puede ser combatida por medio del trámite que ofrece el Art.39.1d) LA.

102 Que puede ser combatida por la vía del Art. 39.1 c) LA.

103 Contrariar el orden público por vulnerar el derecho a la tutela efectiva.

104 Por vulneración del procedimiento arbitral pactado o legalmente previsto.

Para añadir un poco más de inseguridad en la materia, procede asimismo poner de manifiesto que la antes citada presunción de renuncia del Art. 6 LA no siempre tiene aplicación respecto de hechos sobre los cuales no existe disponibilidad por las partes o resultan contrarios al orden público

v) Órgano judicial competente

Es competente la Sala de lo Civil y Penal del Tribunal Superior de Justicia de la Comunidad en la que se haya dictado el Laudo en cuestión[105].

e) Revisión del laudo

Dado que el Art. 43 LA hace, en lo referente a la acción de revisión de laudos firmes, una mera y total remisión a lo regulado en la LEC para la revisión de sentencias firmes, sin matización ni concreción algunas, sólo procede reproducir lo explicitado en la LEC, artículo 510, con respecto a los motivos, procedimiento, plazo y órgano al que dirigirse para ejercitar la acción de revisión contra sentencias firmes[106].

i) En cuanto a los motivos

1.º Si después de pronunciado el laudo, se recobraren u obtuvieren documentos decisivos, de los que no se hubiere podido disponer por fuerza mayor o por obra de la parte en cuyo favor se hubiere dictado.

2.º Si el laudo hubiere recaído en virtud de documentos que al tiempo de dictarse ignoraba una de las partes haber sido declarados falsos en un proceso penal, o cuya falsedad se declarare después penalmente.

3.º Si el laudo hubiere recaído en virtud de prueba testifical o pericial, y los testigos o los peritos hubieren sido condenados

105 Art. 8.5 LA y Art. 73.1.c) LOPJ.
106 Arts. 509 a 516 LEC.

por falso testimonio dado en las declaraciones que sirvieron de fundamento a la sentencia.

4.º Si se hubiere ganado injustamente en virtud de cohecho, violencia o maquinación fraudulenta.

ii) En lo que se refiere al procedimiento

Se iniciará por demanda, tras lo cual el Secretario judicial solicitará que se remitan al Tribunal todas las actuaciones del pleito cuyo laudo se impugne, y emplazará a cuantos en él hubieren litigado, o a sus causahabientes, para que dentro del plazo de veinte días contesten a la demanda sosteniendo lo que convenga a su derecho.

Contestada la demanda de revisión o transcurrido el plazo anterior sin haberlo hecho, se dará a las actuaciones la tramitación establecida para los juicios verbales, con preceptivo informe del Ministerio Fiscal.

El plazo que establece la Ley es de cinco años desde dictado del laudo o que sea firme. Entonces se podrá solicitar la revisión siempre que no hayan transcurrido tres meses desde el día en que se descubrieren los documentos decisivos, el cohecho, la violencia o el fraude, o en que se hubiere reconocido o declarado la falsedad.

Dicho plazo quinquenal se verá reducido al plazo de un año cuando la revisión esté motivada en una Sentencia del Tribunal Europeo de Derechos Humanos.

ii) Órgano al que ha de dirigirse

Según prevén el Art. 509 LEC y el Art. 56.1º. de la LOPJ, el conocimiento de la acción de revisión corresponde, con carácter general, a la Sala de lo Civil del Tribunal Supremo, si bien será competente la Salas de lo Civil y Penal del Tribunal Superior de Justicia correspondiente al lugar donde se dictó el laudo si se dieran los siguientes requisitos[107]:

[107] Art. 73.1.b) LOPJ.

- Que el respectivo Estatuto de Autonomía haya previsto tal competencia, y
- Que en el laudo objeto de demanda de revisión se haya aplicado normas propias del Derecho civil, foral o especial, propio de la Comunidad.

Tras lo dicho, necesariamente surge la lógica duda de cuál sería el Tribunal competente en caso de un laudo que, versando sobre materia objeto de normativa foral o autonómica, se dicte en territorio distinto al de la Comunidad cuya norma se ha aplicado.

f) Control constitucional del laudo

Tal y como ya se ha expuesto, los arbitrajes han de respetar ciertos principios, así como derechos y garantías fundamentales previstos en la Constitución, cuyo máximo intérprete y garante es el Tribunal Constitucional, pero en modo alguno quiere ello decir que el ordenamiento jurídico prevea la tutela directa del arbitraje en vía constitucional.

En efecto, y siguiendo doctrina anteriormente expuesta por el TC, en su Sentencia nº. 9/2005 explicitó que " .../ ...*aquello que por voluntad expresa de las partes se defiere al ámbito del proceso arbitral, por esa misma voluntad de las partes queda sustraído al conocimiento del Tribunal Constitucional.../ ...a través del recurso de amparo en el que se invoquen garantías del artículo 24 CE, cuyas exigencias se dirigen, en principio, a la actividad jurisdiccional o estatal*", lo cual no quiere tampoco decir que el arbitraje quede totalmente extramuros de cualquier control constitucional, pues lo cierto es que sí existe tal control, si bien de modo mediato o indirecto, ya que tal control se proyecta tan sólo sobre la actividad judicial derivada de la correspondiente acción judicial de anulación contra el laudo[108]

[108] Tal y como se expone en la citada STC: "*.../...con respecto al arbitraje* (la CE)*sólo proyecta sus garantía con el carácter de derechos fundamentales a aquellas fases del procedimiento arbitral y a aquellas actuaciones para las cuales la ley prevé la intervención jurisdiccional de los órganos judiciales del Estado, entre las más relevantes, la formalización judicial del arbitraje, .../...el recurso o acción de anulación y la ejecución forzosa del laudo.../...en consecuencia, que sólo pueden examinarse aquí las vulneraciones alegadas en la demanda de amparo de diversas*

El laudo arbitral no puede ser objeto de impugnación directa en vía de amparo constitucional, dado que el Tribunal Constitucional *"…/…carece de jurisdicción para enjuiciar el laudo arbitral en sí mismo considerado, por cuanto como acto no referible a ningún tipo de poder público (art. 41.2 LOTC), resulta extraño al ámbito y función del proceso constitucional de amparo*[109].

garantías del Art. 24 (CE) con respecto a la Sentencia de la Audiencia Provincial (ver NOTA) *impugnada, pero no con respecto al laudo arbitral, que ha de quedar excluido del objeto de este proceso constitucional".*

109 *(SSTC 176/1996, de 11 de noviembre, FJ 1; 13/1997, de 27 de enero, FJ 2)" (STC 9/2005, de 17 de enero, FJ 2).* Tal doctrina ya fue plasmada en el Auto del TC nº, 179/1991, de 17 de junio, que señalaba que *"…/…no corresponde a esta jurisdicción [constitucional] dirimir si a la recurrente en amparo se le causó indefensión en el proceso arbitral, pues las garantías que consagra el art. 24 de la CE se refieren a la actividad prestacional de los órganos jurisdiccionales del Estado, sino comprobar si el órgano judicial al verificar las formalidades y requisitos legales del arbitraje ha vulnerado el derecho de la solicitante de amparo a la tutela judicial efectiva, al desestimar el recurso de anulación mediante una resolución judicial que pudiera ser arbitraria, manifiestamente irrazonada o irrazonable".*

EL DESAHUCIO EN EL JUICIO VERBAL Y EN EL PROCEDIMIENTO ARBITRAL. ESTUDIO COMPARATIVO

CÉSAR MORALES ROMERO-REQUEJO

Socio de Dutilh Abogados.
Clarb, Chartered Institute of Arbitrators (member).
Arbitro de la Sociedad Española de Arbitraje (SEA)

El presente capítulo tiene por objeto hacer una comparativa sucinta sobre el procedimiento de desahucio seguido ante los tribunales civiles, frente al proceso de desahucio reglado por el Consejo Arbitral para el Alquiler en la Comunidad de Madrid (en adelante, el "Consejo Arbitral").

En todo caso se deben entender ambos procesos como vehículos válidos para hacer valer los derechos y obligaciones de las partes derivados del contrato de arrendamiento, siempre y cuando se cumplan los requisitos de aplicación de uno u otro sistema de resolución de conflictos.

Antes de entrar a analizar la comparativa es preciso, a nuestro entender, hacer una breve introducción sobre el contrato de arrendamiento, su clasificación, los tipos de procesos de desahucio que existen en la actualidad, así como otros procesos judiciales que tienen por objeto la recuperación de la posesión por parte del legítimo propietario.

1. El contrato de arrendamiento. Definición y tipos

Según el artículo 1542 del Código Civil (CC), el contrato de arrendamiento puede ser de cosas, de obras o de servicios.

El contrato de arrendamiento de obra o de servicios es definido por el artículo 1544 del CC al regular que *"en el arrendamiento de obras o servicios, una de las partes se obliga a ejecutar una obra o a prestar a la otra un servicio por precio cierto"*.

El arrendamiento de cosas viene definido por el artículo 1543 del CC en el sentido de que una de las partes se obliga a dar a la otra el goce o uso de una cosa por tiempo determinado y precio cierto.

Dentro del arrendamiento de cosas, tenemos, a su vez, la siguiente distinción:

a) Arrendamientos Rústicos

Su regulación viene definida por el CC, así como la vigente Ley 49/2003, de 26 de noviembre, de Arrendamientos Rústicos (en adelante, "LAR").

La LAR establece que mediante estos contratos se ceden temporalmente una o varias fincas, o parte de ellas, para su aprovechamiento agrícola, ganadero o forestal a cambio de un precio o renta.

El ámbito de regulación jurídica de estos contratos es, en primer lugar por lo expresamente acordado por las partes, siempre que no se oponga a los preceptos regulados en la LAR, aplicando de manera supletoria el CC y, en su defecto, los usos y costumbres que sean aplicables.

b) Arrendamientos urbanos

Su regulación viene definida por el CC, así como la vigente Ley 29/1994, de 24 de noviembre, de Arrendamientos Urbanos (en adelante, "LAU").

El contenido de la normativa reguladora de estos contratos es objeto de un apartado del presente capítulo.

c) Arrendamiento con opción de compra de inmueble y Arrendamiento Financiero (leasing) inmobiliario

El contrato de arrendamiento con opción de compra se puede definir como aquel contrato de arrendamiento de un bien inmueble en el que se inserta una cláusula de opción de compra, en virtud de la cual el propietario-arrendador, cede su uso pacífico al arrendatario, el cual además tendrá la facultad exclusiva y excluyente de comprar por un precio determinado el bien inmueble arrendado, en un determinado plazo[1], son dos "negocios jurídicos coligados, unidos formalmente por un mismo documento" según la Sentencia del Tribunal Supremo de fecha 13 de julio de 1993[2].

Desde nuestra opinión, cabe la inclusión de este tipo de cláusulas (opción de compra) en el contrato de arrendamiento rústico, urbano, así como de arrendamiento de industria que es objeto de definición en la estipulación siguiente.

Se debe diferenciar el contrato de arrendamiento con opción de compra del contrato de leasing regulado en la Disposición Adicional Tercera de la Ley 10/2014, de 26 de junio, de ordenación, supervisión y solvencia de entidades de crédito, siendo este último una mera figura de financiación empresarial para la adquisición de bienes inmuebles o muebles.

---

1 El presente apartado es un extracto del artículo de César Morales "Todo sobre el alquiler con opción de compra" en *Revista El Inmueble*, nº 135, 2013, págs. 40-51.

2 STS, Sala de lo Civil, número 740/1993 de 13 de julio [RJ/1993/6013] en cuyo Fundamento Jurídico Segundo establece: "[...] *La naturaleza de contrato complejo que se le asigna al litigioso no puede aceptarse, pues consistiendo en un arrendamiento normal y corriente de local de negocio al que se le añade una simple cláusula de opción de compra en favor del arrendatario a ejercitar en un tiempo determinado, sin que tal opción influya para nada en las prestaciones propias del contrato locativo, sin modificarlas o desnaturalizarlas en cuanto a lo que constituye el tipo legal que configura el arrendamiento, en modo alguno da lugar a la complejidad del contrato que lo excluiría de la Ley de Arrendamientos Urbanos, sino a dos negocios jurídicos coligados, unidos formalmente en un mismo documento. También han de desestimarse los motivos porque en el momento de plantearse el litigio (11-10-1989) la opción de compra hacía tiempo que había caducado por no haberla ejecutado el recurrente-arrendatario (31-12-1985), y en estas circunstancias no se puede plantear la cuestión de la presunta complejidad del contrato cuando ha quedado reducido a un contrato de arrendamiento exclusivamente.*"

d) Arrendamiento de Industria

El contrato de arrendamiento de industria se puede definir como el contrato de arrendamiento en el que, a parte del elemento inmobiliario, se arrienda la industria en él instalada, de tal forma que se cede al arrendatario un conjunto patrimonial o industria para su inmediata explotación.[3]

II. Arrendamiento Urbano

La LAU, establece el régimen jurídico aplicable a los arrendamientos de fincas urbanas en el territorio español.[4]

La referida ley diferencia entre los arrendamientos urbanos para uso de vivienda de los de uso distinto de vivienda, y de esta manera, estructura su articulado en cinco títulos, de los cuales los Títulos I y IV, son de aplicación imperativa para ambos tipos de arrendamiento, el Título II regula el arrendamiento para uso de vivienda, el Título III es de aplicación al arrendamiento de uso distinto de vivienda,

---

[3] Tal y como lo define la STS, Sala de lo Civil, número 79/2015 de 27 de febrero de 2015 [RJ/2015/2083] en su Fundamento Jurídico 13: "*El arrendamiento de industria no es, como parece que pretende el recurrente, un arrendamiento de finca urbana destinado a un uso distinto del de vivienda, de acuerdo con la jurisprudencia de esta Sala (contenida en la Sentencia 137/2000, de 21 de febrero) sobre la distinción entre los arriendos de local de negocio y los de industria: mientras que en los arrendamientos de local de negocio, y en general en aquellos que ahora el art. 1 LAU califica de uso distinto al de vivienda, se cede un inmueble, un espacio construido y apto para que pueda realizarse una actividad profesional o empresarial; en el arrendamiento de industria el objeto de arrendamiento alcanza no sólo al local o establecimiento, susceptible de una explotación empresarial, sino también el negocio o empresa instalada y que se desarrolla en él, con los elementos necesarios para dicha explotación, de tal forma que constituyen un todo patrimonial*".

[4] Nota del Autor. El presente capítulo se ha redactado tomando en consideración el articulado de la Ley de Arrendamientos vigente en el momento de la realización del presente artículo de manera genérica, con el objetivo de que sea una mera aproximación de la figura del contrato de arrendamiento de finca urbana. En todo caso se deberá obtener asesoramiento especializado y exhaustivo en cuanto a la normativa aplicable a cada contrato de arrendamiento, dado que, la misma, podrá variar en función de la fecha de formalización del contrato. Asímismo el presente capítulo no recoge toda la regulación en la materia, únicamente se ha centrado en los aspectos generales que, a juicio del autor, son necesarios para conocer el contrato de arrendamiento urbano.

y el Título V quedó derogado por la Disposición Derogatoria Única de la Ley 1/2000, 7 enero, de Enjuiciamiento Civil.

En relación con el arrendamiento de vivienda, el artículo segundo de la LAU considera como tal aquel cuyo uso fundamental se identifique con satisfacer la necesidad permanente de vivienda del arrendatario.

El régimen jurídico de los arrendamientos de vivienda, así como el mobiliario, los trasteros, las plazas de garaje, y cualesquiera otras dependencias, espacios o servicios accesorios, cedidos o arrendados, junto a la misma, se rigen:

(i) Por lo pactado entre las partes contratantes, dentro del marco de las normas recogidas en el Título II de la LAU. En este sentido el artículo 6, establece que son nulas, y se tendrán por no puestas, las estipulaciones que modifiquen en perjuicio del arrendatario o subarrendatario las normas del Título II, salvo los casos en que la propia norma expresamente lo autorice.

(ii) De manera supletoria, les será de aplicación lo establecido en el CC.

Por su parte, en lo que se refiere al arrendamiento para uso distinto de vivienda, el mismo se identifica con aquel arrendamiento sobre una edificación con un uso que difiere con el especificado para el arrendamiento de vivienda. Concretamente, la LAU, en su artículo tercero, regula los arrendamientos urbanos por temporada, y aquellos celebrados para el ejercicio de una actividad industrial, comercial, artesanal, profesional, recreativa, asistencial, cultural o docente.

En cuanto al régimen jurídico aplicable a este tipo de contratos, los arrendamientos para uso distinto de vivienda, se rigen fundamentalmente por la autonomía de la voluntad expresada por las partes en el contrato, así siguiendo a la LAU dichos contratos quedan regidos:

(i) En primer lugar, por la voluntad de las partes.

(ii) En defecto de pacto expreso entre las mismas, por lo dispuesto en el Título III de la LAU, el cual va a ser objeto de explicación en el presente capítulo.
(iii) Supletoriamente, por el Código Civil.

Establece la LAU que la exclusión de la aplicación de los preceptos de la citada ley, cuando sea posible, deberá hacerse de forma expresa respecto de cada uno de ellos. La necesidad de que el pacto excluyendo la aplicación de los preceptos no puede ser de tipo general sino refiriéndose a cada uno en particular. Por tanto sería nula, por ejemplo, una cláusula de renuncia general de los beneficios que la LAU otorga a los arrendatarios.[5]

La LAU excluye, de manera expresa en el artículo quinto, de su ámbito de aplicación, los siguientes tipos de arrendamientos:

(i) los arrendamientos dirigidos al alojamiento de sujetos por razón del cargo que desempeñen o del servicio que presten (porteros, guardas, asalariados, empleados o funcionarios).
(ii) Los arrendamientos de viviendas militares.
(iii) Los arrendamientos con finalidad primordial de aprovechamiento agrícola, pecuario o forestal de la finca, aunque la misma conste de una casa-habitación.
(iv) Los arrendamientos de viviendas universitarias.
(v) Los arrendamientos de uso turístico en su caso.

Hay otros supuestos de exclusión de la LAU, pese a que la citada ley no los excluya expresamente, como pueden ser los arrendamientos complejos, siguiendo la jurisprudencia del Tribunal Supremo.[6]

---

[5] FUENTES LOJO, A., *ARRENDAMIENTOS URBANOS. Derecho Sustantivo y Procesal. Adaptado a la Ley 4/2013, de 4 de junio,* El Derecho, 1ª Ed., Madrid, 2013, pág. 48.

[6] FUENTES LOJO, A, *op. cit.*, pág. 56.

a) Regulación común imperativa tanto en los contratos para uso de vivienda como para uso distinto de vivienda

Fianza legal y garantía complementaria

De acuerdo con el artículo 36 de la LAU, de la formalización del contrato de arrendamiento se deriva la necesidad para las partes de exigir y prestar fianza en metálico en cantidad equivalente a una mensualidad de renta en el arrendamiento de viviendas y de dos en el arrendamiento para uso distinto de vivienda.

En lo que se refiere a la actualización de la fianza, durante los tres primeros años de contrato la misma no estará sujeta a actualización. Sin embargo, una vez transcurrido dicho periodo, cada vez que el arrendamiento se prorrogue, el arrendador podrá exigir que la cuantía de la fianza sea incrementada, o de manera inversa, el arrendatario que disminuya, hasta que se corresponda con la cuantía exigida en virtud de la renta vigente en dicho momento. Asimismo, cuando el plazo pactado para el arrendamiento, supere los tres años, la actualización de fianza se realizará conforme a lo pactado por las partes, entendiendo, en defecto de pacto, aplicable lo estipulado sobre la actualización de la renta a la fianza.

Para la devolución del importe de la fianza en metálico, el arrendador dispone de un plazo de un mes desde la entrega de las llaves por el arrendatario. Tras el transcurso de este plazo el saldo a restituir devengará el interés legal de dinero correspondiente.

La prestación de fianza se configura como de cumplimiento imperativo en ambos tipos de contrato de arrendamiento, no pudiendo las partes excluir la misma de aplicación, por tanto será exigible la fianza en la formalización del contrato de arrendamiento.

No será necesaria la prestación de fianza por aquellos organismos y entidades públicas, cuando la renta haya de ser satisfecha de acuerdo a sus respectivos presupuestos.

Sin perjuicio de la fianza referida, las partes contratantes quedan legitimadas para pactar cualquier tipo de garantía adicional a la misma[7]. Dentro de las garantías adicionales, es pacto habitual la prestación de las siguientes garantías[8]:

(i) Aval bancario a primer requerimiento. Garantía bancaria, atípica, en virtud de la cual el banco garante, garantiza solidariamente "a primer requerimiento" o "primera demanda", con expresa renuncia a los derechos de excusión de bienes, división y orden, el pago de la cantidad garantiza a simple petición del garantizado, sin necesidad de justificar el incumplimiento.[9]

---

[7] SAP Madrid, Secc. 10ª, núm. 155/2012 29 de febrero [JUR 2012/124699] en su Fundamento Jurídico Décimo: *"El régimen jurídico de una y otra modalidad de garantía no pueden confundirse. La fianza en sentido estricto se establece como garantía del fiel cumplimiento por parte del arrendatario de las obligaciones asumidas en el contrato y en ningún caso debe ser objeto de devolución hasta la total liquidación final. Su restitución viene regulada en el art. 36.4 LAU, configurándose como un derecho de crédito, del que es deudor el arrendador (deudor del saldo que corresponda, tras la liquidación de las responsabilidades en que haya podido incurrir el arrendatario, cubiertas por la fianza) y acreedor el arrendatario (a exigir la devolución); si éste cumplió sus obligaciones la restitución se extiende a toda la suma entregada en su día, pero si incurrió en alguna responsabilidad, será cubierta con la suma entregada en su día, pero si incurrió en alguna responsabilidad, será cubierta con la suma entregada, restituyéndose solo la diferencia entre lo entregado y la cantidad en que se calcule la responsabilidad imputable al arrendatario ("el saldo...que deba ser restituido..."), lo que impone una previa liquidación del contrato, lo cual solo puede hacerse una vez extinguida la relación arrendaticia ("...al final del arriendo."). En todo caso, como se desprende de lo expuesto, para poder exigir la devolución de la fianza es necesario que el arrendatario haya restituido la posesión de la finca (pues solo así de un lado se habrán cumplido las obligaciones derivadas del contrato, de ahí que el citado precepto establezca el tiempo de cumplimiento de restitución en el mes siguiente a la fecha de la entrega de las llaves.*

En cambio, la garantía adicional, con las características, extensión, alcance y objeto que han sido estipuladas en el presente caso -orientada a responder de las obligaciones de pago, exclusivamente- puede ser objeto de liquidación anticipada abstracción hecha del cumplimiento de las restantes obligaciones. Así, con independencia de que a la entrega de la posesión al arrendador el local pueda presentar o no desperfectos (de los que responde la fianza), para poder exigir la devolución o aplicación del "aval" no es ni lógica ni jurídicamente necesario que el arrendatario haya restituido la posesión de la finca, y cabía, la aplicación del "aval" al cumplimiento de las obligaciones económicas derivadas de la relación negocial y debía hacerla suya la arrendadora, conforme a lo pactado, careciendo de causa la duplicidad de ingresos por un mismo concepto."

[8] ATAZ LÓPEZ, J., "Comentarios al Artículo 36 de la Ley de Arrendamientos Urbanos" en *Grandes Tratados. Comentarios a la Ley de Arrendamientos Urbanos*, Aranzadi, noviembre de 2013, pág. 15.

[9] STS, Sala de lo Civil, número 392/2014 de 16 de julio [RJ/2014/4640] en cuyo Fundamento Jurídico Tercero se reproduce la doctrina de esta Sala: "*(...) Es cierto que la característica del aval a primer requerimiento, según reiterada jurisprudencia de esta Sala, es la de dar nacimiento a una obligación de garantía inmediata que pierde su carácter accesorio de la*

(ii) Depósito en garantía. Se refiere a una cantidad dineraria que entrega el arrendatario al arrendador para garantizar las obligaciones arrendaticias, siendo de obligada devolución a la finalización del contrato de arrendamiento, sin devengo de interés alguno (sin remuneración). Dicha cantidad se entrega con carácter adicional a la fianza legal.

(iii) Seguro de pago de rentas. Es frecuente que las empresas aseguradoras ofrezcan este tipo de seguros, en virtud de los cuales se asegura el cobro de las rentas en caso de impago de las mismas por parte del arrendatario. Asimismo, suelen llevar aparejado la llevanza del proceso de desahucio ya sea en sede judicial o sede arbitral, según lo que se haya pactado en el contrato de arrendamiento.

(iv) Carta de patrocinio o "comfort letter". Garantía atípica, en virtud de la cual una empresa "matriz" declara (i) su relación con una empresa filial (arrendataria), así como sus ratios de solvencia (carta de patrocinio débil), o (ii) su compromiso de hacer frente a las obligaciones de la filial derivada del contrato de arrendamiento (carta de patrocinio fuerte).[10]

---

obligación principal (a diferencia de la fianza), en el que obligación del garante es independiente de la obligación del garantizado y del contrato inicial" (Sentencia 671/2010, de 26 de octubre, con cita de las anteriores Sentencias 735/2005, de 27 de septiembre y 979/2007, de 1 de octubre), "de modo que el garante no puede oponer al beneficiario, que reclama el pago, otras excepciones que las que derivan de la garantía misma" (Sentencia 783/2009, de 4 de diciembre). Pero lo anterior no es óbice para que, como se explica en la doctrina, siempre que no se trate de causas de extinción que provengan de la relación de valuta, el garante a primer requerimiento pueda oponerse al pago por las causas de los arts. 1851 y 1852 CC. Para que no fuera oponible la causa prevista en el art. 1851 CC, sería necesario que en el aval a primer requerimiento se hubiera hecho una renuncia expresa a ella, de lo que no queda constancia en este caso...".

[10] STS Sala de lo Civil, núm. 96/2007 de 13 de febrero [RJ/2007/684] en su Fundamento de Derecho Tercero, establece "*(...) La STS de 30 de junio de 2005, recurso número 108/1999, ha estudiado las llamadas, "cartas de patrocinio", también denominadas "cartas de confort", "cartas de apoyo", "cartas de conformidad", "cartas de responsabilidad", "cartas de garantía". Con ellas se designa una fórmula de crédito financiero, que se ha introducido en nuestro derecho proveniente del derecho anglosajón ("letter of responsability", "letter of support", "letter de patronage", "letter of intention", etc.), a las que la doctrina científica moderna española ha dado carta de naturaleza, y que asimismo recoge la jurisprudencia de esta Sala –SSTS de 16 de diciembre de 1985 y colateralmente la de 10 de julio de 1995–.*

(...)

(v) Fianza solidaria. Regulada en el artículo 1882 y siguientes del Código Civil en virtud de la cual se obliga uno a pagar o cumplir por un tercero, en el caso de no hacerlo éste.

Formalización del contrato de arrendamiento

En virtud de lo dispuesto en artículo 37 de la LAU, el contrato de arrendamiento no requiere de una forma específica, pudiéndose formalizar tanto verbalmente como por escrito.

No obstante, la LAU, en el precepto mencionado, establece la posibilidad de que una de las partes exija la formalización del contrato de forma escrito a la otra. En tal caso, en el documento constará de manera necesaria, la identidad de las partes contratantes, la identificación de la finca arrendada, la renta inicial del contrato, y aquellas otras cláusulas pactadas bilateralmente.

No cabe duda, pues, que un contrato de arrendamiento también sería válido si fuese verbal.[11]

b) Arrendamiento de vivienda

Duración del contrato

La duración del arrendamiento de vivienda será la libremente pactada por las partes, no obstante, si el arrendamiento suscrito fue-

---

Dicha figura crediticia se funda en nuestro Derecho en el principio de libertad de contratación establecido en el artículo 1255 CC.

Doctrinalmente ha surgido la distinción de dos clases de cartas de patrocinio, las "cartas fuertes" y las "cartas débiles". Las segundas suelen ser emitidas generalmente para declarar la confianza en la capacidad de gestión de los administradores de la sociedad que aspiran al crédito, de la viabilidad económica de la misma. Dichas "cartas débiles" pueden estimarse como simples recomendaciones que no sirven de fundamento para que la entidad crediticia pueda exigir el pago del crédito a la entidad patrocinadora.

Las "cartas fuertes" pueden entenderse como contrato atípico de garantía personal con un encuadramiento específico en alguna de las firmas negociales o categorías contractuales tipificadas en el ordenamiento jurídico como contrato de garantía, o como contrato a favor de terceros, o como promesa de crédito, criterio seguido en la STS de 16 de diciembre de 1985, que lo refiere al contrato de fianza, la cual puede constituirse por carta del fiador al banco (STS de 14 de noviembre de 1988).

11 FUENTES LOJO, A, *op. cit.*, pág. 365.

se de duración inferior a tres años, este se prorrogará, salvo comunicación expresa con treinta días de anticipo del arrendatario al arrendador, por periodos anuales hasta alcanzar la duración mínima de tres años.

Los arrendamientos para los cuales no se haya pactado plazo alguno, se entenderán efectuados por un año, siéndoles de aplicación lo recogido en el párrafo anterior.

El plazo de duración del arrendamiento comenzará a contar desde la fecha de formalización del contrato, o, en su caso, desde la puesta a disposición del arrendatario la vivienda.

Asimismo, una vez hayan transcurrido al menos los tres primeros años de contrato, llegada la finalización del mismo sin comunicación anticipada de resolución entre las partes, regula la Ley que el contrato se entenderá prorrogado por un año más.

La redacción actual de la LAU se aplicará a los contratos de arrendamiento de vivienda que hayan sido concertados desde el día 6 de junio de 2013, puesto que los anteriores a esta fecha seguirán rigiéndose por la regulación anterior.[12]

Desistimiento del contrato

Una vez transcurridos los seis primeros meses del contrato, el arrendatario podrá finalizar la relación entre las partes y siempre y cuando lo comunique al arrendador con una antelación de treinta días. Las partes podrán pactar una indemnización para el supuesto de resolución anticipada contemplado, que será equivalente al importe de la suma de una mensualidad de renta por cada año que reste de contrato.

En caso de desistimiento, o no renovación, del contrato por el arrendatario sin el consentimiento del cónyuge, o persona análoga que conviviera con el mismo, podrán estos últimos subrogarse en el contrato.

12 FUENTES LOJO, A, *op. cit.*, pág. 95.

Enajenación de la vivienda

La posición del adquirente de una vivienda arrendada variará en virtud de si esta vivienda se encuentra inscrita en el Registro de la Propiedad, o no. En el primero de los casos, cuando se encuentra inscrita, el adquirente únicamente se subrogará en el lugar del arrendador si el arrendamiento estuviese inscrito también. Por su parte, en el segundo de los supuestos, no constando inscrita la finca, el comprador tiene la facultad de dar por finalizado el arriendo una vez la venta se ha verificado, no obstante, de manera excepcional el arrendatario tiene derecho a permanecer tres meses más desde que el nuevo adquirente le comunica su decisión de desistir.

Renta

La renta de los arrendamientos de vivienda podrá ser libremente acordada entre las partes. En lo que se refiere al pago de la misma, salvo que las partes hubiesen acordado otra cosa, la renta se presume mensual, a efectuar en los primeros días del mes, en el lugar y por el procedimiento que acuerden las partes, o en defecto de pacto, en metálico en la vivienda arrendada. Tras efectuar el pago, el arrendador queda obligado a entregar al arrendatario recibo que acredite el mismo, cuando el pago se realice por un medio que acredite el cumplimiento, tal recibo no será preceptivo.

Cuando las partes así lo acuerden expresamente, la renta a satisfacer podrá ser revisada, en los términos pactados, en la fecha en que se cumpla cada año de vigencia del contrato. Una vez actualizada la renta, ésta será exigible al arrendatario a partir del mes siguiente al de la notificación escrita por la parte interesada. *En defecto de pacto expreso, no se aplicará revisión de rentas a los contratos.*

Asimismo, la LAU contempla en su articulado otra posibilidad de elevación de renta, esta vez por la realización de mejoras en la vivienda. Así, siempre y cuando hayan transcurrido al menos tres años desde el inicio del contrato, y salvo pacto en contrario, el arrendador tendrá derecho a elevar la renta anual en la cuantía que resulte de aplicar al capital invertido en la mejora, el tipo de interés legal del dinero en el momento de la terminación de las obras por tres puntos, y dicha cuantía no podrá exceder de un 20% de la renta vigente.

Conservación, mejora y obras

En referencia a la conservación de la vivienda, el arrendador tiene la obligación de efectuar todas las reparaciones necesarias para mantener la vivienda útil para servir al uso convenido, sin poder elevar por ello la renta. Esta obligación de conservación del arrendador no se da cuando el deterioro es imputable al arrendatario, y tiene su límite en la destrucción de la vivienda por causa no atribuible al arrendador[13].

El arrendatario, por su parte queda obligado a soportar las obras de conservación necesarias, que no puedan diferirse a la finalización del contrato, aunque su ejecución le sea muy molesta o le prive de una parte de la vivienda. No obstante lo anterior, en el caso de que las obras durasen más de 20 días podrá disminuirse la renta en proporción a la superficie arrendada no susceptible de utilización por el arrendatario.

Las pequeñas reparaciones que exija el desgaste por el uso ordinario serán obligación del arrendatario.

En lo que respecta a las obras de mejora, el arrendatario quedará obligado a soportar las mismas cuando la ejecución de dichas obras no pueda diferirse hasta la conclusión del arrendamiento. El arrendador debe notificar el inicio de tales obras con, al menos, tres meses de antelación, durante el mes siguiente a dicha comunicación el arrendatario tiene derecho a desistir del contrato cuando estas obras le afecten[14].

---

13 RODRÍGUEZ MORATA, F., "Comentarios al Artículo 21 de la Ley de Arrendamientos Urbanos" en *Grandes Tratados. Comentarios a la Ley de Arrendamientos Urbanos*, Aranzadi, noviembre 2013, pág. 15.

14 RODRÍGUEZ MORATA, F., "Comentarios al Artículo 22 de la Ley de Arrendamientos Urbanos" en *Grandes Tratados. Comentarios a la Ley de Arrendamientos Urbanos*, Aranzadi, noviembre 2013, pág. 9.

Por su parte, la LAU establece la necesidad de que el arrendatario solicite el consentimiento del arrendador para la ejecución de obras que alteren la configuración de la vivienda o sus accesorios.

Derecho de adquisición preferente

Para el supuesto de que se produzca la venta de la vivienda arrendada, la LAU regula un derecho de adquisición preferente de la misma a favor del arrendatario.

En primer lugar, se regula en el articulado de la Ley la opción de ejercitar un derecho de tanteo por parte del arrendatario en un plazo máximo de 30 días naturales, desde la comunicación de la decisión del arrendador de transmitir la vivienda, así como del precio y de los términos esenciales de tal compraventa.

No obstante lo anterior, y para el caso de que el arrendador no hubiese notificado al arrendatario la compraventa, se hubiese omitido en tal notificación requisitos esenciales, o dicha compraventa se hubiese efectuado en condiciones distintas a las notificadas, este último podrá ejercitar un derecho de retracto durante los treinta días siguientes a la notificación que debe efectuar el adquirente.

Los derechos referidos gozarán de preferencia sobre cualquier otro derecho de características similares, a excepción del retracto reconocido al condueño de la vivienda, o de cualquier otro retracto convencional inscrito en el Registro de la Propiedad con anterioridad o al tiempo de la celebración del contrato de arrendamiento.

En relación a lo anterior, se establece como requisito necesario acreditar que se han efectuado las notificaciones referidas en los párrafos anteriores para poder inscribir la compraventa en el Registro de la Propiedad.

Además, por último, la LAU, establece en su artículo 25.7 una serie de excepciones al ejercicio de estos derechos de adquisición preferente; de un lado no podrán ejercerse estos derechos cuando la vivienda objeto de arrendamiento se transmita conjuntamente con las restantes fincas del edificio propiedad de arrendador, y de otro, cuando se vendan de forma conjunta por distintos propietarios a un mismo comprador la totalidad de elementos del inmueble. Si el inmueble tiene una sola vivienda, el arrendatario tendrá los derechos de tanteo y retracto descritos.

Establece la LAU que para la inscripción de los títulos de venta de viviendas arrendadas deberá justificarse que ha tenido lugar, en cada caso, las comunicaciones o notificaciones prevenidas. Cuando la vivienda no estuviese arrendada, para que se inscriba la adquisición, deberá el vendedor declararlo en la escritura, bajo pena de falsedad en documento público.

En todo caso, por pacto entre las partes, el presente derecho puede ser renunciado por el arrendatario en el propio contrato de arrendamiento. En los casos en los que se haya pactado dicha renuncia, el arrendador deberá comunicar al arrendatario su intención de vender la vivienda con una antelación mínima de treinta días a la fecha de formalización del contrato de compraventa.

Cesión del contrato y subarriendo

Por cesión de contrato entendemos el supuesto en el que el arrendatario pretenda la cesión de su posición contractual a favor de un tercero, saliendo el arrendatario inicial de la relación arrendaticia, mientras que por subarriendo se entiende el supuesto en el que el arrendatario cede en concepto de subarriendo a un tercero todo o parte del objeto arrendado, sin salir de la relación jurídica con el propietario o arrendador inicial, iniciándose de manera paralela otra relación arrendaticia entre el arrendatario inicial (subarrendador) y el nuevo arrendatario (subarrendatario).

Establece la LAU, que, en arrendamiento de vivienda, el contrato no podrá ser cedido por el arrendatario, salvo consentimiento por escrito del arrendador. La LAU no distingue entre que la cesión sea onerosa o gratuita, por lo que indudable que el precepto comprende la prohibición de cesiones gratuitas.[15] En cuanto el subarrendamiento, será necesario asimismo el consentimiento del arrendador, y la vivienda únicamente se podrá subarrendar parcialmente.

15 FUENTES LOJO, A, *op. cit.*, pág. 67.

Suspensión, resolución y extinción del contrato

La realización en una vivienda de obras de conservación o de obras acordadas por una autoridad competente que la hagan inhabitable, dará derecho al arrendatario a desistir o suspender el contrato sin indemnización alguna.

Además, establece la LAU que para cuando una de las partes hubiera incumplido sus obligaciones contractuales, la parte contraria podrá optar, bien por exigir el cumplimiento, o bien por resolver el contrato de arrendamiento.

Asimismo, el arrendador podrá resolver de pleno derecho el contrato por las siguientes causas:

(i) La falta de pago de la renta o, en su caso, de cualquiera de las cantidades cuyo pago haya asumido o corresponda al arrendatario.

(ii) La falta de pago del importe de la fianza o de su actualización.

(iii) El subarriendo o la cesión inconsentidos.

(iv) La realización de daños causados dolosamente en la finca o de obras no consentidas por el arrendador cuando el consentimiento de éste sea necesario.

(v) Cuando en la vivienda tengan lugar actividades molestas, insalubres, nocivas, peligrosas o ilícitas.

(vi) Cuando la vivienda deje de estar destinada de forma primordial a satisfacer la necesidad permanente de vivienda del arrendatario o de quien efectivamente la viniera ocupando de acuerdo con lo dispuesto en el artículo 7.

Por su parte, el arrendatario podrá resolver el contrato por las siguientes causas:

(vii) La no realización por el arrendador de las reparaciones a que se refiere el artículo 21 de la LAU (conservación de la vivienda).

(viii) La perturbación de hecho o de derecho que realice el arrendador en la utilización de la vivienda.

Asimismo, el contrato de arrendamiento podrá extinguirse por la pérdida de la finca arrendada por causa no imputable al arrendador, o por declaración firme de ruina por la autoridad competente.

Gastos individuales y servicios individuales

Las partes podrán pactar la repercusión de los gastos de comunidad, servicios, cargas, tributos y responsabilidades del inmueble, sean satisfechos por el árrendatario, debiendo contar el presente pacto por escrito y determinar el importe anual de dichos gastos a la fecha del contrato. Dicho pacto no afectará a la Administración.

c) Arrendamiento para uso distinto al de vivienda

Como hemos adelantado al inicio de este estudio, las únicas disposiciones de la LAU que afectan de manera imperativa a este tipo de arrendamientos son las contenidas en los Títulos I y IV de la referida Ley, pudiendo las partes acordar lo que a su derecho convenga en lo restante.

Para todo aquello no acordado por las partes en el contrato, serán de aplicación las disposiciones que estudiamos a continuación, y, en su defecto, el Código Civil.

Además, en virtud de lo dispuesto por los artículos 30 y 31 de la LAU, todo lo relativo a conservación de la vivienda, mejora y obras del arrendatario regulado para el arrendamiento para uso de vivienda, así como todo aquello dispuesto acerca del derecho de adquisición preferente, será de aplicación a los arrendamientos de este apartado, por tanto nos remitimos a los mismos.

Cesión del contrato y subarriendo

Para este tipo de arrendamientos la LAU establece un régimen de cesión de contrato y subarriendo distinto al de los arrendamientos para uso de vivienda.

Se permite al arrendatario subarrendar la finca o ceder el contrato de arrendamiento, sin necesidad de consentimiento del arrendador, cuando en la finca se ejerza una actividad empresarial o profesional. Por ello el arrendador tiene derecho a elevar la renta, en un diez por ciento en caso de subarriendo parcial y en un veinte por ciento en caso de cesión o subarriendo total.

Asimismo, establece la LAU, que no se reputará cesión el cambio producido en la persona del arrendatario en caso de fusión, transformación o escisión de la sociedad arrendataria. En estos supuestos, el arrendador seguirá teniendo derecho a una elevación de la renta[16].

Es práctica habitual que las partes pacten la no aplicación del artículo 32 de la LAU al contrato de arrendamiento, soliendo regular un régimen paralelo sustitutorio, a modo de ejemplo:

(i) Permitir la cesión del contrato, pero con condicionantes, incluso con participación por parte del arrendador en el precio de la cesión.

(ii) Permitir únicamente la cesión a empresas del grupo empresarial del arrendatario (sociedad mercantil), entendiéndose como grupo el establecido en el artículo 42 del Código de Comercio.

(iii) Permitir únicamente el subarriendo parcial sin derecho a elevar la renta.

(iv) Prohibición de la cesión y regulación relativa a que la venta de las acciones o participaciones totales o parciales de la sociedad arrendataria sean considera cesión a efecto del contrato.

Las variantes pueden ser numerosas, atendiendo en este apartado únicamente a algunas que se pueden dar en función del supuesto concreto y de la negociación de las partes.

Enajenación de la finca arrendada

De acuerdo a lo establecido en el artículo 29 de la LAU, el adquirente de una finca arrendada queda subrogado de manera automática en los derechos y obligaciones del arrendador.

16 BERCOVITZ RODRÍGUEZ-CANO, R., "Comentarios al Artículo 32 de la Ley de Arrendamientos Urbanos" en *Grandes Tratados. Comentarios a la Ley de Arrendamientos Urbanos*, Aranzadi, noviembre 2013, pág. 7.

La subrogación referida no se dará si el nuevo propietario desconocía, de buena fe, el arrendamiento, o es considerado tercero hipotecario, por inscribir su derecho, y al no constar inscrito el arrendamiento, en el Registro de la Propiedad.

Muerte del arrendatario

En el supuesto de que el arrendatario fallezca cuando el contrato de arrendamiento se encuentra vigente, si en la finca arrendada se ejerce una actividad comercial o empresarial, el heredero o legatario se podrá subrogar en la posición del arrendatario, para el caso de desear continuar con el ejercicio de la actividad.

La subrogación deberá notificarse por escrito al arrendador dentro de los dos meses siguientes a la fecha de fallecimiento del arrendatario.

Indemnización del arrendatario

En su artículo 34 la LAU regula una indemnización a cargo del arrendador a favor del arrendatario por la extinción del contrato de arrendamiento, por transcurso del término pactado, de una finca en la cual durante, al menos los últimos cinco años, se viniera ejerciendo una actividad comercial de venta al público. Todo ello siempre y cuando el arrendatario hubiere manifestado con cuatro meses de antelación su deseo de renovar tal contrato por un mínimo de cinco años más por una renta actualizada al mercado, y que las partes no hubiesen pactado expresamente la renuncia a la indemnización referida.

En dicho artículo se regula la forma de aplicarlo, y en la práctica habitual se suele pactar su no aplicación a la relación arrendaticia y por tanto la renuncia al citado artículo.

Resolución del contrato de arrendamiento.

El artículo 35 de la LAU se remite a ciertos apartados del artículo 27 para determinar las causas de resolución del contrato, además de considerar causa de resolución la cesión y subarriendo incumpliendo lo regulado en el artículo 32 de la LAU.

III. Proceso arbitral de desahucio frente al proceso judicial civil de desahucio[17]

a) Encuadramiento

Según el artículo 4 de la LAU, las partes podrán pactar la sumisión a mediación o arbitraje de aquellas controversias que por su naturaleza puedan resolverse a través de estas formas de resolución de conflictos, de conformidad con lo establecido en la legislación reguladora de la mediación en asuntos civiles y mercantiles y del arbitraje.

El procedimiento arbitral será el indicado cuando así lo hayan pactado las partes en una cláusula compromisoria tal y como se establece en el artículo 9 de la Ley 60/2003, de 23 de diciembre, de Arbitraje (en adelante, "LA"), siendo los tribunales civiles los competentes para conocer en el resto de casos.

En caso de no respetar una de las partes la cláusula compromisoria arbitral, la otra podrá invocar la declinatoria ante el tribunal que haya conocido la causa en primer lugar, para que se declare no competente para conocer del asunto.[18]

---

[17] Nota del autor. El presente capítulo se centra en establecer en líneas generales la comparación del proceso de desahucio instrumentalizado a través del juicio especial sumario civil con el proceso de desahucio seguido en el Consejo Arbitral. Se recomienda por el Autor recabar siempre el asesoramiento especializado en esta materia, así como acudir a los textos legales vigentes en el momento de planteamiento de la consulta, así como a la Normas de Funcionamiento del Consejo Arbitral, teniendo en cuenta que el presente capítulo se ha elaborado bajo la última modificación de la Ley 1/2000 de Enjuiciamiento Civil; Ley 42/2015, de 5 de octubre, de reforma de la citada Ley.

[18] Artículo 63.1 primer párrafo de la Ley de Enjuiciamiento Civil: "*Mediante la declinatoria, el demandado y los que puedan ser parte legítima en el juicio promovido podrán denunciar la falta de jurisdicción del tribunal ante el que se ha interpuesto la demanda, por corresponder el conocimiento de esta a tribunales extranjeros, a órganos de otro orden jurisdiccional, a árbitros o a mediadores*".

b) Procedimiento judicial en materia arrendaticia. Procedimiento declarativo ordinario y procedimiento verbal

Dentro de los tipos de procedimientos judiciales declarativos tenemos el procedimiento declarativo ordinario y el procedimiento declarativo verbal.

Los artículos 249 y 250 de la Ley de Enjuiciamiento Civil (en adelante, LEC) establecen el ámbito de cada uno de ambos procedimientos, distinguiéndose por razón de la materia y razón de la cuantía.

Dentro de los procesos arrendaticios tenemos varias posibilidades:

(i) Se decidirá en juicio ordinario las demandas que versen sobre cualesquiera asuntos relativos a arrendamientos urbanos o rústicos de bienes inmuebles, salvo que se trate de reclamaciones de rentas o cantidades debidas por el arrendatario o del desahucio por falta de pago o por extinción del plazo de la relación arrendaticia.

(ii) Se decidirán por el juicio verbal las demandas que versen sobre la reclamación de cantidades por impago de rentas y cantidades debidas y las que, igualmente, con fundamento en el impago de renta o cantidades debidas al arrendatario, o en la expiración del plazo fijado contractualmente o legalmente, pretendan que el dueño, usufructuario o cualquier otra persona con derecho a poseer una finca rústica o urbana dada en arrendamiento, ordinario o financiero o en aparcería, recuperen la posesión de dicha finca.

(iii) Se decidirán por el juicio verbal la que pretendan la recuperación de la plena posesión de una finca rústica o urbana, cedida en precario, por el dueño, usufructuario o cualquier otra persona con derecho a poseer dicha finca.

Por tanto, podemos concluir que en función de la materia que se deba ventilar en materia arrendaticia, se pueden dar los dos tipos de procedimiento declarativo, tanto verbal como ordinario.

Dentro de los procesos de desahucio, tendríamos tres tipos

(i) Proceso de desahucio por precario.

(ii) Proceso de desahucio por extinción contractual.

(iii) Proceso de desahucio por falta de pago.

c) Proceso de desahucio por extinción contractual y proceso de desahucio por precario

Proceso de desahucio por extinción contractual

El proceso de desahucio por extinción contractual, como su propio nombre indica, es utilizado cuando el arrendador solicita la tutela judicial para la recuperación de la posesión del bien inmueble como consecuencia de la extinción del contrato de arrendamiento.[19]

Proceso de desahucio por precario

El proceso de desahucio por precario, es el procedimiento de recuperación de la posesión iniciado por el propietario o persona con derecho a poseer el bien inmueble frente al tercero que no dispone de título para poseer el citado bien inmueble.[20]

IV. Proceso de desahucio por falta de pago

A continuación, se describe el proceso de desahucio por falta de pago y sus especialidades procedimentales dentro del juicio verbal

---

[19] SAP Madrid, núm. 384/2016 de 28 de junio [AC/2016/1376] en su Fundamento Jurídico Tercero" *En consecuencia, no cuestionada la validez y eficacia del contrato de arrendamiento litigioso y habiendo transcurrido al tiempo de interposición de la demanda el plazo contractualmente convenido, resulta incuestionable la confirmación de la sentencia que declara el desahucio del arrendatario al amparo del art 1569.1 CC, por cuanto que la temporalidad constituye un elemento consustancial a la propia naturaleza del contrato de arrendamiento como se recoge en su definición legal – art 1.543 del Código Civil (CC)- mantiene una indubitada línea jurisprudencial anterior y posterior a la vigencia de la Ley 29/1994 de Arrendamientos Urbanos (LAU) – STS de 9 de septiembre de 1009, 14 de julio de 2010 y 14 de noviembre de 2012 al afirmar que "[…] la intemporalidad que supone el hecho de dejar exclusivamente a voluntad del arrendatario, de modo indefinido, el tiempo durante el que habrá de usar la cosa arrendada, conculca la propia naturaleza del contrato."*

[20] STS, Sala de los Civil, núm. 1022/2005 de 26 de diciembre [RJ/2006/180] en su Fundamento Jurídico Quinto "2ª *Que se trate de una posesión simplemente tolerada por la condescendencia o el beneplácito del propietario. En este caso nos hallamos ante un simple precario, que la sentencia de 30 de octubre de 1986 define como el "[…] disfrute o simple tenencia de una cosa sin título y sin pagar merced, pro voluntad de su poseedor, o sin ella", por lo que la oposición del propietario pone fin a la tolerancia y obliga al que posee a devolver la cosa a su dueño."*

(en adelante "juicio de desahucio"), identificando algunas diferencias de los procesos de desahucio seguidos dentro del Consejo Arbitral.

a) Fuerza de cosa juzgada

Carácter sumario del juicio desahucio por falta de pago. Ausencia de fuerza de cosa juzgada

Según el artículo 447 LEC no producirá efecto de cosa juzgada las sentencias que pongan fin a los juicios verbales sobre tutela sumaria de la posesión ni las que decidan sobre la pretensión de desahucio o recuperación de finca, rústica o urbana dada en arrendamiento, por impago de renta o alquiler o por expiración legal o contractual del plazo y sobre otras pretensiones de tutela que la propia ley marque.

Algunos autores[21] consideran que en los procesos de desahucio, la sentencia no producirá los efectos de cosa juzgada, ya que estas sentencias al igual que todas las que se dictan en los procesos sumarios, son sentencias que producen la eficacia de cosa juzgada con reserva de derechos, lo que significa que en un proceso declarativo ordinario posterior podrá discutirse en toda su extensión cualquier litigio que surja dentro de la relación jurídica, cuya existencia o inexistencia ha dado lugar al desahucio.

Fuerza de cosa juzgada del Laudo Arbitral

A diferencia de lo anterior, la LA en su artículo 43 establece que el Laudo produce efecto de cosa juzgada y frente a él solo cabe la acción de anulación y solicitar en su caso la revisión conforme a lo establecido en la LEC para las sentencias firmes, nos referiremos al recurso de anulación más adelante.

En este sentido el artículo 28 de las Normas de Funcionamiento del Consejo Arbitral establecen que el Laudo Arbitral es definitivo

[21] MORENO CATENA, V., y CORTÉS DOMÍNGUEZ, V., *Derecho Procesal Civil Parte Especial*, Tirant lo Blanc, 8ª Ed., Valencia, 2016, pág. 107.

y firme, tanto en lo que se refiere a la decisión sobre el fondo de la cuestión como sobre los costes del proceso, comprometiéndose las partes a ejecutarlo sin demora.

La LEC establece el mecanismo para solicitar la revisión de las sentencias firmes en los artículos 509 y siguientes, los cuales serán también aplicables al Laudo Arbitral.

b) Jurisdicción y competencia, judicial y arbitral

Jurisdicción y competencia judicial

Tendrán competencia para conocer del juicio de desahucio por falta de pago, los Tribunales y Juzgados del orden civil y mercantil, según el caso. Dentro del orden jurisdiccional civil tendrán competencia para conocer, en primera instancia, de todos los asuntos civiles los Juzgados de Primera Instancia. Artículo 9.2 de la Ley Orgánica del Poder Judicial y artículo 45 de la LEC.

La competencia territorial se encuentra atribuida al tribunal del lugar en que se encuentra la finca. Artículo 52.1.7 de la LEC.

Jurisdicción y competencia arbitral del Consejo Arbitral

Tendrá competencia para conocer del arbitraje, la parte que haya firmado el contrato tipo recogido en la Orden 1/2008, de 15 de enero, de la Consejería de Vivienda, por la que se establecen las medidas de fomento de alquiler de viviendas en la Comunidad de Madrid, que considere que se han vulnerado sus derechos reconocidos legal o contractualmente.

c) Representación procesal y defensa técnica

Representación procesal y defensa técnica en el juicio de desahucio

En el juicio de desahucio por falta de pago es necesaria la representación por procurador y la asistencia letrada. Artículos 23 y 31 de la LEC.

Representación procesal y defensa técnica en el proceso de desahucio seguido a través del Consejo Arbitral

Según el artículo 21 de las Normas de Funcionamiento del Consejo Arbitral establece que no será preceptiva la intervención de abogado y procurador.

d) Demanda

Demanda juicio de desahucio según LEC

Los requisitos de la demanda vienen recogidos en el artículo 437 y artículos 399 y siguientes de la LEC. En ellos se establece que juicio se iniciará por demanda, en la que se deberá consignar:

(i) Los datos y circunstancias de identificación del actor y del demandado y el domicilio o residencia en que pueden ser emplazados.

(ii) Se expondrán numerados y separados los hechos y los fundamentos de derecho y se fijará con claridad y precisión lo que se pida, así como la celebración de la vista.

(iii) Nombre y apellidos del procurador y del abogado.

(iv) La relación fáctica (hechos) se expondrá de forma ordenada y clara con objeto de facilitar su admisión o negación por el demandado al contestar. Con igual orden y claridad se expresarán los documentos, medios e instrumentos que se aporten en relación con los hechos que fundamenten las pretensiones y, finalmente, se formularán, valoraciones o razonamientos sobre éstos, si parecen convenientes para el derecho del litigante.

(v) En los fundamentos de derecho, además de los que se refieran al asunto de fondo planteado, se incluirán, con la adecuada separación, las alegaciones que procedan sobre capacidad de las partes, representación de ellas o del procurador, jurisdicción, competencia y clase de juicio en que se deba sustanciar la demanda, así como sobre cualesquiera otros hechos de los que pueda depender la validez del juicio y la procedencia de una sentencia sobre el fondo.

(vi) Se deberá expresar la cuantía. Dentro del proceso judicial la cuantía vendrá determinada serán dos: en caso de ejercer únicamente la acción de desahucio será de una anualidad de renta, en caso de ejercitar de manera acumulada la acción de desahucio y de reclamación de cantidad será la de mayor valor. La acción de reclamación de cantidad será la cuantía reclamada la de consignación en la demanda con la excepción descrita para el caso de la acumulación.

(vii) Circunstancias relativas a la enervación de la acción. De acuerdo con el artículo 439.3 LEC, no se admitirán las demandas de desahucio de finca urbana por falta de pago de las rentas o cantidades debidas por el arrendatario si el arrendador no indicase las circunstancias concurrentes que puedan permitir o no, en el caso concreto, la enervación del desahucio[22].

(viii) Petición o petitum, en nuestro caso la declaración de resolución del contrato, así como, en su caso, la condena al desalojo y el pago de las rentas vencidas y futuras.

(ix) El artículo 220.2 de la LEC, tras la redacción dada por la Ley 4/2013 de 4 de junio, en el supuesto de acumulación de acción de desahucio por falta de pago conjuntamente con la acción de reclamación de cantidad se podrán también reclamar aquellas prestaciones periódicas en concepto de renta y de cantidades análogas se devenguen durante la tramitación del procedimiento y hasta el momento de la recuperación de la posesión del bien inmueble.

(x) Condonación de la deuda. El artículo 437.3 de la LEC establece la posibilidad en este tipo de procedimientos de que el demandante anuncie en la demanda su compromiso de condonar toda o parte de la deuda condicionándolo al desalojo voluntario de la finca dentro del plazo que se indique

---

[22] En este sentido, AA.VV. (coord. MONTERO AROCA, J.), *Derecho Jurisdiccional II Proceso Civil*, Tirant lo Blanch, 24ª Ed., Valencia, 2016, pág. 700.

por el arrendador. En el caso en que el demandado acepte este compromiso equivaldrá a allanamiento según el artículo 440.3 de la LEC.

(xi) Asimismo, en estos procedimientos podrá el demandado solicitar en la demanda que se tenga solicitada la ejecución del lanzamiento en la fecha y hora que se señale por el Juzgado.

(xii) Otros, se podrán designar archivos de las partes implicadas, así como de terceros para el caso en que se necesite corroborar algún extremo.

Demanda de proceso arbitral. Demanda del proceso del Consejo Arbitral

El procedimiento que debe seguirse en el proceso arbitral ante el Consejo Arbitral se encuentra regulado en los artículos 21 y siguientes de las Normas de Funcionamiento del Consejo Arbitral.

De acuerdo con lo establecido en el artículo 22 de las Normas de Funcionamiento del Consejo Arbitral, la parte que considere que se han vulnerado sus derechos reconocidos legal o contractualmente, podrá presentar por escrito la solicitud de arbitraje.

Dicha solicitud tendrá forma de demanda sucinta, conteniendo los datos, circunstancias de identificación del actor y demandado y el domicilio o domicilios donde puedan ser citados, la exposición de los hechos y alegaciones que el actor considere oportunas, debiendo fijarse con claridad y precisión el *petitum*.

De idéntica forma que en el procedimiento regulado en el Ley de Enjuiciamiento Civil, en el caso de demandas de desahucio de finca urbana por falta de pago de las rentas o cantidades debidas por el arrendatario, el arrendador debe indicar en la demanda las circunstancias concurrentes que puedan permitir o no la enervación del desahucio.

Deberán acompañarse a la demanda todos los elementos probatorios en los que fundamente el actor sus pretensiones. En particular, deberá adjuntar aquellos elementos que acrediten su representación y el contrato de arrendamiento de la vivienda litigiosa, así como el convenio de sumisión al arbitraje de este Consejo Arbitral, en el caso de que este convenido no se contuviese en una de las cláusulas contractuales. Asimismo, deberá acompañar el justificante del abono de la provisión de fondos necesarios para hacer frente a los costes del proceso arbitral en la cuenta indicada para ello por la Secretaría del Consejo Arbitral.

Para facilitar la interposición de esta demanda, el Consejo Arbitral pone a disposición del demandante impresos orientativos para formular la solicitud de arbitraje y demanda sucinta.

En el caso de que la solicitud no cumpliese con los presupuestos mínimos exigidos se requerirá la subsanación de los mismos en un plazo que no podrá exceder de los diez días.

Cuando hayan sido subsanados, en su caso, los posibles defectos de la demanda, se admitirá inicialmente la solicitud, sin perjuicio de lo que a este respecto acuerde en definitiva el árbitro.

Posteriormente, una vez haya sido nombrado el árbitro, éste mismo, previo examen de su competencia, dictará resolución en la que ordenará, en su caso, la admisión de la demanda, el traslado al demandado de la misma y junto con los documentos que hubiesen sido aportados y le conferirá un plazo de 7 días, a contar desde la recepción de esta notificación, para que pueda contestar por escrito a la demanda. Asimismo, en esta resolución se citará a las partes para la celebración de vista, con indicación de día y hora, de acuerdo todo ello con lo establecido en el artículo 24 de las Normas de Funcionamiento.

e) Enervación de la acción

Enervación de la acción dentro del juicio verbal

Según el artículo 22 de la LEC los procesos de desahucio de finca urbana o rústica por falta de pago de las rentas o cantidades debidas por el arrendatario terminarán mediante decreto dictado al efecto por el Letrado de la Administración de Justicia si, requerido aquél en los términos previstos en el apartado 3 del artículo 440 de la LEC (ver punto 4.6.1 del presente capítulo), paga al actor o pone a su disposición en el Tribunal o notarialmente, dentro del plazo conferido en el requerimiento, el importe de las cantidades reclamadas en la demanda y el de las que adeude en el momento de dicho pago enervador del desahucio. Si el demandante se opusiera a la enervación por no cumplirse los anteriores requisitos, se citará a las partes a la vista prevenida en el artículo 443 (ver punto 4.7.1 del presente capítulo) de la LEC tras la cual el Juez dictará sentencia por la que declarará enervada la acción o, en otro caso, estimará la demanda habiendo lugar al desahucio.

Así mismo el citado artículo establece los supuestos en que el arrendatario demandado no podrá enervar la acción, estos casos son:

(i) Cuando el arrendatario hubiera enervado el desahucio en una ocasión anterior, excepto que el cobro no hubiera tenido lugar por causas imputables al arrendador.

(ii) Cuando el arrendador hubiese requerido de pago al arrendatario por cualquier medio fehaciente con, al menos, treinta días de antelación a la presentación de la demanda y el pago no se hubiese efectuado al tiempo de dicha presentación[23].

En cuanto a la comunicación fehaciente utilizada, en nuestra opinión, la más efectiva y segura es el servicio de burofax ofrecido por Correos, sin obviar que se puede utilizar el conducto notarial para las comunicaciones fehacientes. [24]

No obstante, en caso de que las comunicaciones no se hayan recibido por una conducta obstructiva del arrendatario, en numerosas sentencias de las Audiencias Provinciales, establecen que el normal funcionamiento de correos, garantiza la entrega de las comunicaciones, por lo que ha de considerarse suficiente el depósito del aviso en

---

23 AA. VV. (Coord. MONTERO AROCA, J.), *op. cit.* ,pág. 702.

24 Nos remitimos al capítulo de la presente obra que trata el tema de los Actos de Comunicación en sede arbitral.

ausencia del destinatario, ya que así queda cumplimentada la comunicación, puesto que el destinatario (arrendatario) ha obstaculizado la recepción al no pasar a recogerla[25].

Enervación de la acción dentro del proceso de desahucio regulado en las Normas de funcionamiento del Consejo Arbitral

Las normas del Consejo Arbitral en su artículo 22 establece que en el supuesto de demandas de desahucio de finca urbana por falta de pago de las rentas o cantidades debidas por el arrendatario, el arrendador deberá indicar las circunstancias concurrentes que puedan permitir o no, en el caso concreto, la enervación del desahucio en los términos regulados en la LEC.

Por dicho motivo, entendemos aplicable al procedimiento del Consejo las normas reguladoras de la enervación de la acción de la LEC, anteriormente referida.

En este sentido el Árbitro, en la primera orden procesal deberá indicar la posibilidad o no de enervar el desahucio conforme lo establecido en el artículo 22.5 de la LEC, no obstante el plazo del demandado para pagar al actor será hasta que finalice el plazo para contestar a la demanda.

---

[25] En este sentido, SAP Tarragona núm. 205/2006 de 29 de mayo [JUR/2007/19639] en su Fundamento Jurídico Primero "*Por ello reiterada doctrina jurisprudencial de las Audiencias, admitiendo que el normal funcionamiento del Servicio de Correos garantiza la entrega de las comunicaciones por los medios posibles, ha considerado suficiente el depósito del aviso en ausencia del destinatario siempre que sea en su domicilio, estimando que queda así cumplimentada la comunicación porque el destinatario ha obstaculizado la recepción al no pasar a recogerla. Concretamente en caso de arrendamiento considera que "ha quedado clara constancia de la voluntad extintiva de la parte actora, y que, si no fue conocida por la arrendataria, sólo es por causa a la misma imputable, que tuvo el burofax a su disposición sin que intentara recogerlo. Aceptar el criterio contrario comportaría posibilitar que una simple conducta obstructiva a recibir el requerimiento imposibilitara una extinción legalmente admisible, propiciándose un efecto contrario a la voluntad, expresamente manifestada, con justificación en una tácita reconducción que, en realidad, la actuación del arrendador estaría negando" SAP Barcelona Secc. 4ª 17 septiembre 2004.*"

f) Contestación a la demanda, oposición del demandado

Oposición del demandado dentro del juicio de desahucio. Art. 440.3 LEC

Tras la admisión a trámite de la demanda, el juzgado requerirá (en adelante el "requerimiento") al demandado para que en plazo de 10 días desaloje el inmueble y pague al actor[26]. En dicho requerimiento se fijará fecha para la eventual vista y para el lanzamiento. En caso de pretender la enervación, el demandado deberá pagar la totalidad de lo que deba, tanto las cantidades reclamadas en la demanda como las que deba en el momento del pago enervador.

En ese mismo requerimiento, antes de la vista, se requerirá al demandado para que comparezca ante el Letrado de la Administración de Justicia y alegue sucintamente, formulando oposición, las razones por las que, a su entender, no debe, en todo o en parte, la cantidad reclamada, o las circunstancias relativas a la procedencia de la enervación.

Se debe tener en cuenta que, dentro del juicio de desahucio, al demandado únicamente se le permitirá probar el pago, de acuerdo con el artículo 444.1 LEC, por tanto la carga de la prueba será del demandado.[27]

No obstante, en la práctica se suelen dar diferentes argumentos de oposición del demandado, a continuación se pueden citar algunos:

---

[26] Para Actos de notificación ver artículos 161 LEC; 164 último párrafo LEC.

[27] SAP Cáceres, Secc. 1ª, núm. 485/2012 de 19 de noviembre [JUR/2012/397986] en cuyo Fundamento Jurídico Tercero: "*Pues bien, resulta incuestionable que el pago de la renta (en las acciones de desahucio por falta de pago -precisamente, de las rentas o de otras cantidades asimiladas a la misma-) se conforma como un hecho impeditivo o extintivo del inicial derecho del actor, y, por tanto, la carga de su prueba corresponde al demandado; e incumbe al demandado la carga de la prueba del pago, no solo porque así lo contemplan las normas generales que, sobre la carga de la prueba, prevé el artículo 217 de la Ley de Enjuiciamiento Civil, sino también porque la parte demandada es quien alega o afirma ese hecho; lo contrario supondría exigir a la parte actora (que ejercita la acción de desahucio precisamente por falta de pago de la renta) una prueba, no diabólica, sino imposible, en la medida en que se le estaría exigiendo la prueba de un hecho negativo (es decir, probar que no ha recibido el importe de la renta), cuando es a la parte demandada (arrendataria) a quien corresponde probar que el pago se ha verificado, en la medida en que, además de ser una obligación que le incumbe (propia y genuina de la relación locativa), cuenta -decimos- con toda la disponibilidad para hacerlo.*"

(i) Pago. En nuestra experiencia se han producido casos en los que el demandado ha alegado el pago mediante la compensación del depósito cedido en la formalización del contrato (ver punto 2.1.1) como garantía adicional.

(ii) Ausencia de gestión de cobro por parte del arrendador. En los casos en los que en el contrato de arrendamiento se ha pactado como forma de pago la domiciliación bancaria, en virtud de la cual es gestión del arrendador la ejecución del cobro.

(iii) No procedencia del pago de la cantidad reclamada, sobre todo con conceptos tales como cantidades asimiladas al pago de la renta (Impuesto sobre Bienes Inmuebles, gastos de comunidad), cuando en el contrato se ha pactado la repercusión o no de los citados conceptos.

En el caso en que el demandado formulara oposición, se celebrará la vista señalada, ver punto 4.7.1. En la resolución que se dicte se fijará día y hora para que tenga lugar el lanzamiento, que deberá verificarse antes de treinta días desde la fecha señalada para la vista. En el requerimiento se advertirá al demandado que, si la sentencia fuese condenatoria y no se recurriera, se procederá al lanzamiento en la fecha fijada, sin necesidad de notificación posterior.

En el caso en que el demandado no se oponga al requerimiento, supondrá la prestación del consentimiento del mismo a la resolución del contrato de arrendamiento que le vincula con el arrendador.

Asimismo, en caso de no atender el demandado al requerimiento de pago o no comparecer para oponerse o allanarse se dictará Decreto dando por terminado del juicio de desahucio y se procederá el lanzamiento en la fecha fijada, sin necesidad de notificación posterior, con condena en costas al demandado.

Por último, en caso de atender el requerimiento en cuanto al desalojo sin formular oposición ni pagar la cantidad que se reclamase, se dictará Decreto dando por terminado el procedimiento, y dejando sin efecto la diligencia de lanzamiento, a no ser que el demandante interese su mantenimiento para que se levante acta sobre el estado en que se encuentre la finca, dando traslado al demandante para que inste el despacho de ejecución en cuanto a la cantidad reclamada, bastando para ello la mera solicitud, con condena en costas a la parte demandada.

Contestación a la demanda dentro del proceso arbitral del Consejo Arbitral

El demandado deberá contestar a la demanda cumpliendo con los mismos requisitos exigidos para la demanda. Una vez contestada la demanda se dará traslado a la parte demandante que deberá recibirla con una antelación mínima de tres días de la fecha señalada para la vista.

Al demandado sólo se le permitirá alegar y probar el pago, o las circunstancias relativas a la procedencia de la enervación, el demandado podrá formular su contestación cumplimentado unos formularios que pone a su disposición el Consejo Arbitral.

Por tanto, se puede afirmar que la carga de la prueba es del demandado, al igual que ocurre en el proceso judicial de desahucio.

En el caso de que el demandado no contestara a la demanda dentro del plazo establecido (7 días), se declarará en rebeldía al demandado y se declarará el desahucio sin más trámites.

Una vez contestada la demanda, el Árbitro podrá acordar la finalización de las actuaciones, si considera que los hechos están esclarecidos o se trata de una cuestión de derecho, dejando sin efecto la vista. No obstante la prerrogativa del Árbitro, normalmente se celebran las vistas señaladas por él mismo.

En cuanto a los motivos de oposición se pueden dar por reproducidos los motivos establecidos en el punto anterior.

g) Vista

Vista del procedimiento de desahucio en el juicio de desahucio

Si el demandado no comparece a la vista, se declarará el desahucio sin más trámite quedando citado en el requerimiento para recibir la notificación de la sentencia que se dicte el sexto día siguiente al señalado para la vista.

Si el demandante no acudiera a la vista, de acuerdo con lo establecido en el artículo 442 LEC, y el demandado no alegare interés legítimo en continuar el procedimiento para que se dicte sentencia sobre el fondo, se dará al demandante en el acto desistido de la demanda, imponiéndosele las costas y la posible indemnización por los daños y perjuicios que hubiese podido sufrir.

La vista se desarrollará siguiendo las normas establecidas para el juicio verbal, no obstante en el caso de procesos de desahucio por falta de pago, únicamente se permitirá al demandado alegar y probar el pago, o las circunstancias relativas a la procedencia de la enervación (artículo 444 LEC), tal y como se ha indicado anteriormente.

Es práctica habitual que la parte demandante se ratifique en su demanda y solicite el recibimiento del pleito a prueba, solicitando que se acumule la petición de las mensualidades que se hayan dejado de abonar desde la presentación de la demanda, siempre que en la misma se haya solicitado la condena de futuro tal y como se regula en el artículo 220 de la LEC, en este caso la práctica habitual es aportar al Juez los recibos no pagados. Seguidamente se da la palabra a la parte demandada, la cual se ratificará en su oposición y se propondrán las pruebas que estimen conveniente, con los límites que se han indicado de actuación a la parte demandada en este tipo de procedimientos. Ante la admisión o no de las pruebas se podrá interponer recurso de reposición y formular seguidamente protesta, para hacer valer sus derechos en segunda instancia.

Una vez practicada las pruebas, se podrán dar turno a las partes para formular conclusiones, quedando el juicio visto para sentencia.

La sentencia deberá dictarse dentro de los cinco días siguientes, convocándose en el acto de la vista a las partes a la sede del Tribunal para recibir la comunicación si no estuvieran representadas por procurador o no debiera realizarse por medios telemáticos, que tendrá lugar el día más próximo posible dentro de los cinco días siguientes a la Sentencia.[28]

[28] En materia de Actos de comunicación, ver artículo 497 LEC.

Vista del procedimiento de desahucio seguido ante el Consejo Arbitral

Si el demandante no asistiere a la vista, y el demandado no alegare interés legítimo en la continuación del proceso para que se dicte laudo sobre el fondo, se le tendrá en el acto por desistido de la demanda, se le impondrán los costes causados y se le condenará a indemnizar al demandado comparecido, si este lo solicitase y acreditare los daños y perjuicios sufridos.

Al demandado que no acuda a la vista, se le declarará en rebeldía procesal y sin volver a citarlo continuará el proceso su curso.

La vista se desarrollará siguiendo las normas de funcionamiento del Consejo Arbitral en su artículo 27 y una vez practicadas las pruebas y las alegaciones de las partes, se dará por terminada la vista y el árbitro dictará laudo dentro de los cuatro días siguientes, convocándose en el acto de la vista a las partes para recibir la notificación.

Dentro del proceso arbitral seguido en el Consejo Arbitral, se puede dar el caso en que las partes lleguen a un acuerdo en la misma vista, en este caso el árbitro dictará un laudo por acuerdo de las partes regulado en el artículo 36 de la LA[29].

h) Recursos

Recursos posibles contra la sentencia de juicio de desahucio por falta de pago

Según lo establecido en la Ley de Enjuiciamiento Civil, la sentencia que resuelva el desahucio por falta de pago será apelable ante la Audiencia Provincial correspondiente, o en su caso el recurso ex-

---

[29] El artículo 36 de la LA establece. *Si durante las actuaciones arbitrales las partes llegan a un acuerdo que ponga fin total o parcialmente a la controversia, los árbitros darán por terminadas las actuaciones con respecto a los puntos acordados y, si ambas partes lo solicitan y los árbitros no aprecian motivo para oponerse, harán constar ese acuerdo en forma de laudo en los términos convenidos por las partes.*

El laudo se dictará con arreglo a lo dispuesto en el artículo siguiente y tendrá la misma eficacia que cualquier otro laudo dictado sobre el fondo del litigio.

traordinario por infracción procesal o de casación que provengan de un proceso de desahucio.

No obstante, al ser un procedimiento que lleva aparejado el lanzamiento no se admitirá el recurso si el demandado no paga las rentas debidas vencidas y las que con arreglo al contrato deba pagar adelantadas, así mismo se declararán desiertos, si durante la sustanciación del recurso el demandado recurrente dejare de pagar los plazos que venzan o los que deba adelantar.

La Ley permite, además de pagar, consignar las cantidades en el sentido que anteriormente hemos visto. Permitiendo el artículo 449.5 LEC sustituir la consignación o el pago por la prestación de un aval solidario de duración indefinida y pagadero a primer requerimiento emitido por entidad de crédito o sociedad de garantía recíproca, o por cualquier otro medio que a juicio del órgano judicial garantice la inmediata disponibilidad de la cantidad que se deba [SAP de Huesca de 25 de marzo de 2003][30].

Recursos posibles contra al laudo que resuelva el procedimiento del Consejo Arbitral

Tal y como nos hemos referido anteriormente contra el laudo emitido no cabría una segunda instancia, únicamente cabría la anulación del Laudo y el recurso de revisión.

Por tanto, las partes pueden instar la nulidad del laudo, únicamente por las causas tasadas en la propia LA, así en el artículo 41, establece los motivos de anulación, siendo estos:

(i) Que el convenio arbitral no existe o no es válido.

(ii) Que no ha sido debidamente notificada de la designación de un árbitro o de las actuaciones arbitrales o no ha podido, por cualquier otra razón, hacer valer sus derechos.

(iii) Que los árbitros han resuelto sobre cuestiones no sometidas a su decisión.

[30] CORTÉS DOMÍNGUEZ, V. y MORENO CATENA, V., *op. cit. Parte Especial*, pág. 106.

(iv) Que la designación de los árbitros o el procedimiento arbitral no se han ajustado al acuerdo entre las partes, salvo que dicho acuerdo fuera contrario a una norma imperativa de esta Ley, o, a falta de dicho acuerdo, que no se han ajustado a esta ley.

(v) Que los árbitros han resuelto sobre cuestiones no susceptibles de arbitraje.

(vi) Que el laudo es contrario al orden público.

i) Costas

Costas en el juicio verbal de desahucio

Los supuestos en los que, entre otros, se condenarán en costas al demandado son:

(i) Decreto que archive el procedimiento declarada enervada la acción.

(ii) Decreto que archive el procedimiento, cuando el demandado atienda el requerimiento de desalojo sin formular oposición.

(iii) Decreto que archive el procedimiento en caso de no atender el requerimiento ni comparecer y formular oposición.

(iv) Sentencia que declare resuelto el contrato y condene al pago de las cantidades debidas al demandado.

En cuanto que conceptos integran el concepto de costas, el artículo 241 de la LEC regula dicha integración, siendo:

(i) Honorarios de defensa y representación cuando sean preceptivos.

(ii) Inserción de anuncios o edictos que de forma obligatoria deben publicarse en el curso del proceso.

(iii) Depósitos necesarios para la presentación de recursos.

(iv) Derechos de peritos y demás abonos que hayan intervenido en el proceso, según los casos previstos en la LEC.

(v) Copias, certificaciones, notas, testimonios, y documentos análogos que haya de solicitarse con a la ley.

(vi) Derechos arancelarios que deban abonarse como consecuencia de actuaciones necesarias para el desarrollo del proceso.

(vii) La tasa judicial que, en su caso, se hubiera tenido que abonar con arreglo a la Ley.

Costas en el procedimiento seguido ante el Consejo Arbitral

Según las Normas de Funcionamiento del Consejo Arbitral, el laudo es definitivo y firme, tanto en lo que se refiere a la decisión sobre el fondo de la cuestión como sobre los costes del proceso, comprometiéndose las partes a ejecutarlo sin demora.

El contenido de las Normas es reflejo de la regulación de la LA, ya que ésta en el artículo 37.6 establece que, con sujeción a lo acordado por las partes, los árbitros se pronunciarán en el laudo sobre las costas del arbitraje, que incluirán los honorarios y gastos de los árbitros y, en su caso, los honorarios y gastos de los defensores o representantes de las partes, el coste del servicio prestado por la institución administradora del arbitraje y los demás gastos originados en el procedimiento arbitral.

Ejecución

i) Ejecución de la Sentencia

De acuerdo con lo establecido en el párrafo tercero del artículo 549 LEC, en la sentencia condenatoria de desahucio por falta de pago de las rentas o cantidades debidas, o por expiración legal o contractual del plazo, o en los decretos que pongan fin al referido desahucio si no hubiera oposición al requerimiento, la solicitud de su ejecución en la demanda de desahucio será suficiente para la ejecución directa de dichas resoluciones, sin necesidad de ningún otro trámite para proceder al lanzamiento en el día y hora señalados en la propia sentencia o en la fecha que se hubiera fijado al ordenar la realización del requerimiento al demandado.

Cabe advertir que, de acuerdo con el apartado cuarto del citado precepto de la LEC, el plazo de espera legal al que se refiere el artículo 548 no será de aplicación en la ejecución de resoluciones de condena de desahucio por falta de pago de rentas o cantidades debidas, o por expiración legal o contractual del plazo, que se regirá por lo previsto en tales casos.

No obstante, debemos acudir a lo establecido en el apartado cuarto del artículo 703 LEC del que se infiere que, si con anterioridad a la fecha fijada para el lanzamiento, en caso de que el título del mismo sea una sentencia dictada en un juicio de desahucio de finca urbana, se entrega la posesión efectiva de dicha finca al actor, acreditándolo el arrendador al Letrado de la Administración de Justicia encargado de la ejecución, éste dictará decreto declarando ejecutada la sentencia y cancelando la diligencia, a no ser que el demandante interese su mantenimiento para que se levante acta del estado en que se encuentre la finca.

Por último en este punto cabe hacer referencia al artículo 704, en cuanto que se hayan reguladas en el mismo las posibles consecuencias de que existan ocupantes en el inmueble que deba ser objeto de entrega en el desahucio.

En cuyo caso, cuando el inmueble cuya posesión se deba entregar constituyera la vivienda habitual del ejecutado o de quienes de él dependan, el Letrado de la Administración de Justicia les dará un plazo de 1 mes para desalojarlo, pudiendo prorrogarse en un plazo más si hubiese motivo fundado. Una vez haya transcurrido dicho plazo, se procederá al lanzamiento, fijándose la fecha de éste en la resolución inicial o en la que acuerde la prórroga.

Por el contrario, si el inmueble estuviera ocupado por terceras personas, continúa el citado precepto, distintas del ejecutado y de quienes con él compartan la utilización de aquél, el Letrado de la Administración de Justicia responsable de la ejecución, tan pronto como conozca su existencia, les notificará el despacho de la ejecución o la pendencia de ésta, para que, en el plazo de 10 días, presenten los títulos que justifiquen su situación. De este modo, el ejecutante podrá pedir al tribunal el lanzamiento de quienes considere ocupantes de mero hecho o sin título suficiente, dándose traslado de dicha petición a las personas designadas por el ejecutante, prosiguiendo las actuaciones conforme a los trámites previstos en los apartados tercero y cuarto del artículo 675 LEC.

ii) Ejecución del laudo

El artículo 517.2.2º LEC establece que los laudos o resoluciones arbitrales son títulos que llevan aparejada ejecución, aunque se hubiese ejercitado acción de anulación (anteriormente explicada) contra él, de acuerdo con el artículo 45.1 LA.

A estos efectos es necesario destacar el Acuerdo de 25 de noviembre, del Pleno del Consejo General del Poder Judicial, por el que se atribuye al Juzgado de Primera Instancia número 101 de Madrid, de nueva creación, el conocimiento con carácter exclusivo de los asuntos de laudo y arbitraje.[31]

V. Otros "desahucios". El fenómeno Okupa. Delito de usurpación

Ante una situación de ocupación ilegal o no consentida de un bien inmueble, desde el punto de vista jurídico del propietario, la primera cuestión a estudiar debe ser el cauce jurídico preciso para conseguir la desocupación y la tutela judicial del derecho de propiedad, ya que no es siempre el mismo. Tenemos principalmente dos alternativas ya sea una ocupación no consentida derivada de una relación civil o de la presunta comisión del delito de usurpación, coloquialmente llamado caso de "ocupas".

El Título XIII del Código Penal (en adelante "CP") bajo la rúbrica de Delitos contra el patrimonio y contra el orden socioeconómico, en su Capítulo V regula el delito de usurpación, concretamente el artículo 245.2 CP establece que "El que ocupare, sin autorización debida, un inmueble, vivienda o edificio ajenos que no constituyan morada, o se mantuviere en ellos contra la voluntad de su titular, será castigado con la pena de multa de tres a seis meses".

[31] Acuerdo publicado en el BOE número 310, de 22 de diciembre de 2010, págs., 105579 a 105580. Entrada en vigor 23 de diciembre de 2010.

En el supuesto de que se entienda que el hecho queda fuera del tipo del artículo 245.2 del CP definido, quedaría la protección derivada del orden jurisdiccional civil a través de los procesos de protección sumaria de la posesión (antigua acción interdictal) así como los desahucios propiamente dichos, entre los que cabría mencionar el procedimiento sumario de desahucio por precario. La Sentencia de la AP de Huesca de fecha 10 de abril de 2013 establece "No toda perturbación de la posesión supone la comisión de este delito, por lo que es preciso delimitar la acciones perturbadoras que tienen un ámbito de protección civil general (el interdicto posesorio, actualmente acción de tutela sumaria de la posesión) de las que tienen el ámbito de protección penal, ya que no puede resultar indiferente al Derecho Penal, como consecuencia de su propia naturaleza, la existencia de otros procedimientos alternativos previstos en el Código Civil para tutelar la posesión.." y concluye diciendo "por su parte...la Sentencia de la AP de Soria de 10 de enero de 2002 señala, a partir de las serias dificultades de compatibilidad jurídica existentes entre las normas sustantivas y procesales que rigen el derecho de recuperación posesoria civil o el desahucio precario y las que sancionan penalmente la posesión sin justo título de bienes inmuebles que dicha antinomia jurídica sólo puede salvarse si interpretamos restrictivamente el citado artículo 245.2 del Código Penal en el sentido de exigir como requisito de antijuridicidad de la conducta que ésta se ejecute contra la explícita voluntad del propietario, exigiendo el elemento subjetivo de lo injusto que el titular de la finca sea desposeído del uso habitual del bien y que ante tal acto depredatorio manifieste inequívocamente su voluntad de recuperación del mismo[32].

---

[32] El presente apartado es un extracto del artículo de César Morales "Okupas, claves del desalojo por vía penal" en *Revista El Inmueble*, n° 138, 2014, págs. 44-51.

EL ARBITRAJE ARRENDATICIO CON ESPECIAL REFERENCIA AL ARBITRAJE DEL CONSEJO ARBITRAL PARA EL ALQUILER DE LA COMUNIDAD DE MADRID

Beatriz Moreno

Abogado. Letrada del Consejo arbitral para el Alquiler de la Comunidad de Madrid

I. Arbitraje arrendaticio y protección del consumidor. Referencia a las cláusulas abusivas

La primera cuestión que nos planteamos al objeto de determinar la naturaleza jurídica de la relación arrendaticia y su inclusión en los procesos arbitrales es si el arrendatario debe considerarse como un consumidor. Esto afectaría directamente a la posibilidad de utilizar la vía arbitral en los conflictos que se puedan plantear en contratos de naturaleza arrendaticia.

La regulación europea de protección de consumidores ha alcanzado una enorme trascendencia, lo que nos obliga a plantear la dicotomía entre el concepto de arrendatario y su consideración como consumidor o no y qué alcance puede tener esa consideración.

Partimos de que el objetivo fundamental del legislador en materia de consumo es el de proteger al consumidor, al entender que se encuentra en una situación de indefensión o de mayor debilidad frente al empresario, ya sea persona física o jurídica.

La definición legal[1] de consumidor recogida en el artículo 3 del Texto Refundido de Real Decreto Legislativo 1/2007, de 16 de no-

[1] Real Decreto Legislativo 1/2007, de 16 de noviembre, por el que se aprueba el texto refundido de la Ley General para la Defensa de los Consumidores y Usuarios y

viembre, es tan amplia que, incluye sin lugar a dudas al arrendatario en dicho concepto. Cuestión distinta es si la otra parte, es o no empresario o efectivamente se encuentra en una posición superior.

De acuerdo con la norma señalada:

> *"A efectos de esta norma y sin perjuicio de lo dispuesto expresamente en sus libros tercero y cuarto, son consumidores o usuarios las personas físicas que actúen con un propósito ajeno a su actividad comercial, empresarial, oficio o profesión.*
>
> *Son también consumidores a efectos de esta norma las personas jurídicas y las entidades sin personalidad jurídica que actúen sin ánimo de lucro en un ámbito ajeno a una actividad comercial o empresarial."*

En cuanto a la definición de empresario, en el Artículo 4, del mismo texto legal, es la siguiente:

> *"A efectos de lo dispuesto en esta norma, se considera empresario a toda persona física o jurídica, ya sea privada o pública, que actúe directamente o a través de otra persona en su nombre o siguiendo sus instrucciones, con un propósito relacionado con su actividad comercial, empresarial, oficio o profesión."*

En una relación arrendaticia, entre particulares, tenemos que ambas partes se encuentran al mismo nivel, es decir, no hay una posición de superioridad de uno sobre otro. Además, la legislación arrendaticia es lo suficientemente tuitiva con el arrendatario que disipa cualquier duda que pudiera surgir, como parte más débil de la relación arrendaticia. El particular que pone en arrendamiento una

---

otras leyes complementarias. También tenemos legislación autonómica, al ser una materia que es "compartida", así, por ejemplo tenemos la Ley 11/1998, de 9 de julio, de Protección de los Consumidores de la Comunidad de Madrid , (art.2)donde también se hace la correspondiente definición de consumidor y empresario, consideramos que el concepto es todavía más amplio: "1. A los efectos de esta Ley son consumidores las personas físicas o jurídicas que adquieren, utilizan o disfrutan como destinatarios finales, bienes muebles o inmuebles, productos, servicios, actividades o funciones, cualquiera que sea la naturaleza pública o privada, individual o colectiva de las entidades, empresas o profesionales, colegiados o no, que los producen, facilitan, suministran o expiden.

No tendrán la consideración de consumidores quienes adquieran, almacenen, utilicen o consuman bienes o servicios con el fin de integrarlos en procesos de producción, transformación, comercialización o prestación a terceros, aun cuando dicha integración no implique un beneficio directo."

finca de su propiedad, no se puede incluir dentro del concepto de empresario que se recoge en el artículo 4 de la mencionada ley de protección del consumidor.

Por todo lo anterior, el contrato de arrendamiento firmado entre particulares, queda fuera de la legislación de consumo, estando sometido a la legislación aplicable de la Ley de Arbitraje[2] y Ley de Arrendamientos Urbanos[3]. Más adelante veremos si en esa normativa especial cabe el sometimiento al arbitraje.

Una segunda cuestión relacionada con la anterior, se da en el supuesto de que el arrendador sea una empresa inmobiliaria. Nos preguntamos entonces si la resolución del conflicto surgido debe en todo caso, someterse al arbitraje de consumo. Se trata de algo que no es baladí.

Nos planteamos si en este caso, en la relación arrendaticia, la empresa inmobiliaria se encuentra en una posición superior frente al arrendatario. Podemos entender que no, reiterando que la Ley de arrendamientos urbanos protege al arrendatario por medio de normas imperativas basadas en los derechos fundamentales del arrendamiento y que el resto de aspectos son el resultado de una negociación libre entre partes, que viene reflejada básicamente en la renta. La duración está regulada explícitamente en la LAU, la renta, realmente es lo único que libremente pactan las partes. Pese a lo argumentado, podría caber la duda de si al ser una persona jurídica, se puede crea cierta indefensión a la parte arrendataria. Admitido este supuesto nos podríamos a su vez preguntar si en el caso de someterse a un arbitraje éste deberá ser de consumo o no.

Para ello, tenemos que tener en cuenta lo estipulado en el capítulo II del texto refundido de la Ley General para la Defensa de los Consumidors y Usuarios relativo a las Cláusulas abusivas. En el artículo 82 incluye una definición de este concepto: "*Se considerarán cláusulas abusivas todas aquellas estipulaciones no negociadas individualmente y todas aquellas prácticas no consentidas expresamente que, en contra de las exigencias de la buena fe causen, en perjuicio del consumi-*

2 Ley 60/2003, de 23 de diciembre, de arbitraje.
3 Ley de Arrendamientos urbanos, ley 29/1994, de 24 de noviembre.

dor y usuario, un desequilibrio importante de los derechos y obligaciones de las partes que se deriven del contrato. (...)". Hay que destacar que para que se pueda considerar por tanto una cláusula abusiva en un contrato de arrendamiento, objeto de este trabajo, se tiene que hablar siempre de cláusulas pactadas con ausencia de buena fe, que perjudiquen al arrendatario y que causen un desequilibrio en los derechos y obligaciones de la parte arrendataria. En los sucesivos artículos[4] se enumeran una serie de conceptos, criterios y actos que se consideraran cláusulas abusivas.

Nos detenemos en el artículo 90 apartado 1 relativo a cláusulas abusivas sobre competencia y derecho aplicable del citado Real Decreto Legislativo 1/2007, de 16 de noviembre, por el que se aprueba el texto refundido de la Ley General para la Defensa de los Consumidores y Usuarios y otras leyes complementarias *"La sumisión a arbitrajes distintos del arbitraje de consumo, salvo que se trate de órganos de arbitraje institucionales creados por normas legales para un sector o un supuesto específico"*.

Podemos entender que esta protección consiste principalmente en "nivelar" la posible situación de desigualdad entre las partes en los casos en que se trate de un arrendatario (persona física) frente a una empresa arrendadora (persona jurídica), de tal manera que la parte predominante no pueda imponer un arbitraje a la medida de sus intereses. Es decir, la norma obliga a que en el caso que las partes no se sometan a un arbitraje de consumo éste sea forzosamente un arbitraje institucional. De esta forma el proceso arbitral será ajeno a las partes, en el sentido que el arbitraje ya está establecido en un Reglamento, principalmente en lo relativo al nombramiento de árbitro y el proceso a seguir.

Si bien no entramos en detalle a tratar el arbitraje institucional, sí queremos resaltar que lo más característico de este arbitraje es que las partes, al someterse al mismo, ya cuentan con un proceso preestablecido en lo que se refiere tanto al nombramiento de árbitro como al proceso en sí mismo. La norma reglamentaria reguladora del ar-

---

4 Artículos 85 a 90 del Texto Refundido de Ley General para la Defensa de los Consumidores y Usuarios.

bitraje institucional de que se trate prevé la forma y manera en que va a desarrollarse el arbitraje. Así, siempre que las partes no realicen un acuerdo expreso entre ellas, éstas no entran a decidir sobre el proceso, sino que será el árbitro quién decidirá en todo momento de conformidad a lo estipulado para dicho proceso.

De una forma gráfica podríamos decir que el proceso arbitral de consumo es un procedimiento arbitral de carácter especial. Un proceso "mixto". La primera parte de notificación a las partes, nombramiento de árbitros y los posibles recursos contra esas resoluciones tienen carácter administrativo. Una vez que el expediente llega al árbitro y este decide, ya estamos en la parte del verdadero de arbitraje, que generalmente es en equidad[5].

Por otro lado, el arbitraje de consumo es unidireccional, es decir solo el consumidor (supuestamente el arrendatario) podría instar el arbitraje de consumo, pero en ningún caso lo podrá hacer el arrendador. Esto es, en el caso de incumplimiento de las obligaciones por parte de arrendatario, el arrendador (supuesto empresario) no podrá iniciar el arbitraje de consumo, precisamente por no tener esa condición de consumidor. De esta forma ocurre que si consideramos que en la mayoría de los casos es el arrendatario el que incumple (principalmente con el pago de la renta), el arbitraje de consumo no es de aplicación. De tal manera que el arbitraje de consumo no es operativo en materia arrendaticia porque solo y exclusivamente puede instarlo una de las partes (arrendataria) con independencia de que sea o no la parte incumplidora.

Podemos concluir en esta primera aproximación que el arbitraje de consumo no es de aplicación en los arrendamientos de vivienda firmados entre particulares (igualdad de posición). En cuanto a los arrendamientos en los que el arrendatario sea persona física y el arrendador persona jurídica, tampoco es de aplicación el arbitraje de consumo siempre que se pacte bilateralmente un arbitraje institucional. En cuanto a los demás arrendamientos distintos a vivienda, quedan fuera del arbitraje de consumo al no tener el arrendatario la

---

5 Consideramos que, al encontrarnos con normas imperativas, el arbitraje en materia arrendaticia debería ser en derecho no en equidad.

posibilidad de considerarse consumidor pues el arrendamiento lo hará para su esfera comercial, profesional o de negocio.

Profundizando en esta cuestión y en la regulación en materia de protección de consumidor, es preciso hacer una referencia a la Directiva 93/13[6] en cuanto que ha sido la causante de reformas por su transposición en nuestro ordenamiento jurídico[7] y cuyo objetivo es que la protección del consumidor se produzca a todos los niveles, recogiendo todos los posibles aspectos de la vida cotidiana del consumidor. Se ha adaptado la Legislación Nacional con la Legislación Europea y por tanto debemos tener en cuenta la jurisprudencia del Tribunal de Justicia de la Unión para su interpretación o aplicación.

A pesar de haber argumentado que en los arrendamientos urbanos no es de aplicación el concepto de consumidor en la mayoría de los casos y, en caso de ser así considerado, el arbitraje institucional exime de la obligación del sometimiento al arbitraje de consumo, no podemos obviar que todo el ordenamiento Judicial y Normativo ha quedado "entreverado" de este concepto de protección al consumidor y por ello es necesario detenernos en la Directiva Comunitaria 93/13, al ser una Directiva sobre las cláusulas abusivas en los contratos celebrados con consumidores.

Podemos destacar algunas de sus características:

- Es una Directiva de mínimos, de armonización parcial y por ello surgen ciertas dudas sobre su interpretación respecto de algunos de sus preceptos, de ahí la importancia de la interpretación del Tribunal de Justicia.
- Se aplica respecto de cláusulas no negociadas individualmente entre el profesional y el consumidor.
- Se presume que el consumidor es la parte más vulnerable y por ello debe prevalecer la interpretación más favorable al mismo.

---

[6] Vid. Centeno Huerta, S. El control de las Cláusulas Abusivas…" *El Derecho.com.* 1-06-2013.

[7] Ley de Enjuiciamiento Civil, Ley de Consumidores y usuarios, entre otras.

- Queda excluida la aplicación de esta directiva en aquellas cláusulas que reflejan disposiciones legales o reglamentarias imperativas[8]. Incluye también las normas que, con arreglo a derecho, se aplican entre las partes contratantes cuando no exista ningún otro acuerdo.
- La buena fe es un concepto fundamental a la hora de valorar la fuerza de las respectivas posiciones de negociación de las partes.

Hay que tener en cuenta que en el Preámbulo V de la ley 42/2015, de 5 de octubre[9] se cita la Sentencia del Tribunal de Justicia Europeo recaída en el llamado caso Banesto[10] donde se plantea un problema desde el punto de vista del Derecho Procesal Español con el principio de efectividad en el proceso monitorio, pues tal y como estaba configurado, podría impedir la adecuada tutela del consumidor. Entendemos la preocupación del legislador en este caso del proceso monitorio (no es un proceso contradictorio), pero en ningún momento podemos equiparar un proceso monitorio con un proceso de desahucio o, en nuestro caso el proceso de Arbitraje del Consejo (hay contestación y vista en el proceso), donde el Árbitro[11], si detecta una cláusula abusiva puede resolver conforme a Derecho y evitar la indefensión. Además, hay que añadir a estos argumentos los ya esgrimidos con anterioridad. Fundamentalmente, que estamos ante un arbitraje de Derecho cuyos principios fundamentales son la Igualdad, Audiencia y Contradicción, que se rige por normas imperativas, siendo de aplicación una norma de clara naturaleza tuitiva (LAU) y en la que el árbitro es jurista.

En ese mismo capítulo V del Preámbulo, se introduce sin que posteriormente se recoja en el articulado, *"la posibilidad del control judicial de las cláusulas abusivas en el despacho de la ejecución de laudos arbitrales, al igual que ya está previsto para los títulos no judiciales"*. Sin

---

8 No hay que olvidar que las disposiciones de la LAU en materia de vivienda son principalmente imperativas.

9 Que reforma la Ley 1/2000, de 7 de enero, de Enjuiciamiento Civil.

10 (DJ2012/109012).

11 El árbitro no puede apreciar de oficio la indefensión, pero tiene medios para poder evitarla en el proceso arbitral.

embargo, cita expresamente en el mencionado Preámbulo de dicha Ley 42/2015, de 5 de octubre el artículo 815 de la LEC, relativo a los procesos monitorios, pero no señala nada sobre el artículo 552 de la Ley Rituaria Civil, que igualmente modifica, pero no en el sentido que anuncia sino solo y exclusivamente en lo que afecta a dicho control en los títulos no judiciales ni arbitrales. Por ello, en lo que pueda afectar a las ejecuciones de laudos, a pesar de no haber sido modificado en ese sentido la norma, pero viendo la posibilidad que eso sea una tendencia, debemos ahondar en el estudio de esta Directiva y su interpretación.

Las Sentencias del Tribunal de Justicia Europeo interpretan las normas del Derecho de la Unión y son vinculantes para todos los Estados miembros. Los jueces deberán tener en cuenta las sentencias del Tribunal Europeo dictadas en las cuestiones prejudiciales, pero teniendo en cuenta que estas cuestiones prejudiciales se efectúan en un marco muy concreto, en nuestro caso[12], ya que el objetivo era proteger a los consumidores en los procesos monitorios expresamente, y por tanto no podemos extrapolar esa aplicación a todos los procesos, y menos aún a los que la propia ley nacional excluye expresamente. Así debemos tener en cuenta que la valoración de oficio por el Juez en fase de ejecución se refiere a la ejecución de títulos distintos a las sentencias y laudos.

No hay que olvidar, además, que los Estados miembros de la Unión gozan de autonomía procesal, por lo que el Juez nacional está sujeto a las normas procesales nacionales, siempre que esa normativa procesal cumpla con dos principios fundamentales: el principio de equivalencia y efectividad.

El Juez debe, ponderar los intereses en juego[13]¿Cuáles son las facultades y los límites del Juez que ejecuta un laudo firme con efecto de cosa juzgada? En esta sentencia podemos destacar que, partiendo de la autonomía procesal de los estados miembros, el Tribunal

12 Sentencia Banco Español de Crédito C-618/10, de 14 de junio inspiradora de la reforma.

13 Sentencia Asturcom EDJ 2009/216356 caso de laudo arbitral con efecto de cosa juzgada.

de Justicia hace un análisis del principio de cosa juzgada, destacando que *"el Derecho comunitario no obliga a un órgano jurisdiccional nacional a dejar de aplicar las normas procesales internas que confieren fuerza de cosa juzgada a una resolución, aunque ello permitiera subsanar una vulneración de una disposición, cualquiera que sea su naturaleza, del Derecho comunitario por la resolución en cuestión"*.

También analiza la actuación del deudor y deja a la valoración del Juez la cuestión de Orden público. Prevalece el principio de seguridad jurídica, garantizando de forma particular en los ordenamientos nacionales a través del principio de cosa juzgada.

El respeto al principio de cosa juzgada es uno de los límites fundamentales, garantía del principio de seguridad jurídica, es un principio de orden público procesal y por ello, entendemos que, puesto que hay en nuestro caso otros momentos donde se puede controlar esa posible cláusula abusiva (examen del Árbitro, acción de nulidad ante el Tribunal Superior de Justicia de Madrid), no se debe dejar en la fase de ejecución esa posibilidad, puesto que es contrario al principio de seguridad jurídica.

A efectos de valorar si una cláusula es abusiva, el Juez debe evaluar no solo la cláusula concreta, sino todas las cláusulas del contrato para poder apreciar si existe un desequilibrio entre los derechos y obligaciones del contrato[14].

Por tanto, y de acuerdo con lo expuesto, en cuanto al derecho de la Unión es el Juez nacional el que tiene que garantizar el control de las cláusulas abusivas y proteger al consumidor, pero ello no puede impedir proteger otros derechos y principios también garantizados por el Ordenamiento Jurídico de la Unión Europea, como el derecho a la tutela judicial efectiva o el principio de seguridad jurídica. Principios que serán obviados si, en fase de ejecución, el Juez no la despachara alegando cláusula abusiva el sometimiento al arbitraje sin que el interesado haya instado la correspondiente acción de nulidad contra el laudo que por lo tanto será firme, con efectos de cosa juzgada.

---

14 (art. 4 de la Directiva 93/13). Sentencia AZIZ-EDJ 2013/21522.

Si se pretende proteger al consumidor que no cumple, perjudicando a la otra parte que sí ha cumplido, no solo con lo pactado en el contrato sino con todos los cauces legales oportunos, se rompe el principio de seguridad jurídica y se premia al incumplidor que, en la mayoría de los casos, además, ha hecho dejación de sus derechos al no presentar la acción de nulidad para evitar la firmeza del laudo.

El Arbitraje se fundamenta en la Buena Fe y si tuviera que ser objeto de prueba en la fase de ejecución, dañaría esta Institución de tal manera que lo haría ineficaz y produciría una enorme desconfianza en su valor como equivalente jurisdiccional. Supondría de hecho poner fin a la alternativa a la Jurisdicción Ordinaria en aquellos procesos que, como el arrendamiento urbano, necesitan de una mayor celeridad en su resolución y cercanía entre las partes.

II. Aspectos puntuales del arbitraje arrendaticio. Disponibilidad de la materia. Arbitraje Institucional en Derecho

Nos planteamos a continuación dos aspectos puntuales que han supuesto dudas acerca de la disponibilidad de la materia de arrendamientos y la capacidad, por tanto, de las partes de someter este objeto a un proceso arbitral, de una parte. Y en segundo término nos preguntamos acerca del tipo de arbitraje, en Derecho o equidad, aplicable en materia arrendaticia.

Sobre la cuestión,[15] podríamos resumir la evolución jurisprudencial y doctrinal en los siguientes términos:

Durante la vigencia de la Ley de Enjuiciamiento Civil de 1881, el artículo 1561 establecía que *"El conocimiento de las demandas de desahucio corresponde exclusivamente a la jurisdicción ordinaria..."*. Esto fundamentaba que los Tribunales excluyeran el arbitraje en materia de arrendamientos urbanos y especialmente cuando el procedimiento llevaba implícito el lanzamiento del arrendatario[16].

---

[15] Alberto Torres. Director de la asesoría jurídica de SEPIN. Extracto de la conferencia que impartió en la IV Jornada de Arbitraje Inmobiliario, organizada por el Consejo Arbitral para el Alquiler en la Comunidad de Madrid, en CaixaForum.

[16] Sentencia del Tribunal Supremo de 21 de marzo de 1950, entre otras.

El Texto refundido de 1964 de la Ley de arrendamientos urbanos que establecía en su artículo 57 la prórroga forzosa en los arrendamientos, entre otros derechos que protegían (en exceso) al arrendatario y convertían casi en intocable el contrato de arrendamiento, careciendo casi de libertad para pactar nada distinto en lo estipulado en la mencionada Ley, al considerar que casi cualquier pacto distinto era un pacto nulo. Esto hacia prácticamente impensable poder pactar el arbitraje como forma alternativa de resolución de conflictos.

A pesar de ello, la jurisprudencia fue abriendo la posibilidad de una resolución extrajudicial de conflictos arrendaticios[17], al considerar que la imperatividad de la Ley de Arrendamientos Urbanos (texto refundido de 1964) sólo afectaba a la prórroga obligatoria, pero las demás materias quedaban sujetas a la disponibilidad de las partes y, por ello, a la posibilidad de arbitraje.

Con el conocido como "Decreto Boyer" de 1985[18] se suprime con cierta dificultad la prórroga forzosa para los contratos posteriores. Pese a ello, en la práctica con frecuencia se pactaba expresamente el sometimiento a la prórroga forzosa o, incluso durante un tiempo, si no se sometían expresamente al citado Decreto la interpretación podría ser que el contrato estaba sometido a la prórroga forzosa.

Ya en la redacción de la nueva Ley de Arrendamientos urbanos, Ley 29/1994, de 24 de noviembre, se introdujo en el artículo 39.5 que "Las partes podrán pactar el sometimiento de los litigios de los tribunales arbitrales, de conformidad con lo establecido en la Ley 36/1988, de 5 de diciembre".

Aquí podríamos decir, que, a pesar de la evolución legislativa en cuanto a la posibilidad de resolver en arbitraje los conflictos derivados del arrendamiento era posible, la realidad es que el arbitraje, tal y como estaba regulado en la Ley 36/1988, de 5 de diciembre, no lo hacía operativo en esta materia arrendaticia.

---

17 Sentencia del Tribunal Supremo de 24 de enero de 1969, Sentencias del Tribunal Supremo de 1 de abril de 1987, y de 14 de julio de 1989.

18 Real Decreto-ley 2/1985, de 30 abril, sobre medidas de política económica.

Esta inoperatividad del arbitraje unido a que, posteriormente con la modificación de nuevo de la Ley de Enjuiciamiento Civil con el ánimo de unificar los procesos en la propia LEC[19], se derogó ese artículo 39.5 de la LAU[20], se vuelve a dar argumentos a los detractores del arbitraje en materia arrendaticia para alegar que si el legislador hubiera querido que el arbitraje fuera posible en el arrendamiento, lo hubiera mantenido en la ley especial que regula el arrendamiento. Nada más lejos de la realidad.

Por fin, confluyendo la nueva regulación del arbitraje que lo hace más operativo[21] y la última reforma de la LAU por la Ley 4/2013 de 4 de junio de medidas de flexibilización y fomento del mercado del alquiler de viviendas, donde en su artículo 4.5 establece "Las partes podrán pactar la sumisión a mediación o arbitraje de aquéllas controversias que por su naturaleza puedan resolverse a través de estas formas de resolución de conflictos, de conformidad con lo establecido en la legislación reguladora de la mediación en asuntos civiles y mercantiles y del arbitraje.", se cierra el camino tortuoso de si el arbitraje es o no de aplicación en materia arrendaticia.

Ya con anterioridad a esta última modificación de la LAU, la jurisprudencia iba en esa dirección de admitir el arbitraje en los contratos de arrendamientos. La Audiencia Provincial, hasta hace pocos años la instancia ante la que se promovían la acción de nulidad del Laudo, entendía que el arrendamiento era materia disponible y que por supuesto podía resolverse en arbitraje, por voluntad de las partes y siempre que se respetaran las normas imperativas. Y así, unido en Madrid a la creación de un Juzgado especializado en ejecuciones de laudo, llegamos a la actualidad como un hecho pacifico que el arbitraje es un verdadero equivalente jurisdiccional y que en materia arrendaticia es una herramienta eficaz y adecuada para la resolución de conflictos.

La segunda cuestión que nos planteamos es si este arbitraje, puede ser en equidad o debe ser necesariamente en Derecho. A pesar que pudiera haber cuestiones que se podrían resolver en equidad,

19 Ley 1/2000, de 7 de enero de Enjuiciamiento Civil.

20 Ley 29/1994, de 24 de noviembre, de Arrendamientos Urbanos.

21 Ley 60/2003, de 23 de diciembre de Arbitraje.

atendiendo a las normas imperativas, como pudiera ser la enervación, que, reiteramos una vez más, protegen al arrendatario en todo momento, entendemos que el arbitraje idóneo para esta materia es el arbitraje en derecho. Además, en nuestra opinión, en función de ese mismo carácter tuitivo y con el fin de obviar cualquier duda sobre la consideración de consumidor o no del arrendatario, debería ser un arbitraje Institucional.

Nos referimos a arbitraje institucional en el sentido de no intervenir las partes en el nombramiento de árbitros principalmente, eligiendo libremente el sometimiento a un sistema arbitral determinado.

Según declaró el TS en Sentencia 21 de marzo de1985, "*El carácter imperativo de las normas no convierte a las controversias surgidas en torno a un derecho en no susceptibles de arbitraje y, en consecuencia, el límite de lo que puede ser objeto de arbitraje debe situarse en aquellas materias que contraríen el orden público*". Esto significa, que las partes pueden libremente someterse a arbitraje en materia arrendaticia, respetando las normas imperativas como cuestión de orden público.

Por lo tanto el arbitraje en materia arrendaticia, debería ser un arbitraje de Derecho e Institucional[22], con el fin de preservar los derechos del arrendatario en cuanto a enervación de la acción, principalmente, al ser una cuestión procedimental, no teniendo ningún inconveniente en cuanto a las demás normas imperativas al ser un arbitraje de Derecho, en el que el árbitro dicta un laudo de conformidad a las normas aplicables.

III. Arbitraje del Consejo Arbitral para el Alquiler en la Comunidad de Madrid

Estamos ante un proceso arbitral articulado por el Consejo Arbitral para el Alquiler en la Comunidad de Madrid, para resolver las controversias derivadas de los contratos de arrendamiento de fincas urbanas sitas en la comunidad de Madrid.

---

[22] Entendiendo éste como un arbitraje que no es ad hoc, sino que se delega en un tercero (Institución) el nombramiento de árbitro y las normas del proceso recogidas en su reglamento.

La creación de este consejo se hace necesaria para completar una serie de medidas de fomento del alquiler dentro de la Comunidad de Madrid.

Con carácter previo podemos considerar que este arbitraje es institucional y de derecho. Institucional desde el momento que las partes se someten a un sistema arbitral determinado, no decidiendo (ad hoc) nada más. Esta consideración de arbitraje institucional garantiza la igualdad entre partes, además de los principios de inmediación y contradicción, como ya veremos más adelante, cuando entremos al estudio del proceso.

Como bien se recoge en la propia Ley de arbitraje, las partes, se pueden someter a un sistema arbitral determinado, aunque la administración del proceso lo lleve una institución arbitral o el propio árbitro.

Por otro lado, la importancia de ser un arbitraje institucional, cierra el problema que, como ya hemos comentado con anterioridad, se pudiera plantear frente al posible arrendatario-consumidor.

Para poder entender el sistema arbitral creado por el Consejo Arbitral, tenemos que conocer brevemente qué es el Consejo Arbitral para el Alquiler en la Comunidad de Madrid, para continuar con el proceso arbitral en concreto, desglosando las funciones del árbitro, las notificaciones, la vista y la acción de las partes durante el proceso.

a) Consejo Arbitral para el Alquiler de la Comunidad de Madrid

El Consejo Arbitral de la Comunidad de Madrid es un Órgano colegiado y consultivo, creado por Orden 61/2008[23], de 4 de marzo, cuya función principal es la creación e implantación de un sistema arbitral, con el fin de resolver de una forma rápida y eficaz cualquier controversia surgida del contrato de arrendamiento.

[23] Modificado por Orden 730/2012, de 15 de marzo, donde se amplía la aplicación de este arbitraje a todas las viviendas arrendadas dentro de la comunidad de Madrid, sin necesidad de pertenecer al plan alquila y por Orden de 11 de diciembre de 2014 de la Consejería de Transportes, Infraestructuras y Vivienda, donde además de la composición del consejo, se modifica el ámbito de aplicación ampliándolo a todos los arrendamientos urbanos dentro de la comunidad de Madrid.

Está compuesto[24] por Presidente, Vicepresidente, cuatro Vocales y un Secretario, que se reúnen generalmente una vez a la semana, para ser informados y resuelven sobre la marcha de los procesos. En el seno del Consejo se articuló el proceso arbitral y es el encargado, en su caso de introducir las modificaciones que consideren oportunas.

El proceso arbitral queda articulado con la aprobación de las "Normas de Funcionamiento", aprobadas por el Consejo el 5 de febrero de 2009[25].

Igualmente, su función principal es implantar el proceso arbitral articulado. El Consejo Arbitral no es una corte arbitral y por ello, firma convenios de colaboración con distintas Instituciones Arbitrales y colegios profesionales. Cada firmante del convenio pone a disposición del Consejo una lista de diez árbitros, quienes se someten expresamente a las normas del Consejo Arbitral y a llevar los arbitrajes de conformidad al sistema arbitral articulado.

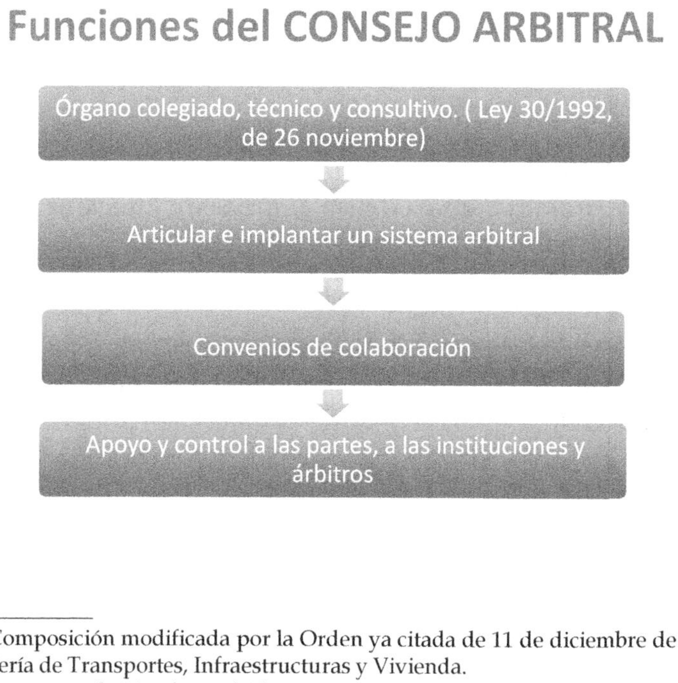

[24] Composición modificada por la Orden ya citada de 11 de diciembre de 2014 de la Consejería de Transportes, Infraestructuras y Vivienda.

[25] www.portalvivienda.madrid.org.

b) Proceso Arbitral

El proceso arbitral articulado, como ya hemos indicado anteriormente, está regulado en las Normas de Funcionamiento del Consejo Arbitral, aprobadas por el Consejo el 5 de febrero de 2009, Título III, artículos del 21 al 29. Las características fundamentales de este proceso son:

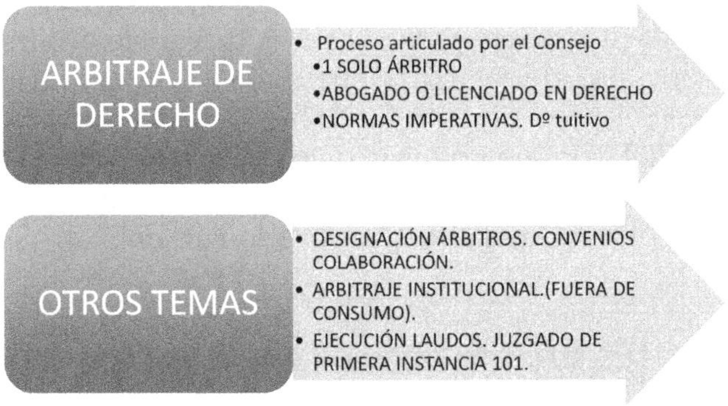

Pasamos a analizar los preceptos relativos al proceso arbitral, artículos del 21 al artículo 29 de las Normas de Funcionamiento del Consejo Arbitral.

Artículo 21. Disposiciones generales.

1. El arbitraje se decidirá en derecho por un sólo árbitro.

2. El lugar del arbitraje será en Madrid, en la sede del Consejo Arbitral o excepcionalmente en la sede que el Consejo Arbitral señalare.

3. En el proceso arbitral no será preceptiva la intervención de procurador ni del abogado.

4. Las notificaciones se realizarán según la vigente Ley 60/2003, de 23 de diciembre, de Arbitraje.

5. Todos los plazos establecidos por días en el presente Título se entenderán hábiles, considerándose como tales los que lo fueren a efectos judiciales.

6. En cuanto no esté previsto en los artículos de este Título, el árbitro decidirá el modo en que se llevará a cabo el proceso arbitral, respetando siempre los principios de igualdad entre las partes, audiencia y contradicción.

El arbitraje es en Derecho, al considerar que estamos ante normas de derecho imperativo y así preservar ese espíritu tuitivo que la propia Ley mantiene en los arrendamientos urbanos. En concreto nos referimos al derecho a enervar que tiene el arrendatario y que, vía arbitral, no puede privarse de un derecho irrenunciable. Como se verá más adelante, este derecho a enervar se recoge en las normas del proceso.

Igualmente, las partes podrán aceptar y cumplir más fácilmente un laudo fundado en derecho, pues ambas partes quieren el cumplimiento del contrato pactado entre ellos, estando estos contratos constreñidos a la Ley de Arrendamientos urbanos. Hay que destacar que en los arrendamientos de vivienda se deja muy poco a la libre voluntad de las partes. Con las últimas reformas de la LAU se pretende dar mayor relevancia a la voluntad de las partes, pero sabemos que ésta no es la que prima en las soluciones a cuestiones derivadas del contrato de arrendamiento de vivienda.

Por ejemplo, se puede pactar una duración libre de 1 año, pero sigue siendo a voluntad del arrendatario, la prorroga hasta tres años y ésta es irrenunciable, salvo cuando llegara el momento mismo de la prorroga que es cuando el arrendatario debe renunciar, con un mes de antelación, nunca con carácter previo en el contrato de arrendamiento. En las últimas reformas legislativas, solo los jueces marcarán el camino por el que deberá interpretarse la resolución anticipada por ambas partes. Tal y como se regula en la actualidad, el arrendamiento puede durar poco más de seis meses, desde su firma, por voluntad del arrendatario pues transcurridos los seis meses podrá resolver sin más que un preaviso de treinta días de antelación y en su caso una indemnización o por parte del propietario, alegando necesidad (transcurrido el primer año) [26]. Podemos entender que

[26] Hay que tener en cuenta las numerosas modificaciones que hay sobre el artículo 9 de la LAU, debiendo tener muy en cuenta la fecha del contrato para aplicar correctamente lo que proceda.

se está atacando la verdadera naturaleza del arrendamiento y su afán de mantenerse en el tiempo, toda vez que el "hogar familiar" no se modifica mensualmente, sino a lo largo de los años. Lo que puede situar en posición de incertidumbre al arrendatario, que queda a expensas de los caprichos de una parte u otra.

Aquí, el árbitro deberá aplicar la Ley, en cuanto a normas imperativas, esto es todo el capítulo II de la LAU.

El laudo se dicta en Madrid capital[27] determinando que la ejecución del mismo también deba ser en Madrid capital. Esto se consiguió por medio de la intervención del anterior Presidente del Consejo, D. Manuel Jiménez de Parga. Se logró así la especialización de un Juzgado de Primera Instancia para las ejecuciones de los laudos (de Apoyo y control), el Juzgado 101 de Primera Instancia de Madrid[28]. En un principio, los laudos entraban a reparto entre los cien juzgados de Madrid, obteniendo resoluciones tan dispares que era un verdadero galimatías llevar a cabo la ejecución de los mismos. Cada juzgado tenía su criterio y era imposible saber a qué atenerse en el caso de las ejecuciones. Había desde juzgados que consideraban, todavía y minoritariamente, que el arrendamiento era materia indisponible de las partes y que por tanto no cabía el arbitraje a los que consideraban que eran arbitrajes de equidad, aunque se indicara claramente que lo eran en derecho, y que no procedía su ejecución.

Como es bien sabido, actualmente, la Audiencia Provincial interviene en los recursos presentados en la ejecución de los laudos

---

27 Las partes no pactan el lugar de ejecución, sino que se establece en la ley especial (LA) y la ley procesal (LEC), por lo que en ningún caso podríamos aceptar que en el Arbitraje del Consejo estemos ante una cláusula abusiva por este motivo.

Que los laudos se dicten en Madrid y sea el Juzgado especial 101 de Primera Instancia el competente para ejecutar estos laudos no responde a una negociación o pacto de las partes, sino al imperio de la ley. Esta conclusión es acorde con la Sentencia del Tribunal de Justicia Europeo donde se declaró que "no son cláusulas abusivas cuando reflejan disposiciones legales o reglamentarias". (RWE Vertrieb AG (28)-EDJ 2013/26923).

28 Acuerdo de 25 de noviembre de 2010, del Pleno del Consejo General del Poder Judicial, por el que se atribuye al Juzgado de Primera Instancia número 101 de Madrid, de nueva creación, el conocimiento con carácter exclusivo de los asuntos de laudo y arbitraje (BOE nº 310, de 22 de diciembre de 2010).

en primera Instancia, siendo el Tribunal Superior de Justicia de Madrid el que resuelve en los casos de nulidad.

El proceso es sencillo y el árbitro, que es abogado en ejercicio o licenciado en Derecho, velará por el cumplimiento de todas las garantías que rigen el proceso, los principios de igualdad, audiencia y contradicción. El árbitro intentará llegar a la verdad y aclarar los hechos alegados por las partes, principalmente en la vista, en la que las partes pueden hablar libremente, aclarando todos los extremos objeto de debate.

En cuanto a las notificaciones hay una referencia expresa en el artículo 5 de la Ley de Arbitraje, en ningún caso es de aplicación lo regulado en la Ley de Enjuiciamiento Civil. La principal diferencia entre la aplicación de una ley u otra está principalmente en el caso de no recibir la notificación por causa imputable al demandado, esto es, que no se haya notificado cambio de domicilio dando por buena la Ley de Arrendamientos la notificación. Se establece que después de una indagación razonable del arbitro, si no encuentra nuevo domicilio o lugar para efectuar notificaciones, "se considerará recibida (la notificación) el día en el que haya sido entregada o intentada su entrega ..."

Las notificaciones son la base del arbitraje. No hay que olvidar que el laudo tiene efectos de cosa juzgada, de tal manera que la acción de nulidad solo puede versar sobre aquellos defectos del proceso, pero, en ningún caso puede entrar en el fondo del asunto. Puede declarar nulo un laudo por alguna de las causas tasadas en el artículo 41 de Arbitraje, pero nunca podrá entrar en el fondo del asunto. Siempre serán causas de procedimiento y no de fondo. Por tanto, podrá declarar nulo un laudo, o no, pero nunca podrá variar el contenido del mismo, por eso cualquier cuestión que no se fundamento dentro del incumplimiento de las normas que regulan el proceso arbitral, no debería prosperar, siendo el defecto en las notificaciones una causa clara de nulidad.

Los plazos en este proceso son muy cortos. Hay un plazo de siete días hábiles para contestar a la demanda y, en caso de que proceda, a enervar. Celebrada la vista, el árbitro tiene cuatro días para dictar laudo. Como es evidente es de suma importancia saber que el cómputo es sobre días hábiles, sabiendo que el mes de agosto, de momento, se declara inhábil, así como los sábados, domingos y fiestas locales (Ayuntamiento de Madrid y Comunidad) y nacionales.

El árbitro es el director del proceso y, solo él podrá decidir en todos aquellos casos que no estén previstos en las normas del proceso. El árbitro siempre velará por la igualdad entre las partes, no pudiendo en ningún caso dirigirse a una de las partes sin que la otra participe en esa comunicación.

En resumen, el proceso arbitral es ágil, económico y eficaz:

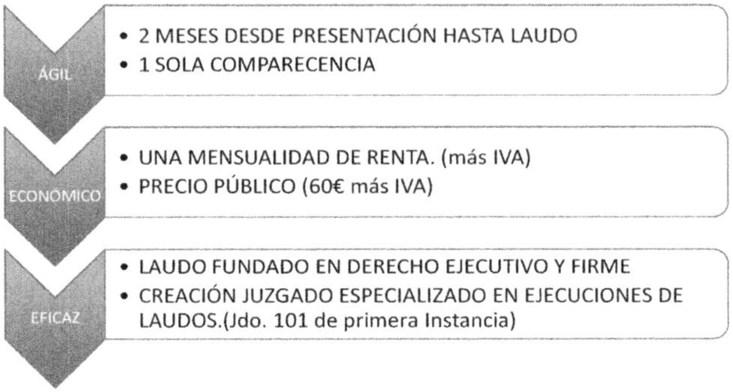

Artículo 22. Inicio del proceso

1. La parte que habiendo firmado el contrato tipo recogido en la Orden 1/2008, de 15 de enero, de la Consejería de Vivienda, por la que se establecen las medidas de fomento al alquiler de viviendas en la Comunidad de Madrid, que considere que se han vulnerado sus derechos reconocidos legal o contractualmente, podrá presentar por escrito la solicitud de arbitraje ante el Consejo Arbitral para el Alquiler en la Comunidad de Madrid.[29]

[29] Ha sido modificado por la Orden de 11 de diciembre de 2015 de la Consejería de Transportes, Vivienda e Infraestructuras, ampliando el ámbito de aplicación del arbitraje del Consejo a los arrendamientos de fincas urbanas, vengan o no del Plan Alquila.

2. Esta solicitud tendrá forma de demanda sucinta, en la que se consignarán los datos y circunstancias de identificación del actor y del demandado y el domicilio o los domicilios en que puedan ser citados, se expondrán todos los hechos y las alegaciones que el actor considere oportunas y se fijará con claridad y precisión lo que se pida.

3. En el supuesto de demandas de desahucio de finca urbana por falta de pago de las rentas o cantidades debidas por el arrendatario, el arrendador deberá indicar las circunstancias concurrentes que puedan permitir o no, en el caso concreto, la enervación del desahucio en los términos regulados en la Ley de Enjuiciamiento Civil.

4. A la demanda deberá acompañar todos los elementos probatorios en los que fundamente sus pretensiones. En particular, deberá adjuntar los que acrediten su representación y el contrato de arrendamiento de la vivienda litigiosa, así como el convenio de sumisión al arbitraje del Consejo Arbitral para el Alquiler en la Comunidad de Madrid, en el caso que tal convenio no estuviera contenido en una cláusula de dicho contrato. Igualmente deberá acompañar el justificante del abono de la provisión de fondos necesarios para hacer frente a los costes del proceso arbitral en la cuenta indicada para ello por la Secretaría del Consejo.

5. El demandante podrá formular su solicitud de arbitraje y demanda sucinta cumplimentando unos impresos orientativos que, a tal efecto, pondrá a su disposición el Consejo Arbitral.

6. Si la solicitud no reuniera los requisitos mínimos exigidos se le requerirá al solicitante su subsanación en un plazo que no podrá exceder de diez días.

7. Subsanados, en su caso, los defectos indicados en el apartado anterior, se admitirá inicialmente la solicitud-demanda, sin perjuicio de lo que a este respecto acuerde en definitiva el árbitro.

Por lo tanto, se deben cumplir tres requisitos:

a) Que la finca urbana este sita dentro de la Comunidad de Madrid.

b) Que se deposite la correspondiente fianza en el IVIMA, según lo dispuesto en el Decreto 181/1996 de 5 de diciembre, por el que se regula el régimen de depósitos de fianzas de arrendamientos de la Comunidad de Madrid.

c) Que en el contrato de arrendamiento o en el convenio arbitral se incluya una cláusula en la que las partes se someten, de muto acuerdo, al sistema arbitral de solución extrajudicial de conflictos articulado por el Consejo Arbitral para el Alquiler en la Comunidad de Madrid.

De tal manera que ya no es necesario el contrato tipo, sino que basta con la inclusión expresa y clara del sometimiento al arbitraje del Consejo, introduciendo la cláusula arbitral.

Como se puede observar, el proceso es muy similar a un proceso verbal, solo que los plazos estipulados en este proceso se cumplen y el proceso finaliza en un plazo aproximado de 35 a 40 días, desde que se presenta la solicitud/demanda en la Secretaría del consejo.

El coste del proceso, lo establece el Consejo Arbitral, siendo, desde el inicio, una mensualidad de la renta más el IVA[30], más un precio público[31].

Al no ser preceptiva la intervención de abogado ni procurador, si las partes hacen uso de sus servicios, solo la parte que lo utilice será quien abone esos gastos. La condena al coste del proceso solo comprende los honorarios abonados al inicio del proceso (se ingresa en el número de cuenta de la institución a la que pertenezca el árbitro, nunca directamente al árbitro, con el fin de preservar en todo momento su independencia).

Artículo 23. Nombramiento de árbitro

1. Por el Consejo Arbitral se procederá a la designación del árbitro titular y de un árbitro suplente de entre los que consten en las relaciones remitidas por las Instituciones Arbitrales adheridas al Consejo, remitiendo al árbitro correspondiente la solicitud-demanda y toda la documentación aportada.

2. También procederá el Consejo Arbitral a la designación de un secretario del proceso arbitral, que recaerá en uno de los empleados de dicho Consejo.

El orden acordado por el consejo para llevar a cabo la designación de árbitro es de rotación por institución arbitral y dentro de ellas por orden de lista aportada.

Se nombra a un árbitro titular y a un árbitro suplente, de tal manera que no aceptando el primero el arbitraje designado, por moti-

30 Acuerdo del Consejo Arbitral de 26 de junio de 2009.
31 Orden de aprobación del precio público Orden 1381/2012, de 10 de mayo.

vo justificado, queda designado el segundo árbitro pasando a ser el titular[32].

Se designa secretario del proceso arbitral en todos los procesos del Consejo, con el fin de apoyar al árbitro y a las partes en todo el proceso, preservando la independencia del árbitro en todas sus resoluciones.

El mencionado secretario del proceso, asiste a la vista y levanta la correspondiente acta que firman todas las partes, árbitro y demás participantes en la vista (peritos, testigos…). Del original del acta, se hace entrega al árbitro quedando bajo su custodia como el resto del expediente.

Artículo 24. Admisión y traslado de la demanda y citación para vista

1.-El árbitro, previo examen de su competencia, dictará resolución en la que ordenará, en su caso, la admisión de la demanda, el traslado al demandado de la misma y documentos acompañados y le conferirá el plazo de siete días desde la recepción de esta notificación para que pueda contestar por escrito a la demanda. En esta misma resolución también se citará a las partes para la celebración de vista, con indicación de día y hora.

2.- En la citación se advertirá a los litigantes que han de concurrir con los medios de prueba de que intenten valerse, con la prevención de que si no asistieren y se propusiere y admitiere su declaración, podrán considerarse admitidos los hechos del interrogatorio en que la parte hubiese intervenido personalmente y cuya fijación como ciertos le sea enteramente perjudicial.

3. Asimismo, se prevendrá a demandante y demandado de lo dispuesto en los artículos siguientes para el supuesto que el demandado no contestara a la demanda o para el caso de que alguna de las partes no compareciera a la vista.

4. La citación indicará también a ambas partes que, en el plazo de los siete días siguientes a la recepción de la citación, deben indicar las personas que por no poderlas presentar ellas mismas, proponen su citación por el árbitro a la vista para que declaren en calidad de partes, de peritos o de testigos. A tal fin, facilitarán todos los datos y circunstancias precisos para llevar a cabo la citación.

5. En los casos de demandas de desahucio de finca urbana por falta de pago de rentas o cantidades debidas, el árbitro indicará, en su caso, en la misma citación, la posibilidad de enervar el desahucio conforme a lo establecido en el apartado 4

[32] Acta de 19 de noviembre de 2009, acuerdo del consejo.

del artículo 22 de la Ley de Enjuiciamiento Civil, si bien el plazo del demandado para pagar al actor o poner a disposición del árbitro o notarialmente las consignaciones será hasta que finalice el plazo establecido para contestar a la demanda. También se apercibirá al demandado que, de no contestar a la demanda, se declarará el desahucio sin más trámites."

El mencionado principio (cuyas primeras formulaciones se remontan hasta el año 1876 por el autor Böhlau en *Kompetenz-Kompetenz*, seguido principalmente por Schmitt en 1928 por su obra *Verfassungslehre*)[33] atañe a problemas tan complejos como la distribución de competencias entre subsistemas estatales de solución de controversias, o la reafirmación legislativa de la jurisdicción arbitral sobre la del poder judicial.

Un fallo emitido por un Tribunal Superior en la República Federal de Alemania en el año 1955 contempla este principio de *Kompetenz-Kompetenz* y se determinó que debía atribuírseles a los árbitros la facultad tanto de determinar el alcance del acuerdo arbitral como de su competencia y autoridad hacia el mismo. La Comisión de las Naciones Unidas para el Derecho Mercantil Internacional (UNCITRAL) adoptó oficialmente el principio "Kompetenz-Kompetenz", estableciendo lo siguiente:

"El tribunal arbitral estará facultado para decidir acerca de las objeciones de que carece de competencia, incluso las objeciones respecto de la existencia o la validez de la cláusula compromisoria o del acuerdo de arbitraje separado".

"El tribunal arbitral estará facultado para decidir acerca de su propia competencia, incluso sobre las excepciones relativas a la existencia o a la validez del acuerdo de arbitraje. A ese efecto, una cláusula compromisoria que forme parte de un contrato se considerará como un acuerdo independiente de las demás estipulaciones del contrato. La decisión del tribunal arbitral de que el contrato es nulo no entrañará ipso jure la nulidad de la cláusula compromisoria."[34]

La primera resolución del árbitro, una vez examinada su competencia, contiene prácticamente todo el proceso. En la mencionada Resolución el árbitro resuelve:

---

[33] Publicado el julio 25, 2014 *"Todo sobre Arbitraje"* Just another WordPress.comweblog.

[34] El Principio Kompetenz-Kompetenz en el Arbitraje. DANIELA SIERRA BOLLMANN.

- Su aceptación de nombramiento
- La aceptación de la demanda
- El traslado de la demanda a la parte demanda para su conocimiento y posible contestación
- El señalamiento para la celebración de la vista.

Artículo 25. Contestación a la demanda y traslado de la misma

1. El demandado deberá contestar a la demanda cumpliendo con los mismos requisitos exigidos para la demanda en los apartados 2 y 4 del artículo 22 del presente Título.

2. Cuando en el proceso únicamente se pretenda el desahucio del arrendatario por impago de la renta o cantidad asimilada, sólo se permitirá al demandado alegar y probar el pago o las circunstancias relativas a la procedencia de la enervación.

3. El demandado podrá formular su contestación cumplimentando unos impresos orientativos que, a tal efecto, pondrá a su disposición el Consejo Arbitral.

4. Recibida la contestación a la demanda con los documentos aportados por el demandado, se dará traslado de todo ello al demandante, que deberá recibirlo con una antelación mínima de tres días de la fecha señalada para la vista.

5. Formulada la contestación a la demanda, el árbitro analizará la misma y la demanda, así como los respectivos documentos probatorios aportados por las partes y si considera que los hechos están suficientemente esclarecidos o que se trata de una cuestión de derecho, podrá acordar la finalización de las actuaciones y que queden las mismas vistas para dictar el laudo en los términos del artículo 28, dejando sin efecto la citación para la vista, salvo que en esa misma fecha pudiera procederse a la notificación del laudo.

6. En el supuesto de no formularse la contestación a la demanda dentro del plazo establecido, el árbitro declarará la rebeldía del demandado y, sin volver a citarlo, continuará el proceso su curso. Excepto en el supuesto de demandas de desahucio de finca urbana por falta de pago de rentas o cantidades debidas por el arrendatario, en que se dictará sin más trámites el laudo declarando el desahucio.

La formalidad para proceder a la contestación a la demanda, es mínima, precisamente por no ser preceptiva la intervención de abogado. Se acepta cualquier escrito de las partes y atendiendo al mismo, el árbitro podrá requerir la aclaración que considere oportuna.

El árbitro dará traslado de ésta contestación a la parte actora, al menos con tres días de antelación a la vista. En el caso que este plazo no se pudiera cumplir por cualquier causa, en la vista el árbitro preguntará a la parte afectada y podrá suspender o dar por subsanado esa falta de plazo. En ningún caso se generará indefensión a ninguna de las partes.

Artículo 26. Inasistencia de las partes a la vista

1. Si el demandante no asistiese a la vista, y el demandado no alegare interés legítimo en la continuación del proceso para que se dicte laudo sobre el fondo, se le tendrá en el acto por desistido a aquel de la demanda, se le impondrán los costes causados y se le condenará a indemnizar al demandado comparecido, si éste lo solicitare y acreditare los daños y perjuicios sufridos.

2. Al demandado que no comparezca a la vista se le declarará en rebeldía y, sin volver a citarlo, continuará el proceso su curso.

Es muy importante la comparecencia de la parte demandada, sobre todo por la posibilidad de llegar a un acuerdo, aunque sea parcial, como puedes ser la entrega de llaves, pues así se podrá atender a las posibles alternativas de solución, sin hacer necesario la ejecución del laudo. La posibilidad de llegar a un acuerdo, si éste es posible, se recogerá en el laudo (laudo pactado) en aquellos términos convenidos, dejando abierta la posibilidad de ejecución del laudo en caso de incumplimiento.

Artículo 27. Desarrollo de la vista

1. La vista comenzará, en su caso, por la contestación del demandante a las excepciones o a la reconvención que se pudieran haber formulado por el demandado.

2. Las partes seguidamente y por su orden propondrán las pruebas de que intenten valerse. Cuando el árbitro considere que las pruebas propuestas por las partes pudieran resultar insuficientes para el esclarecimiento de los hechos controvertidos lo pondrá de manifiesto a las partes indicando el hecho o hechos que, a su juicio, podrían verse afectados por la insuficiencia probatoria. Al efectuar esta manifestación, el árbitro, ciñéndose a los elementos probatorios cuya existencia resulte de las actuaciones, podrá señalar también la prueba o pruebas cuya práctica considere conveniente. En este caso las partes podrán completar o modificar sus proposiciones de prueba.

3. Una vez admitidas las que no sean impertinentes o inútiles, se practicarán seguidamente.

4. El árbitro podrá hacer, tanto a las partes como a los testigos y peritos, las preguntas que estime necesarias para el esclarecimiento de los hechos.

Una vez más, el arbitraje hace gala de la cercanía y resolución, a la hora de alcanzar un resultado lo más satisfactorio para las partes, en un tiempo reducido y siempre que sea posible. El árbitro velará por la claridad de los hechos, preguntará lo que estime oportuno a las partes o testigos hasta alcanzar la suficiente claridad para poder dictar un laudo, conforme a derecho y la realidad de los hechos.

Artículo 28. Finalización de la vista. El laudo

1. Practicadas las pruebas si se hubieren propuesto y admitido, o expuestas, en otro caso, las alegaciones de las partes, se dará por terminada la vista y el árbitro dictará laudo dentro de los cuatro días siguientes, convocándose en el acto de la vista a las partes para recibir la notificación.

2. El laudo arbitral es definitivo y firme, tanto en lo que se refiere a la decisión sobre el fondo de la cuestión como sobre los costes del proceso, comprometiéndose las partes a ejecutarlo sin demora.

3. Cualquiera de las partes puede solicitar la protocolización notarial del laudo, siendo a cargo del solicitante el coste de dicha protocolización.

Debemos añadir que el plazo para dictar el laudo correspondiente en este proceso arbitral es de cuatro días hábiles, desde la celebración de la vista.

En ocasiones, cuando acuden ambas partes a la vista, el árbitro, si así lo considera oportuno, por la simplicidad del asunto y el desarrollo de la vista, cita a las partes para la notificación del laudo, acto seguido de la vista (con un plazo suficiente para poder redactar el laudo correspondiente), llevándose a cabo la notificación a ambas partes, dando por terminado el proceso.

Artículo 29. Costes del proceso arbitral

El laudo se pronunciará sobre la condena en los costes del proceso arbitral, para lo cual regirá el principio del vencimiento. Si el laudo estimara parcialmente las pretensiones de una de las partes o de ambas, el árbitro se pronunciará sobre la imposición de los costes y la proporcionalidad en que deberán ser abonados por las partes.

Los costes del proceso arbitral son los estipulados por el acuerdo del Consejo Arbitral de fecha, donde se ha establecido el coste de una mensualidad, mas el IVA. Estos costes deben ser abonados al presentar la demanda en la cuenta de la institución arbitral o colegio profesional al que por orden le haya correspondido el arbitraje. No se tramitará ningún expediente sin tener el justificante del ingreso en cuenta. También se abonará un precio público de sesenta euros más IVA.

El árbitro, en el laudo, debe pronunciarse sobre la condena en los costes del proceso según el criterio de vencimiento, y en su caso, en la ejecución del laudo, se incluirá el coste como cantidad a reclamar.

IV. Conclusiones

El Arbitraje del Consejo es una solución rápida, ágil y eficaz. Por sí mismo el proceso arbitral es una vía de solución extrajudicial de conflictos que es un equivalente jurisdiccional y por ello se consigue un resultado idóneo, ajustado a Derecho y eficaz en el campo del arrendamiento. Tengamos en cuenta que se trata de una disciplina en la que la rapidez va unida al concepto de Justicia toda vez que los conflictos que surgen en los arrendamientos urbanos tienen una incidencia en la esfera personal que puede ser decisiva para la buena marcha de la economía familiar.

Sentado lo anterior, no podemos olvidar que la rapidez o eficacia nunca pueden justificar restricción alguna de los derechos de igualdad, audiencia y contradicción, que son los principios fundamentales en los que descansa el proceso arbitral.

LAS NOTIFICACIONES EN EL PROCEDIMIENTO ARBITRAL DE ARRENDAMIENTOS

SARA GARCÍA CARRASCOSA

Abogado
Responsable de la Cátedra Legálitas de Asuntos Jurídicos del IDP de la Universidad Rey Juan Carlos

I. INTRODUCCIÓN

Uno de los motivos por los que puede instarse una acción de nulidad de Laudo Arbitral es que la parte no haya sido debidamente notificada sobre la designación de un árbitro o de las actuaciones arbitrales, o que no haya podido, por cualquier otra razón, hacer valer sus derechos. Así viene recogido en el artículo 41 b) de la Ley 60/2003, de 23 de diciembre, de Arbitraje.

Debemos tener presente que la notificación de la designación del árbitro permite formular alegaciones sobre su posible parcialidad y ejercer recusación, por lo que la falta de esta notificación le privaría de este derecho. Por otro lado, la falta de notificaciones de cualquier otro acto del proceso, incluido el laudo, causa indefensión y resulta contrario a los principios de igualdad, audiencia y contradicción, si bien es requisito que la infracción haya generado una indefensión real de carácter material y no meramente formal[1].

---

[1] Grijelmo Mintegui, G., "La acción de anulación del laudo arbitral: análisis de los motivos". *Revista Jurídica Arbitraje, Mediación y otros sistemas de resolución extrajudicial de Conflictos,* abril, 2014, pg. 3. B. Barrilero y Asociados.

La responsabilidad de que las notificaciones se realicen correctamente recae directamente en el árbitro, por lo que es importante que éste conozca cuáles son los requisitos para que éstas sean consideradas válidas.

En principio parece algo sencillo: en la demanda se indica un domicilio del demandado, que generalmente suele coincidir con el de la vivienda arrendada, si bien en caso de que éste la haya abandonado, la actora nos deberá indicar otra dirección a estos efectos.

Sin embargo en ocasiones los arrendatarios han dejado la vivienda y no tenemos otro domicilio. O el arrendatario no recoge las notificaciones. Vemos a continuación cuál debe ser el procedimiento a seguir por el árbitro en las circunstancias señaladas.

II. Notificaciones en el proceso arbitral *versus* notificaciones en la vía judicial

El procedimiento, en principio, es el recogido en la Ley de Enjuiciamiento Civil para este tipo de demandas cuando se interponen en vía judicial, ya que en su artículo 155 en su apartado 2 indica que cuando en la demanda se ejercite una acción de aquellas a las que se refiere el número 1.º del apartado 1 del artículo 250 (entre otras las de reclamación de cantidades por impago de rentas y las de recuperación de la posesión de finca urbana dada en arrendamiento), se entenderá que *"si las partes no han acordado señalar en el contrato de arrendamiento un domicilio en el que se llevarán a cabo los actos de comunicación, éste será, a todos los efectos, el de la vivienda o local arrendado"*.

Lógicamente, al tratarse de un procedimiento judicial le es aplicable para las comunicaciones a las partes no representadas por procurador lo dispuesto en el artículo 156 de la Ley de Enjuiciamiento Civil sobre las Averiguaciones del Tribunal que permite al demandante solicitar al Secretario Judicial que le ayude a averiguar el domicilio del demandado en los casos en los que alegue que no le resulta posible conocerlo, y éste puede dirigirse a Registros, organismos, Colegios profesionales, entidades y determinadas empresas, y que, en última instancia acaba en una comunicación mediante edictos si todo lo anterior resultara infructuoso.

Sin embargo, la situación es muy distinta para las comunicaciones al demandado en el caso de arbitraje. El artículo 5 de la Ley 60/2003, de 23 de diciembre, de Arbitraje, en relación a las notificaciones indica:

> *a) "Toda notificación o comunicación se considerará recibida el día en que haya sido entregada personalmente al destinatario o en que haya sido entregada en su domicilio, residencia habitual, establecimiento o dirección. Asimismo, será válida la notificación o comunicación realizada por télex, fax u otro medio de telecomunicación electrónico, telemático o de otra clase semejante que permitan el envío y la recepción de escritos y documentos dejando constancia de su remisión y recepción y que hayan sido designados por el interesado. En el supuesto de que no se descubra, tras una indagación razonable, ninguno de esos lugares, se considerará recibida el día en que haya sido entregada o intentada su entrega, por correo certificado o cualquier otro medio que deje constancia, en el último domicilio, residencia habitual, dirección o establecimiento conocidos del destinatario".*

Debemos tener presente que el árbitro no tiene las facultades que la Ley de Enjuiciamiento Civil confiere a los Secretarios Judiciales y éste no puede dirigirse a los Registros ni otras entidades para realizar averiguaciones de domicilio. Sus medios son los de cualquier particular, y por tanto, solo la información relativa al domicilio que sea de dominio público está a su alcance.

En consecuencia, si intentada la comunicación en el domicilio arrendado ésta no fuera posible porque éste hubiera abandonado la misma, recae sobre el árbitro la obligación de realizar "una indagación razonable" para tratar de averiguar otra en la que notificarle antes de darla por recibida mediante el simple intento de entrega.

III. La obligación de "realizar indagación razonable"

Si bien el demandante debe indicar un domicilio en la demanda y además notificaremos, en caso de que no coincidan, en la vivienda objeto de arrendamiento, *a priori* puede parecer extraña esta obligación impuesta al árbitro de realizar ulteriores indagaciones.

No obstante, siendo el árbitro el responsable de realizar las notificaciones, puede ocurrir que encuentre dificultades en la realización de las mismas en los domicilios mencionados, si el demandado ya no vive allí y desconoce el domicilio actual.

Antes de dar por notificado un acto, de acuerdo a lo previsto en el artículo 5 de la ley 60/2003, de 23 de diciembre, de Arbitraje, el árbitro deberá haber realizado una "indagación razonable" para tratar de localizar al demandado. Estamos ante un tipo de notificación asimilable a los edictos, y por tanto, debe ser algo excepcional que se tenga por notificada a una persona que en realidad no ha recibido la notificación.

Dado que el árbitro no dispone de los medios o la capacidad de dirigirse en averiguación de domicilio a Registros y entidades públicas que competen al Secretario Judicial, deberá cavilar cómo realizar esta indagación.

La primera fuente de información debe estar en la documentación acompañante a la demanda, en la que podemos encontrar alguna vía de contacto que el demandado haya facilitado en el momento de la contratación o en otro posterior.

Algunas vías pueden ser las siguientes:

- **Domicilio laboral**. No es posible para el árbitro oficiar a la Seguridad Social, pero tal vez en la documentación adjunta a la demanda o en el propio Organismo a través del que se celebra el arbitraje tengamos algún dato al respecto. Es posible que a la hora de la celebración del contrato se haya contratado un seguro de impago, en cuyo caso es muy probable que se solicitara en su día una nómina al arrendatario y allí podemos ver la empresa para la que estaba trabajando. Nada nos asegura que a día de hoy siga trabajando allí, pero es una posibilidad.
- **Móvil o correo electrónico.** En el propio contrato es cada vez más frecuente designar un móvil o un email para notificaciones. Es también habitual que las partes hayan intercambiado emails, SMS o whatsapp, generalmente de reclamación por parte del demandante, y una copia de los mismos haya sido

aportada a la demanda por la actora. Si en nuestra revisión encontramos esa información podemos utilizar ese móvil y dirección de correo para enviar notificaciones en la forma que indicaremos más adelante que acredite fehacientemente el envío y de su contenido.

- Cualquier otro domicilio del demandado que conste en la documentación aportada en la demanda, especialmente si existe comunicación por su parte de nuevo domicilio una vez abandonada la vivienda arrendada.
- Registros públicos. El árbitro podrá recurrir a los registros públicos en solicitud de información sobre el domicilio actual del demandado, si bien en la mayoría de los registros las consultas solo puede realizarlas el interesado respecto de sus propios datos.

A pesar de la difícil situación del árbitro en cuanto a sus competencias en este tema si le comparamos con las que tienen los Tribunales de Justicia, lo que deberá lógicamente tenerse en cuenta a la hora de valorar si la indagación realizada ha sido suficiente, la obligación subsiste. El 28 de septiembre de 2006 en los acuerdos de unificación de criterios del orden civil de la Audiencia Provincial de Madrid expresamente se indica "C) *La indagación razonable sobre el domicilio debe ser evaluada en atención a las circunstancias de cada supuesto, pero en todo caso deberá contemplar la indagación en los registros públicos de los que se pueda extraer algún dato que permita localizar el domicilio o residencia del interesado*".

IV. Indagación razonable y designación de domicilio para notificaciones

La indagación razonable debe realizarse incluso aunque se haya realizado en contrato un pacto respecto de las notificaciones.

De acuerdo a la Sentencia del TSJ de Madrid 39/2013 de 5 de junio sobre impugnación de Laudo Arbitral se dispone que *"si bien las partes pactaron un régimen especial de notificaciones, el mismo no impide que sean aplicados los criterios legales para llevar a cabo las mismas del artículo 5 de la LA, para supuestos que no se descubra el domicilio o dirección de las partes, en concreto realizar indagaciones, que no se llevaron a cabo en este caso, ni siquiera se tuvo en cuenta el domicilio de los demandados aportado por la demandante en el arbitraje, sin que el Sr. Lorenzo, haya tenido conocimiento alguno del procedimiento ni del laudo hasta su ejecución judicial, lo que sin duda le ha causado indefensión, pues tal y como se desprende del propio laudo, no se intentaron más notificaciones que las realizadas en el domicilio fijado en el contrato de arrendamiento, en el cual era obvio que no se encontraba el demandado que había notificado su intención de desligarse del contrato mediante burofax (F.52 de la demanda) en el que constaba su nuevo domicilio, pero además es que resultó fallida, pues no fue entregada a su destinatario, por lo que entendemos que tal notificación no reúne las mínimas condiciones para que pueda entenderse realizada válidamente".*

De esta sentencia se desprende que aunque se pactó un domicilio a efectos de notificaciones entre las partes, con posterioridad el demandado envió un burofax al demandante comunicando un nuevo domicilio y este documento constaba entre la documentación aportada en la demanda. El árbitro podía así tener conocimiento de un domicilio alternativo en el que localizarle, habida cuenta de que no fue posible hacerlo en la vivienda arrendada, que era el domicilio inicialmente pactado. La no realización por parte del árbitro de esta indagación mediante el estudio de la documentación obrante en su poder llevó a invalidar la notificación realizada.

Como comentamos anteriormente, este tipo de notificación asimilable a los edictos judiciales debe ser algo excepcional y sólo si no hay otra forma de realizarla.

V. Entrega personal de la comunicación

El artículo 5 de la Ley de Arbitraje, en relación a las notificaciones indica en su apartado a) que toda notificación o comunicación se considerará recibida *el día en que haya sido entregada personalmente al destinatario* **o** *en que haya sido entregada en su domicilio, residencia habitual, establecimiento o dirección (...).*

Ya en 2006, uno de los acuerdos para la unificación de criterios de la Audiencia Provincial de Madrid de 28 de septiembre de 2006 consistió en aprobar por unanimidad que «Cabe la notificación del laudo en el domicilio, residencia habitual, establecimiento o dirección del interesado sin necesidad de que sea recogida por el propio interesado», lo que nos lleva a que tan válida es la entrega personal como la recepción por persona distinta del interesado en los lugares citados por el artículo. Estas notificaciones se dirigen al interesado, con la lógica intención de que sea él quien la recoja, si bien, en ocasiones esto no es posible y la recibe otra distinta, sin que esto invalide la notificación, que sigue siendo válida [2]

VI. Comunicaciones a través de medios electrónicos

Pocas dudas caben actualmente sobre la validez de las comunicaciones realizadas a través de medios electrónicos. Su economía y sencillez hacen que este tipo de comunicaciones estén cada vez más extendidas no solo entre particulares sino por parte de la Administración Pública.

El propio artículo 5 de la Ley 60/2003, de 23 de diciembre, de Arbitraje indica que será válida la "*notificación o comunicación realizada por télex, fax u otro medio de telecomunicación electrónico, telemático o de otra clase semejante que permitan el envío y la recepción de escritos y documentos dejando constancia de su remisión y recepción y que hayan sido designados por el interesado*".

[2] GASCÓN INCHAUSTI F, "La notificación del laudo arbitral como requisito para su ejecución forzosa.", 2008, *Revista de arbitraje comercial y de inversiones*. Ed. elprolex. donde se pronuncia en el mismo sentido y recoge el acuerdo de la Audiencia y las sentencias como entre otras las del AAPM (Sección 11) de 16 de septiembre de 2005 (AC 2005\1247); el AAPM (Sección 11) de 27 de octubre de 2005 (AC 2005\2137); el AAPM (Sección 13) de 30 de diciembre de 2005 (AC 2005\2060); el AAPM (Sección 19) de 17 de febrero de 2006 (JUR 2006\149935); el AAPM (Sección 21) de 3 de abril de 2006 (JUR 2006\152808); el AAPM (Sección 25) de 21 de diciembre de 2006 (JUR 2007\89307); el AAPM (Sección 20) de 9 de abril de 2007 (JUR 2007\212748); y el AAPM (Sección 20) de 7 de mayo de 2007 (JUR 2007\210708), así como la referencia a que en este sentido se pronuncia también BARONA VILAR, S. "Comentario al art. 37", en Comentarios a la Ley de Arbitraje (coord. BARONA VILAR), cit., pág. 1257 así como BARONA VILAR, S. "Comentario al art. 37", en Comentarios a la Ley de Arbitraje (coord. BARONA VILAR), cit., 2011, pág. 1257.

Por otro lado, el art. 162 de la Ley de Enjuiciamiento Civil prevé que los actos de comunicación entre las partes *"puedan ser efectuados por medios electrónicos que garanticen la autenticidad de la comunicación y de su contenido"*

La cuestión por tanto se centra en la forma de realizar este tipo de comunicaciones para que podamos dejar constancia de una manera que sea válida según lo dispuesto en la normativa.

Debemos tener presente que un email puede ser impugnado poniendo en duda la veracidad de su contenido o una posible manipulación. Una forma de evitarlo es recurrir a los emails certificados que ofrecen diversas empresas. A través de ellas pasa la comunicación, tanto el envío como la recepción, por lo que puede certificar todos los extremos de la misma y su tecnología permite además que certifiquen si ha sido recibido en el dispositivo, y si ha accedido o no al documento y en qué fechas.

Se suele hablar de ellas como terceros de confianza si bien debemos tener presente que este término, de acuerdo con la Ley 32/2002, de 11 de julio, de Servicios de la Sociedad de la Información y de Comercio Electrónico, conocida como LSSI, se aplica a las transacciones electrónicas y no a las notificaciones, a pesar de que sea un término muy usado en la publicidad de este tipo de empresas.

Como podemos ver en el artículo 25 de ese texto legal, en él se indica que las partes podrán pactar que un tercero archive (en soporte informático) *las declaraciones de voluntad que integran los contratos electrónicos* y que consigne la fecha y la hora en que dichas comunicaciones han tenido lugar. Por tanto, en el caso de las notificaciones, no podríamos hablar de terceros de confianza, ya que no acuden a esta empresa las dos partes, sino tan solo el que notifica.

VII. Actuación y cobertura legal de empresas especializadas en la notificación electrónica

Nos encontramos con dos supuestos:

- Que la empresa sea Prestador de Servicios de certificación cuya definición viene recogida en la Ley 59/2003, de 19 de diciembre, en su artículo 2.2 que establece que "*Se denomina prestador de servicios de certificación la persona física o jurídica que expide certificados electrónicos o presta otros servicios en relación con la firma electrónica*". Para realizar este tipo de prestación se requiere que el interesado notifique al Ministerio de Industria, Energía y Turismo su intención de iniciar la prestación (formulario de **notificación**) junto con un informe de evaluación de la conformidad expedido por un organismo de evaluación de la conformidad acreditado, o de realizar alguna modificación en la prestación de servicios de confianza cualificados. Todo ello en cumplimiento de los artículos 21 y 24.2 del Reglamento (UE) Nº 910/2014 del Parlamento Europeo y del Consejo de 23 de julio de 2014 relativo a la identificación electrónica y los servicios de confianza para las transacciones electrónicas en el mercado interior.

- Que la empresa actúe como mero intermediario privado en el envío. La fuerza probatoria en este caso es la de un documento privado del artículo 326 de la Ley de Enjuiciamiento Civil, con la particularidad de que si es impugnado poniéndose en duda su autenticidad existirá una presunción de veracidad similar a la que puede tener cualquier documento validado por tercero ajeno al proceso. En cuanto al certificado del contenido, en muchas ocasiones estas empresas se apoyan en un notario para dar fe del mismo.

No obstante, si la recepción se realiza sin firma electrónica reconocida del destinatario (conocido como burofax electrónico), no puede demostrarse que sea el destinatario quien lo ha recibido. Se podrá demostrar que se ha entregado al buzón o bandeja de entrada, pero no quién es la persona que lo ha recibido o leído. También se podrá acreditar si consta como leído en dispositivo, pero no qué persona en concreto ha realizado la acción.

En consecuencia, salvo que específicamente se haya designado un móvil o una dirección de correo electrónico a efectos de notificación entre las partes, la obligación de que este tipo de comunicación se haga de forma fehaciente podría presentar algunos problemas en caso de impugnación.

VIII. Referencia a la notificación del laudo

La Ley de arbitraje en su artículo 37 se refiere expresamente a la notificación del Laudo, indicando en su punto 7 que "*los árbitros notificarán el laudo a las partes en la forma y en el plazo que éstas hayan acordado o, en su defecto, mediante entrega a cada una de ellas de un ejemplar firmado de conformidad con lo dispuesto en el apartado 3* (por escrito y firmado), *dentro del mismo plazo establecido en el apartado 2.*

Al ser una referencia expresa al laudo debe prevalecer por especialidad sobre el artículo 5 de la misma norma[3]. Así lo señalan el AAPM (Sección 25) de 21 de diciembre de 2006 (JUR 2007\89291); el AAPM (Sección 25) de 24 de mayo de 2007 (JUR 2007\199778); o el AAPM (Sección 25) de 21 de septiembre de 2007 (JUR 2007\329756).[4]

Aunque no es posible una entrega similar a la contemplada en el artículo 161 de la Lec, realizada de forma personal por funcionarios públicos, la jurisprudencia exige que para considerar notificado el laudo, quede al menos constancia del contenido del mismo. Por tanto, no es posible la notificación mediante correo certificado con acuse de recibo, en el que consta la recepción de una notificación, pero no el contenido de la misma.

A modo de ejemplo, el Auto dela Audiencia Provincial de Madrid, Sección 25 Nº de Recurso 474/2012 Nº de Resolución: 16/2013, dice textualmente en su Fundamento Segundo:

> *Pese a todo, la solución ha de ser desestimatoria del recurso por no constar notificado el Laudo arbitral. Sobre la cuestión esta Sección 25ª de la Audiencia Provincial de Madrid ya se ha pronunciado en otros casos similares (Recursos de*

---

[3] GASCÓN INCHAUSTI Fernando, "La notificación del laudo arbitral como requisito para su ejecución forzosa.", 2008, pág. 8, *Revista de arbitraje comercial y de inversiones.* Ed. Iprolex. El autor indica que está fuera de duda esta prevalencia mencionando la jurisprudencia referida.

[4] En este sentido, cfr. también BARONA VILAR, "Comentario al art. 37", en Comentarios a la Ley de Arbitraje (coord. BARONA VILAR), cit., pág. 1257. Ed. Civitas, 2011.

En relación a la **validez jurídica de las notificaciones electórnicas** (emails y sms), existe **legislación y jurisprudencia que avala su uso**, siempre y cuando reúnan una serie de requisitos, establecidos en las propias leyes y en diversas sentencias judiciales.

apelación nº 600/04, 581/04 , y otros muchos posteriores) donde concluíamos que de conformidad con lo dispuesto en el artículo 37.7 LA -- Los árbitros notificarán el laudo a las partes en la forma y en el plazo que éstas hayan acordado o, en su defecto, mediante entrega a cada una de ellas de un ejemplar firmado de conformidad con lo dispuesto en el apartado 3, dentro del mismo plazo establecido en el apartado 2 --- era necesaria la entrega material de un ejemplar firmado del Laudo a quienes a él se sometan si las partes no pactaron otra cosa en el convenio arbitral y el demandado condenado no hubiese comparecido, pues la naturaleza del Laudo, en cuanto dirime la controversia entre las partes, precisa de las mismas garantías que la sentencia para que su notificación pueda producir los efectos asimilados a ese tipo de resoluciones judiciales. Por ello, no puede trasladarse sin más lo establecido en el artículo 5 L.A. respecto a las disposiciones generales sobre notificación y comunicación porque el artículo 37.7 contiene regulación específica para la notificación del Laudo en la que se muestra la intención del Legislador de dotar al acto de mayores garantías frente al sistema general, garantías no cumplidas cuando se dice haber notificado el Laudo Arbitral mediante correo certificado con acuse de recibo, pero no consta sellado el contenido por el servicio de comunicaciones, única manera de saber si realmente lo que se envió por ese medio al demandado fue realmente la resolución arbitral completa.

Ya la Audiencia Provincial de Madrid el 28 de septiembre de 2006 en los acuerdos de unificación de criterios del orden civil expresamente se pronunció en este sentido al decir que *"La notificación del laudo ha de realizarse por medio que acredite la recepción en el domicilio del destinatario precisamente del laudo cuya ejecución se pretende, sea por la intervención de notario que acredite el contenido del envío, sea por utilizar buro-fax con acuse de recibo u otro medio que deje constancia del contenido de la comunicación y de su recepción."*

Queda por tanto claro que el correo certificado con acuse de recibo no es suficiente para la notificación del laudo, ya que no deja constancia del contenido de la resolución notificada.

IX. Supuesto de no recepción de las notificaciones por el demandado

Una vez intentada la notificación en la vivienda arrendada, en el domicilio designado para notificaciones o en el SMS o email del que disponemos del arrendatario nos podemos encontrar con que a pesar de todos nuestros esfuerzos éste no recoge las notificaciones.

No es infrecuente que el demandado, conocedor de la situación de impago de la renta y de que el propietario quiere recuperar por este motivo el uso de su propiedad y reclamarle las cantidades adeudadas, haga todo lo posible por evitar, o al menos retrasar en lo posible, el proceso evitando recoger las notificaciones que le lleguen.

Teniendo en cuenta que en el proceso arbitral no cabe la publicación por edictos ni vías similares para acabar dando por notificado a quien no puede ser localizado o no recoge las notificaciones debemos acudir al artículo 5 de la ley 60/2003, de 23 de diciembre, de Arbitraje que dice que de acuerdo con el cual *"...se considerará recibida el día en que haya sido entregada o intentada su entrega, por correo certificado o cualquier otro medio que deje constancia, en el último domicilio, residencia habitual, dirección o establecimiento conocidos del destinatario."*

Otras sentencias que avalan que el intento de entrega de la notificación al demandado debe tener efectos cuando el hecho de no haberlo recogido es achacable al propio demandado, sea por negligencia, sea por mala fe, son las siguientes:

ST de la Audiencia Provincial Las Palmas núm. 387/2004 (Sección 3ª), de 25 junio, se señala que la *«notificación fehaciente» del contenido de una declaración de voluntad no exige el conocimiento real de la misma por el notificado, sino simplemente la puesta a su disposición de tal conocimiento, con independencia de que por razones voluntarias del notificado no llegue a dar lectura o instruirse del acto notificado, tal cual sucede en notificaciones por burofax que estando dirigidas al domicilio correcto el notificado no recoge, a pesar de que se le deja aviso oficial por el Servicio de Correos.*

Igualmente, en este sentido la STS 9/12/1997 (RJ 1997, 8782) *«Fehaciente equivale a lo que es evidente y cierto y, tratándose de notificaciones de actos y acuerdos, supone puesta en conocimiento de algo que interesa. Hay que entender, conforme al principio de la recepción, que resultan fehacientes sólo cuando materialmente llegan de forma demostrada a su destino y aunque no sea en forma directa al interesado, pero éste pueda siempre tomar conocimiento de modo normal o esté en situación de lograr su alcance, sin la concurrencia de impedimentos acreditados que lo obstaculicen, con lo que se excluye que la notificación haya de ser necesariamente notarial o por medio de funcionario público, bastando que se lleve a cabo y sea efectiva en cuanto pueda llegar su contenido a ser sabido debidamente por el destinatario».*

Asimismo la sentencia de la Audiencia Provincial de Madrid de 17/07/2008, de la Sección novena Nº recurso 536/2007 "*.. coincide la Sala con el criterio de instancia en el sentido de considerar interrumpida la prescripción en virtud de la carta remitida por el demandante a su oponente mediante correo certificado con acuse de recibo el 2 de enero de 2004, al constar en lo actuado que el segundo quedó avisado del envío, no recogiéndolo por propia voluntad -no se demuestra otro motivo-, pese a tenerlo a su disposición hasta el 19 del siguiente mes de febrero en que caducó el aviso.*

En esta misma línea la Sentencia de la Audiencia Provincial de Madrid de veintinueve de marzo de dos mil diez, cuando declara lo siguiente:

> *"La utilización del burofax para esa comunicación es totalmente correcta porque permite asegurar la fehaciencia de la notificación. Pero las obligaciones y cargas no recaen sólo sobre el arrendador; el arrendatario debe colaborar en esa recepción en casos como el presente, en que se encuentra ausente y le es dejado aviso de la comunicación. Si no acude a recogerla, se entenderá efectuada la comunicación.*
>
> *Como ejemplo de las numerosas resoluciones que hemos dictado en ese sentido, citamos lo que decíamos en la sentencia dictada en el Rollo 636/05 : "Ambas partes han de adecuar su conducta a las exigencias de la buena fe, según dispone el artículo 1258 CC y el 9 TRLAU. Pues bien, probado que se cursó el burofax por la prueba documental (hecho no discutido) y que fue dejado aviso al destinatario a fin de que pasara a recogerlo por el servicio de Correos (acreditado igualmente por la prueba documental), la cuestión se reduce a comprobar si el demandado recibió ese aviso y, en caso afirmativo a concretar los efectos de la no retirada. Debemos partir de una presunción de normalidad de funcionamiento del servicio de Correos, y cuando se aporta la comunicación de este servicio de que el destinatario de la comunicación estaba ausente y se le ha dejado aviso, hemos de partir de que así es. Es entonces el demandado el que incumple con su deber de contratante diligente, al no acudir a recoger la comunicación.*
>
> *No hay duda alguna acerca de la corrección del teléfono a que fue enviado el burofax electrónico ya que fue designado por él para notificaciones en el documento de resolución de contrato.*

Este criterio es el que se sigue en la mayoría de Audiencias, habiéndose adoptado en otras ocasiones por este mismo tribunal. Podemos citar la de Navarra de 31.5.01, Málaga de 3.12.04, Vizcaya de 15.6.00 en materia de arrendamientos, y con carácter más general, en materia de juicios ejecutivos o de propiedad horizontal, siguen la misma orientación en cuanto a la eficacia de los requerimientos que en esos ámbitos se exigen, la de Santa Cruz de Tenerife de 2.12.04, Barcelona (Sección 13) de 6.9.04, Barcelona (Sección 16) de 4.2.00 y 2.1.01, Madrid de 10.2.01, Sevilla de 5.4.00, etc. En todas ellas se viene a insistir en el argumento ya apuntado de que sólo al demandado es imputable la falta de conocimiento de la comunicación cuando hace caso omiso del aviso que le deja el servicio de Correos, no siendo exigible al actor mayor diligencia en la materia."

Conclusiones

En conclusión y según lo expuesto, el cumplimiento de las exigencias legales en las notificaciones es un aspecto fundamental para el buen desarrollo del procedimiento arbitral. Un defecto en las notificaciones puede conllevar la nulidad del Laudo arbitral, aunque el resto del procedimiento haya cumplido con todas las formalidades legales, ya que puede privar a la parte de la posibilidad de hacer valer sus derechos.

Si bien el artículo 5 de la Ley 60/2003, de 23 de diciembre, de Arbitraje, a fin de agilizar los plazos del arbitraje establece la posibilidad de considerar recibida la notificación incluso el día que haya sido intentada su entrega, y no cabe la posibilidad de edictos, es importante tomar una serie de medidas para que el intento de notificación se considere suficiente. La propia Ley indica los requisitos de forma y lugar donde debe hacerse la entrega o al menos su intento, especialmente en cuanto se refiere a la notificación del Laudo.

Desde otra perspectiva, y si nos situamos en la posición del árbitro, éste puede encontrarse con dificultades a la hora de notificar, y de manera especial al cumplir con el necesario requisito de "indagación razonable" que debe realizarse, como hemos señalado, incluso aunque exista en contrato un pacto respecto de las notificaciones.

Sin embargo, podemos concluir con que la Ley intenta que la labor del árbitro no resulte imposible de llevarse a cabo. Es por eso que el árbitro no está a merced de inquilinos que por negligencia o mala fe de forma sistemática eviten recoger las notificaciones dilatando el procedimiento y dificultando su avance. La jurisprudencia ampara al propietario en estos casos cuando intentada la notificación solo al inquilino es achacable el hecho de no haberlo recogido.

De esta forma, la Ley trata de lograr un equilibrio en el que, de una parte, se protejan los derechos exigidos en un procedimiento arbitral en orden a respetar los principios que derivan del derecho a la tutela judicial efectiva y, de otra, se eviten dilaciones indebidas que son contrarias, en esencia, a la concepción misma del arbitraje.

EL PROCEDIMIENTO DE MEDIACIÓN EN EL ÁMBITO INMOBILIARIO

ANA CRIADO

Mediadora y Abogada. Presidenta de la Asociación de Mediadores de Madrid

I. LAS PARTES EN EL PROCEDIMIENTO DE MEDIACIÓN

Antes de iniciar una mediación, es importante que tanto los interesados como el mediador/a, identifiquen si el caso concreto que les ocupa es susceptible de ser mediado. Aunque en el ámbito de la mediación inmobiliaria, los motivos por los cuales se puede acudir a mediación son muy amplios y cubre casi todos los conflictos que se originan en este campo, la mediación no es para todos ni para todo tipo de conflicto, hay que analizar previamente cada caso para determinar si realmente estamos ante es el sistema de resolución de conflictos adecuado.

En el ámbito inmobiliario los conflictos más habituales que se pueden resolver a través de la mediación son:

- Conflictos entre agencias inmobiliarias y particulares (problemas en la venta y/ o alquiler).
- Daciones en pago, alquileres, compraventas, donaciones y permutas, asuntos urbanísticos o pobreza energética.
- Conflictos en la junta de propietarios.
- Vecinos morosos.
- Ruidos, fiestas y conductas molestas.
- Obras en la comunidad:

- o problemas de linderos,
- o conflictos con promotores -ejecución de avales en compraventa de inmuebles,
- o reclamación por vicios y defectos de construcción,
- o disolución de un condominio (dos propietarios de un inmueble),
- o desahucios, problemas con inquilinos,
- o reclamaciones contra entidad bancarias,
- o conflictos con las plazas de garaje,
- o conflictos con el uso de las zonas comunes de las urbanizaciones.

Ante el abanico de posibles ADR (Sistemas Alternativos de Resolución de Conflictos), existen ciertos indicadores para optar por la mediación como herramienta para solventar los problemas que se plantean en el mundo inmobiliario. Es conveniente recurrir a la mediación como primera opción cuando:

1. Las partes acordaron una cláusula de mediación en su contrato para resolver sus conflictos.

   En el ámbito que nos ocupa, los abogados y los administradores de fincas, son cada vez más conscientes de incluir en los contratos, o por ejemplo, en los estatutos de las comunidades de vecinos, una cláusula que derive en primera instancia a mediación en el caso de surja algún conflicto. El objetivo de la Ley 5/2012, de 6 de julio, de mediación en asuntos civiles y mercantiles, es que en los contratos de alquiler, arras, compraventa etc. existan cláusulas que derivan las partes a mediación, de esta manera, si en el futuro, surge entre las partes un conflicto, éstas deberán iniciar un proceso de mediación antes de acudir a los juzgados[1].

---

[1] Ejemplos de **cláusulas de mediación**

a) Toda controversia derivada de este contrato o convenio o que guarde relación con él -incluida cualquier cuestión relativa a su existencia, validez, terminación, interpretación o ejecución- se someterá para su resolución a mediación, administrado por la Institución de Mediación X-. La designación de mediador/aes y la administración de la mediación se regirán por las normas la Institución de Mediación X, vigentes a la fecha de presentación de la solicitud de mediación.

2. Las partes necesitan rapidez para resolver el conflicto: existe una necesidad de llegar a un arreglo de manera urgente, de lo contrario ambas partes saldrán muy perjudicadas.
3. Las partes necesitan tratar el asunto de manera confidencial.
4. Las partes tienen serias dudas sobre la sentencia que pueda resultar si llevan el caso a un juicio: esta opción debe barajarse para todos los juicios en general. Los jueces interpretan el derecho de manera distinta.
5. Las partes negocian de buena fe pero tienen perspectivas muy diferentes del problema: son los casos en los que las partes se hablan pero no se entienden, aunque sean de la misma ciudad, mismo barrio y hayan recibo la misma educación. Cada persona tiene "su" concepto de la honestidad en los negocios, la seriedad, la puntualidad, etc..
6. Las partes vienen de culturas, religiones o nacionalidades diferentes, de manera que necesitan a un tercero que les ayude a entenderse entre ellos: a veces hasta hablan idiomas distintos, o una de ellas no domina el idioma que habla la otra, en esos casos la comunicación es muy complicada, y puede que sea el origen del conflicto.
7. Una de las partes es partidaria de mediar el conflicto en mediación con el fin de mantener a posteriori una relación cordial: en muchas ocasiones la relación comercial debe perdurar en el tiempo, razón de más cuando se trata de comunidades de vecinos. El buen entendimiento entre vecinos es fundamental para una convivencia cordial y pacífica. Tampoco debemos dejar de lado las relaciones entre arrendador y arrendatario, etc..
8. Las partes han cooperado ente ellas intercambiando información, manteniendo una comunicación continua, pero ninguna se atreve o quiere hacer una oferta de arreglo.

---

b) Las partes intervinientes acuerdan libre y voluntariamente que todas las desavenencias, divergencias o cuestiones litigiosas que deriven de este contrato, se resolverán a través de mediación antes de recurrir al arbitraje, juicio u otro procedimiento de resolución de conflictos. Para ello podrán acudir a los servicios de mediación de cualquier institución o, en su caso, procederán al nombramiento de un profesional que desempeñe la mediación de acuerdo a la legislación vigente.

9. Las partes mantienen una relación funcional, pero les cuesta trabajo discutir sus problemas de manera honesta y abierta: romper el hielo es importante, porque un porcentaje muy alto del conflicto se debe a la grado de emocionalidad que se esconde tras lo que aparentemente se ve. La punta del iceberg tiene debajo muchos factores que no suelen salir a la superficie.

La partes también pueden acudir a mediación recomendadas por sus abogados. Tradicionalmente la presencia de los abogados en la mediación ha sido un tema muy controvertido, muchos mediador/aes no quieren que los abogados estén presentes en las mediaciones, eso es un error, la decisión de si los abogados deben estar o no en mediación depende únicamente de las partes. También es cierto que los abogados, en líneas generales, siempre han mantenido una actitud de recelo, por no hablar de rechazo frontal, hacia la mediación. En el caso de la mediación inmobiliaria, es importante que el presidente de la comunidad o el administrador de fincas sean los que promuevan la mediación, y participen en ella si hace falta. En el caso de que no sepan de su existencia o tengan dudas al respecto, es importante también que asistan a la sesión informativa, para ponerse al tanto de lo que es las características de la mediación y su utilidad en el caso planteado.

Afortunadamente los tiempos han cambiado y muchos abogados no sólo aceptan la mediación, sino que también están empezando a desempeñar un papel muy importante en su difusión, especialmente en el ámbito civil y mercantil como es el caso de la mediación inmobiliaria.

Si el conflicto se encuentra en pleno proceso judicial, y el juez que instruye el caso recomienda una mediación, es fundamental que las partes y sus abogados reconsideren seriamente la continuidad o no del asunto en el juzgado, y algo muy importante: que asistan a la sesión informativa a las que se les invita.

II. Interacción del mediador/a con las partes

Las relaciones del mediador/a con las partes están claramente reflejadas en la Ley 5/2012 de Mediación en asuntos civiles y mercantiles, que es el referente para todo tipos de mediaciones. Ya en el Preámbulo de la Ley, el legislador señala:

> *"La mediación está construida en torno a la intervención de un profesional neutral que facilita la resolución del conflicto por las propias partes, de una forma equitativa, permitiendo el mantenimiento de las relaciones subyacentes y conservando el control sobre el final del conflicto."*
>
> *"El modelo de mediación se basa en la voluntariedad y libre decisión de las partes y en la intervención de un mediador/a, del que se pretende una intervención activa orientada a la solución de la controversia por las propias partes. El régimen que contiene la Ley se basa en la flexibilidad y en el respeto a la autonomía de la voluntad de las partes, cuya voluntad, expresada en el acuerdo que la pone fin, podrá tener la consideración de título ejecutivo, si las partes lo desean, mediante su elevación a escritura pública."*
>
> *"La figura del mediador/a es, de acuerdo con su conformación natural, la pieza esencial del modelo, puesto que es quien ayuda a encontrar una solución dialogada y voluntariamente querida por las partes".*

Una vez pasamos a su articulado la Ley nos dice lo siguiente:

> *"Artículo 1. Concepto.*
>
> *Se entiende por mediación aquel medio de solución de controversias, cualquiera que sea su denominación, en que dos o más partes intentan voluntariamente alcanzar por sí mismas un acuerdo con la intervención de un mediador/a."*
>
> *"Artículo 6. Voluntariedad y libre disposición.*
>
> *1. La mediación es voluntaria.*
>
> *2. Cuando exista un pacto por escrito que exprese el compromiso de someter a mediación las controversias surgidas o que puedan surgir, se deberá intentar el procedimiento pactado de buena fe, antes de acudir a la jurisdicción o a otra solución extrajudicial. Dicha cláusula surtirá estos efectos incluso cuando la controversia verse sobre la validez o existencia del contrato en el que conste.*
>
> *3. Nadie está obligado a mantenerse en el procedimiento de mediación ni a concluir un acuerdo."*

Dada la voluntariedad de la mediación, el pacto de sometimiento expreso a la mediación mencionado en el punto 2 de este artículo, sólo puede referirse a la sesión informativa. Aunque se publicara en el año 2012, la ley todavía no se ha afianzado, por lo que todavía no se puede predecir el grado de obligatoriedad del punto 2. ¿Se podría renunciar a la sesión informativa sin más? ¿Qué perjuicio le puede ocasionar a una parte que haya firmado dicha cláusula y luego decida no sólo someterse a mediación, sino ni siquiera acudir a la sesión informativa?

Queda mucho camino por recorrer, y muchas interpretaciones por ver. Si la voluntariedad es uno de los principios rectores de la mediación, las cláusulas no deberían suponer a posteriori un perjuicio para quienes las hayan firmado, en caso de que cambien de opinión. Se supone que si alguien firma esa cláusula, ya ha sido debidamente informada sobre lo que es la mediación y sus ventajas, luego si una de las partes no quiere acudir a mediación en el futuro cuando surja un conflicto sobre ese asunto, no debería pasar nada. Es muy probablemente que una vez llegue ese caso, el abogado de la parte contraria le acuse de mala fe, entonces el juez deberá decidir si se ha actuado de mala fe, o simplemente la parte en cuestión, debido a la voluntariedad de la mediación ha actuado correctamente.

> *Artículo 7. Igualdad de las partes e imparcialidad de los mediador/aes.*
>
> *En el procedimiento de mediación se garantizará que las partes intervengan con plena igualdad de oportunidades, manteniendo el equilibrio entre sus posiciones y el respeto hacia los puntos de vista por ellas expresados, sin que el mediador/a pueda actuar en perjuicio o interés de cualquiera de ellas.*

En el procedimiento de mediación se garantizará que las partes intervengan con plena igualdad de oportunidades, manteniendo el equilibrio entre sus posiciones y el respeto hacia los puntos de vista por ellas expresados, sin que el mediador/a pueda actuar en perjuicio o interés de cualquiera de ellas.

El equilibrio a lo largo de la mediación podrá mantenerse otorgando el turno de palabra durante el mismo tiempo a cada parte. Si se realizan sesiones individuales también se deberá tener cuidado y pasar el mismo tiempo con una y con otra parte.

Será muy importante que los mediador/es vigilen e impidan posibles manipulaciones entre las partes, algo muy frecuente en mediación.

Artículo 8. Neutralidad.

Las actuaciones de mediación se desarrollarán de forma que permitan a las partes en conflicto alcanzar por sí mismas un acuerdo de mediación, actuando el mediador/a de acuerdo con lo dispuesto en el artículo 14.

Artículo 9. Confidencialidad.

1. El procedimiento de mediación y la documentación utilizada en el mismo es confidencial. La obligación de confidencialidad[2] *se extiende al mediador/a, que quedará protegido por el secreto profesional, a las instituciones de mediación y a las partes intervinientes de modo que no podrán revelar la información que hubieran podido obtener derivada del procedimiento*[3].

2. La confidencialidad de la mediación y de su contenido impide que los mediador/aes o las personas que participen en el procedimiento de mediación estén obligados a declarar o aportar documentación en un procedimiento judicial o en

---

[2] Entendemos que esta extensión de la confidencialidad protegida por el secreto profesional no debe interpretarse literalmente, por las excepciones que plantean en el apartado 2 los puntos a y b y que a continuación se explican.

[3] Una posible cláusula de confidencialidad podría ser la siguiente:

1.- El procedimiento de mediación es confidencial y dicha confidencialidad afecta tanto a todas las partes intervinientes como al mediador/a.

2.- Salvo que sea exigido por el derecho aplicable y a falta de acuerdo en contrario entre las partes, ninguna de ellas podrá presentar como elemento de prueba en un proceso judicial, arbitral cualquier otro proceso similar lo que incluye:

a) cualquier documento, declaración o comunicación presentada por otra parte o por el Mediador/a en el procedimiento de Mediación, salvo que dicho documento, declaración o comunicación pueda obtenerse de forma independiente por la parte que esté interesada en presentarla en un proceso judicial, arbitral o cualquier otro proceso similar;

b) cualquier opinión o sugerencia expresada por cualquiera de las partes durante el procedimiento de Mediación relativa a una posible resolución de la desavenencia;

c) cualquier reconocimiento realizado durante el procedimiento de Mediación;

d) cualquier opinión expresada o propuesta hecha por el Mediador/a;

e) el hecho de que una de las partes haya manifestado durante el procedimiento de Mediación, su disposición de aceptar una propuesta de transacción.

3.- Salvo acuerdo escrito en contrario de todas las partes, el Mediador/a no podrá actuar, en calidad de juez/a, árbitro/a, experto/a, representante o consejero/a de una de las partes en un proceso judicial, arbitral o similar, en relación con la misma desavenencia objeto del procedimiento de mediación.

4.- El Mediador/a no podrá declarar en ningún proceso judicial, arbitral o similar en relación con cualquier aspecto del procedimiento de Mediación, salvo acuerdo escrito en contrario de todas las partes o que sea exigido por el derecho aplicable.

un arbitraje sobre la información y documentación derivada de un procedimiento de mediación o relacionada con el mismo, excepto:

a) Cuando las partes de manera expresa y por escrito les dispensen del deber de confidencialidad.

b) Cuando, mediante resolución judicial motivada, sea solicitada por los jueces del orden jurisdiccional penal[4].

3. La infracción del deber de confidencialidad generará responsabilidad en los términos previstos en el ordenamiento jurídico.

Artículo 10. Las partes en la mediación.

1. Sin perjuicio del respeto a los principios establecidos en esta Ley, la mediación se organizará del modo que las partes tengan por conveniente.

2. Las partes sujetas a mediación actuarán entre sí conforme a los principios de lealtad, buena fe y respeto mutuo.

Durante el tiempo en que se desarrolle la mediación las partes no podrán ejercitar contra las otras partes ninguna acción judicial o extrajudicial en relación con su objeto, con excepción de la solicitud de las medidas cautelares u otras medidas urgentes imprescindibles para evitar la pérdida irreversible de bienes y derechos.

El compromiso de sometimiento a mediación y la iniciación de ésta impiden a los tribunales conocer de las controversias sometidas a mediación durante el tiempo en que se desarrolle ésta, siempre que la parte a quien interese lo invoque mediante declinatoria.

3. Las partes deberán prestar colaboración y apoyo permanente a la actuación del mediador/a, manteniendo la adecuada deferencia hacia su actividad.

---

[4] Este segundo apartado del artículo contempla de manera indirecta las cláusulas de confidencialidad de las 13 Leyes de Mediación Familiar publicadas por las diferentes Comunidades Autonómicas y que se puede resumir de la siguiente manera: "La confidencialidad comprende a la no revelación de hechos, datos, contenido de las entrevistas, eventuales acuerdos que se perfilen durante el proceso e informaciones de carácter reservado o confidencial que se hayan obtenido por razón del ejercicio de su profesión en el marco de la Ley.

Excepciones:

a) Cuando conlleve una amenaza para la vida o la integridad física o psíquica de una persona.

b) En aquellos casos en los que la Ley contemple la obligación de comunicar determinadas situaciones, como en los casos de conocimiento de delito que afecte a las personas en su vida, integridad o salud, los casos en que haya noticias de maltrato, violencia o amenazas físicas o psíquicas de alguno de los participantes, y en los casos en que se detecte una situación de riesgo o desamparo para menores o incapaces."

El apartado 1 de este artículo confirma una vez más que en mediación las dueñas del proceso son las partes:

- La mediación se organizará del modo que las partes tengan por conveniente. Actuarán conforme a los principios de buena fe y respeto mutuo.
- No podrán interponer entre sí ninguna acción judicial o extrajudicial en relación con su objeto.
- Deberán prestar colaboración y apoyo permanente a la actuación del mediador/a.

Sin embargo no podemos olvidarnos de que el mediador/a controla los aspectos de procedimiento de la mediación:

- el mediador/a es libre de comunicarse por separado con cada parte, por lo que por el bien del procedimiento podrá decidir cuándo mantiene sesiones conjuntas con las partes y cuándo por separado.
- Las partes y el mediador/a fijarán el tiempo y lugar de cada sesión, así como el orden del día. En mediación no se aplicarán los procedimientos de prueba formales.
- Entre las partes y el mediador/a se decidirá el idioma a utilizar y los documentos que deben ser traducidos para un funcionamiento más fluido de la mediación.

Por ejemplo en las mediaciones inmobiliarias es muy frecuente que participen los administradores de fincas, o los presidentes de las comunidades de vecinos, o incluso más vecinos. El mediador/a podrá, con el consentimiento de la partes y razonando su decisión, limitar el número de representantes. Los representantes de las partes están sometidos a las mismas obligaciones que las partes: buena fe, respeto mutuo, colaboración y sometimiento a la confidencialidad.

El mediador/a también podrá solicitar la ayuda de un experto independiente, previo consentimiento y a expensas de las partes.

Intercambio de información. Cada parte deberá aportar a la mediación los documentos relativos al asunto a debatir, así como presentar, de forma voluntaria y no obligatoria, otros documentos que le solicite el mediador/a o la otra parte. Todos los documentos e información proporcionada a una parte, en el curso de la mediación, deberán ser usados por esa parte exclusivamente para la mediación. Toda la documentación manejada a lo largo del proceso del mediación será confidencial y se devolverá a las partes una vez finalice el proceso de mediación.

Acuerdo. Si se alcanza el acuerdo, los representantes de las partes redactan por escrito un borrador de convenio, incorporando los términos del acuerdo. Este documento circula entre las partes y el mediador/a, es rectificado si fuera necesario, y formalmente ejecutado. Los abogados de las partes, respetando el contenido del documento, están autorizados para darle forma jurídica.

Es recomendable que los acuerdos de mediación que contengan una entrega de cantidad de dinero, como por ejemplo un acuerdo de mediación sobre una deuda de un vecino a su comunidad, sean elevados a público ante notario. En ese caso para formalizar el documento, se deberá entregar al notario: acta de inicio de la mediación, acta final y acuerdo de mediación.

Fracaso en conseguir el acuerdo. Si no se consigue el acuerdo, el mediador/a discute con las partes la posibilidad de ir al arbitraje u otra forma de resolución alternativa de conflictos. La mediación debe finalizar con un acta final, o con una anotación en el acta de inicio diciendo que sólo se llegó a efectuar una sesión de mediación.

Interrupción de una mediación. La ley de Asuntos Civiles y mercantiles a este respecto es muy ambigua, en su Artículo 22. Terminación del procedimiento contempla: *"1. El procedimiento de mediación puede concluir en acuerdo o finalizar sin alcanzar dicho acuerdo, bien sea porque todas o alguna de las partes ejerzan su derecho a dar por terminadas las actuaciones, comunicándoselo al mediador/a, bien porque haya transcurrido el plazo máximo acordado por las partes para la duración del procedimiento, así como cuando el mediador/a aprecie de manera justificada que las posiciones de las partes son irreconciliables o concurra otra causa que determine su conclusión."*

Realmente la finalización del procedimiento de mediación puede producirse por decisión de cualquiera de las partes en conflicto o por el mediador/a, a quien se recomienda dar por finalizada la mediación, comunicándoselo a las partes, cuando concurra alguno de los siguientes supuestos:

a) Falta de colaboración por alguna de las partes.
b) Incumplimiento de las reglas de mediación previamente establecidas.
c) Inasistencia no justificada de alguna de las partes. Este punto conviene que esté reflejado en las normas de la institución de mediación.
d) Cuando considere que el procedimiento no puede alcanzar la finalidad perseguida.
e) Cuando el mediador/a detecte que el conflicto debe ser abordado desde otra forma de intervención o tratamiento.
f) Si el mediador/a estimara que el acuerdo al que se va a llegar es ilegal o de imposible cumplimiento.
g) Si el mediador/a considerase que ya no se encuentra en condiciones de asegurar la imparcialidad necesaria para proseguir su labor.
h) Cuando el mediador/a aprecie en alguna de las partes falta de capacidad para decidir y/o asumir los compromisos.
i) Cualquier otra circunstancia apreciada por el mediador/a que vaya en contra de los principios de la mediación establecidos en el presente código (Código deontológico de Asociación Madrileña de Mediador/aes).

En tales circunstancias, el mediador/a estudiará con la partes la posibilidad de modificar o solucionar los impedimentos. Si esto no se lograse, podrá proponerles retomar o continuar el proceso con otro mediador/a, o bien sugerir a los participantes que obtengan otro tipo de servicio profesional adecuado a las circunstancias. El mediador/a podrá renunciar a desarrollar la mediación, con obligación de entregar un acta a las partes en la que conste su renuncia. En ese caso es recomendable que el acta de renuncia sea redactada lo más neutral posible. La renuncia del mediador/a a continuar el procedimiento o el rechazo de las partes a su mediador/a sólo producirá la terminación del procedimiento cuando no se llegue a nombrar un nuevo mediador/a. Si no se llega a nombrar a un nuevo mediador/a, se deberá firmar un acta de finalización del proceso de mediación.

Por último, debemos señalar que la mediación no es un procedimiento contencioso, por lo contrario es un instrumento para lograr llegar a un acuerdo sin que tengan que confrontarse los interesados. El arreglo lo logran gracias a la comunicación y al intercambio de información.

Podemos decir entonces que la comunicación representa un papel fundamental en la mediación. Si no existe una adecuada comunicación entre los participantes en el procedimiento, no será posible alcanzar un resultado. El mediador/a debe buscar la manera de hacer sentir a los interesados que no están en una postura de oposición, sino que están trabajando de manera conjunta para llegar a un arreglo.

El lenguaje utilizado por el mediador/a, desde el discurso de apertura, debe estar encaminado al acuerdo; debe referirse a: *preocupaciones, intereses, prioridades, proposiciones, opciones, acuerdos*. Nunca debe utilizar un lenguaje que proponga una relación de confrontación entre la partes.

Para concluir este apartado, es importante que queden claros los siguientes puntos:

- Las partes son quienes toman las decisiones; el mediador/a no tiene ninguna autoridad para establecer decisiones.
- Las partes determinan los puntos en cuestión que necesitan ser discutidos; el mediador/a guía el proceso y mantiene un ambiente seguro.
- El mediador/a no da consejos a las partes, ya sea legal o de cualquier otro tipo. No obstante, el mediador/a puede ayudar a las partes a generar opciones para que ellas mismas evalúen la posibilidad de recibir consejos y la asistencia de otro profesional.
- El éxito de la mediación se debe a la disposición de las partes de trabajar hacia un entendimiento mutuo y para buscar

soluciones que cumplan las necesidades de cada una de las partes.

III. Fases del procedimiento de mediación

La mediación es un procedimiento que destaca por su flexibilidad, de tal forma que el procedimiento puede varias según las circunstancias, la materia o por las mismas partes. Sin embargo, existen etapas comunes que se logran identificar en cualquier tipo de mediación. A continuación se identifican estas etapas que deben cuidarse en un procedimiento de mediación clásico y que constan de cinco puntos:

a) Sesión introductoria.
b) "Cuéntame".
c) Aclarar el problema.
d) Generación de Opciones.
e) Selección de opciones y redacción del acuerdo.

a) Sesión introductoria. Crear confianza en el proceso

Los objetivos de esta etapa son:

1. Explicar el procedimiento a las partes o interesados (que el mediador/a no es un juez y que su papel es facilitar la comunicación para intentar alcanzar un arreglo; que todo lo dicho durante la mediación es confidencial, etc.)
2. Establecer las reglas.
3. Asegurar que las partes están cómodas con el mediador/a.
4. Establecer expectativas realistas del procedimiento de mediación y obtener el compromiso de los interesados para someterse a dicho procedimiento.

Es importante en esta fase del proceso recordar a las partes la necesidad de firmar el acta de inicio de la mediación al que hace referencia el artículo 19 de la Ley de mediación civil y mercantil.

Normalmente la mediación comienza con un discurso de apertura o discurso inicial por parte del mediador/a. Este discurso busca desarrollar una confianza de las partes hacia el mediador/a, educar a las partes sobre el procedimiento de mediación, hacer ver a las partes que tanto ellos como el mediador/a buscan el mismo objetivo y establecer un acuerdo sobre los lineamientos a seguir durante el procedimiento de mediación.

Partes de un discurso de apertura

1. El mediador/a da la bienvenida a los participantes y se presenta.
2. El mediador/a revisa que los nombres que tiene de los participantes son correctos y que los pronuncia adecuadamente.
3. Felicitar a las partes por su decisión de asistir a una mediación.
4. Acoger a las partes: tono de voz suave, postura corporal abierta.
5. El mediador/a manifiesta su imparcialidad así como cualquier circunstancia que pudiera malinterpretarse como parcialidad.
6. Recordar la voluntariedad y la confidencialidad del proceso.
7. Recordar la importancia de su colaboración y de su buena fe.
8. Introducir la posibilidad de realizar a lo largo del proceso sesiones individuales, y que dichas sesiones serán confidenciales.
9. El mediador/a explica la naturaleza y el rol de un mediador/a:
    a) No es un juez.
    b) Él no toma decisiones.
    c) Las decisiones las toman los participantes por ellos mismos.
    d) La información revelada es estrictamente confidencial.

10. El mediador/a explica el procedimiento a seguir:
    a) Exposición del problema.
    b) Desarrollo de opciones.
    c) Alcanzar un acuerdo.
11. El mediador/a propone a los participantes lineamientos para desarrollar la discusión:
    a) Recalcar la importancia escuchar y no interrumpir
    b) Cada parte tendrá su turno.
    c) Toma de notas tanto por las partes como el mediador/a.
    d) Posibles reuniones privadas entre el mediador/a y una de las partes.
    e) Límites de tiempo.
    f) Orden para hablar.
    g) Solicita a las partes otras opciones a los lineamientos.
12. El mediador/a ofrece contestar cualquier pregunta que tengan las partes sobre la mediación.
13. Inicio de la discusión.

Principios de esta fase: establecer diálogo en lugar de monólogo, crear una atmósfera relajada y concentrada.

¿Qué deben realizar los mediador/aes en esta fase del proceso?

- Indagar sobre la disponibilidad horaria de las partes: preguntar a las partes cada cuánto pueden reunirse, por la mañana por las tardes.
- Aclarar los roles de los mediadores/as en el caso de una comediación: las mediaciones se realizan por más de un mediador/a.
- Confirmar que las partes lo han entendido todo.

- Verificar si se ha iniciado o no un proceso judicial y si se han detenido los plazos (art. 4 Ley de mediación en Asuntos Civiles y mercantiles[5]).
- Si fuera necesario: explicar a las partes porqué estamos tomando notas.
- Eventualmente: preguntar a las partes si quieren establecer un plazo de conclusión de la mediación.

Ejemplos de posibles preguntas que se pueden formular en esta parte del proceso

- ¿Han intervenido antes en una mediación?
- ¿Quién les recomendó la mediación?
- ¿Tienen ustedes alguna pregunta?
- ¿Les ha quedado claro lo que es el proceso de mediación?
- ¿Cómo les gustaría que fuera la comunicación entre ustedes?
- ¿Se comprometen en la medida de lo posible a respetar el turno de palabra y no utilizar expresiones descalificantes? A veces esto es complicado, pero ¿Puedo contar con su colaboración en ese sentido?
- ¿Han traído ustedes el acta de inicio de mediación? ¿Tienen alguna pregunta al respecto?
- ¿Están sus abogados al corriente del inicio de esta mediación?

[5] Artículo 4. Efectos de la mediación sobre los plazos de prescripción y caducidad.

La solicitud de inicio de la mediación conforme al artículo 16 suspenderá la prescripción o la caducidad de acciones desde la fecha en la que conste la recepción de dicha solicitud por el mediador/a, o el depósito ante la institución de mediación en su caso.

Si en el plazo de quince días naturales a contar desde la recepción de la solicitud de inicio de la mediación no se firmara el acta de la sesión constitutiva prevista en el artículo 19, se reanudará el cómputo de los plazos.

La suspensión se prolongará hasta la fecha de la firma del acuerdo de mediación o, en su defecto, la firma del acta final, o cuando se produzca la terminación de la mediación por alguna de las causas previstas en esta Ley.

Tener previsto: Espacio de la mediación: (entorno agradable, luz adecuada, disposición de mesa y sillas que permita que las partes no estén enfrentadas, sala adicional para realizar caucus), tiempo de duración de la mediación, rotafolios, rotuladores, bebidas (agua), pañuelos, etc.

Documentación: Acta de inicio de mediación (art. 19[6] Ley de mediación en asuntos civiles y mercantiles).

b) "Cuéntame". Poder exponer su versión del conflicto y expresar sus sentimientos. Poder desahogarse y sentirse escuchados.

El objetivo en esta fase es:

- Para el mediador/a: Conocer el conflicto y sus antecedentes.
- Para las partes: Poder exponer su versión del conflicto, expresar sus sentimientos para poder desahogarse y sentirse escuchadas.
- Para todos: Determinar los temas (o agenda) sobre los que va a versar la mediación.

En resumidas cuentas tenemos entre todos deben averiguar ¿Qué ha pasado? y ¿cuál es el problema que hay que resolver?

---

[6] Artículo 19. Sesión constitutiva.

1. El procedimiento de mediación comenzará mediante una sesión constitutiva en la que las partes expresarán su deseo de desarrollar la mediación y dejarán constancia de los siguientes aspectos:

a) La identificación de las partes. b) La designación del mediador/a y, en su caso, de la institución de mediación o la aceptación del designado por una de las partes. c) El objeto del conflicto que se somete al procedimiento de mediación.

d) El programa de actuaciones y duración máxima prevista para el desarrollo del procedimiento, sin perjuicio de su posible modificación. e) La información del coste de la mediación o las bases para su determinación, con indicación separada de los honorarios del mediador/a y de otros posibles gastos. f) La declaración de aceptación voluntaria por las partes de la mediación y de que asumen las obligaciones de ella derivadas.

g) El lugar de celebración y la lengua del procedimiento.

2. De la sesión constitutiva se levantará un acta en la que consten estos aspectos, que será firmada tanto por las partes como por el mediador/a o mediador/aes. En otro caso, dicha acta declarará que la mediación se ha intentado sin efecto.

El mediador/a inicia el diálogo preguntando a las partes cuál es el problema desde el punto de vista de cada uno. Si una de las partes fue quien solicitó llevar el conflicto a mediación, entonces esta será la que normalmente inicie su exposición (si bien puede pasar que una de las partes solicite espontáneamente iniciar la mediación, o bien el mediador/a elija con quién empezar). Esta etapa está diseñada para permitir a los involucrados identificar los puntos principales de conflicto y así como el punto de vista contrario. De igual manera provee al mediador/a de la información necesaria para entender el conflicto y para lograr identificar algunos puntos emocionales de la relación que intervienen en el problema. No es necesario tener una declaración perfectamente estructurada con los hechos en este momento, eso vendrá luego. Sin embargo cuando los abogados de las partes son quienes acuden a la mediación, entonces le dan un enfoque legal al conflicto. Por ello el mediador/a solicita a los interesados a realizar una declaración adicional por su parte.

En esta fase del "cuéntame" lo que se prefiere es que las partes hablen entre ellas, interviniendo el mediador/a como un facilitador e la discusión sin exponer opinión alguna. Lo que se busca es un intercambio total de emociones y opiniones entre los interesados en el conflicto. También en esta etapa se da la respuesta a las acusaciones que se hacen entre ellos y se aprovecha para aclarar algunos malos entendidos. El mediador/a puede utilizar algunas preguntas abiertas para resumir mediante un lenguaje neutral, lo que las partes han externado.

Principios de esta fase: todas las partes exponen hechos y circunstancias. El mediador/a debe comprender de manera clara los hechos y circunstancias de lo que trae las partes a mediación. Las partes deben sentirse comprendidas (aunque sea por el mediador/a). Debe ir vislumbrando los temas a tratar.

¿Qué deben realizar los mediador/aes en esta fase del proceso?

- Crear un ambiente positivo y controlar el intercambio de mensajes.

- Generar pensamiento sobre el conflicto: objetivos personales en el conflicto y otras formas de alcanzarlos, sentimientos personales y de la otra parte.
- Explorar con preguntas y parafraseo el verdadero problema, no el detalle.
- Animar a que cuenten más, a que se desahoguen, evitando la sensación de interrogatorio.
- Escuchar atentamente las preocupaciones y sentimientos de cada parte, utilizando técnicas como las de: mostrar interés, clarificar, parafrasear, reflejar el sentimiento, resumir, etc.
- Ayudar a poner sobre la mesa los temas importantes del conflicto.
- No valorar, ni aconsejar, ni definir qué es verdad o mentira, ni lo que es justo o injusto.
- Prestar atención tanto a los aspectos del contenido en sí del conflicto como a la relación entre las partes.
- Apoyar el diálogo entre las partes. Reconocer sentimientos y respetar silencios.

Ejemplos de posibles preguntas que se pueden formular en esta parte del proceso, en el caso de un impago de la cuota de la comunidad de vecinos y las posteriores derramas.

- ¿Quién quiere empezar?
- ¿Qué les ha traído aquí?
- ¿Qué esperan de la mediación?
- ¿Cuándo comenzó el conflicto?
- ¿Qué piensan que lo originó? ¿El impago de las cuotas de la comunidad? ¿El impago de las derramas? ¿Ambas cosas?
- ¿Cómo era la relación antes del conflicto?
- ¿Quién solicitó la mediación? (en caso de que ninguno quiera tomar la palabra al principio) ¿El vecino? ¿El presidente de la comunidad? ¿El Administrador de fincas?

- Si le he entendido bien, usted (el mediador/a habla con el presidente de la comunidad de vecinos) entiende que el vecino del 4H no pague la comunidad porque está en paro, pero le parece intolerable que no se haga cargo de las derramas, y que ni siquiera de haya puesto en contacto con la comunidad para avisar del impago. ¿Es así?...
- ¿Qué temas le preocupan? (el mediador/a se dirige al vecino) ¿Que le embarguen? ¿El mal ambiente que ha generado su deuda, enemistando a sus hijos con los demás niños? ¿Qué la comunidad de vecinos piense que es usted un don nadie?
- ¿Cuál es su punto de vista sobre la forma en que se ha llevado este tema?
- ¿Qué significa para usted el que a su familia le dé apuro cruzarse con los demás vecinos?
- ¿Qué sería par usted importante lograr en este proceso de mediación, respecto a tu futura relación de vecindad con la comunidad?
- En caso de juicios negativos o descalificantes sobre la otra parte: "O sea, lo que Ud. dice es Ud. se ha sentido muy (ofendido, dolido, asustado, disgustado, etc...) porque la otra parte ha hecho / dicho ..."
- En caso de interrupciones: "Disculpe Sr. A, necesito terminar de escuchar al Sr. B para poder comprender mejor el asunto. Pero lo que Ud. tenga que decir me parece muy importante. Por ello, le pido que anote sus comentarios u objeciones para que me las pueda transmitir cuando termine de hablar el Sr. A."
- En caso que una parte quiera avanzar a una fase posterior, p.ej. para proponer o negociar soluciones: "Esto que menciona Ud. me parece importante pero le pediría que lo anote, ya que voy a tratarlo en un punto posterior de la mediación y no quisiera que esto que Ud. menciona se olvide".
- Estos son los temas que les preocupan o por el motivo que están aquí. Suponiendo que encontráramos una forma para

estos temas se solucionen a entera satisfacción de A y a la vez a entera satisfacción de B, ¿tendríamos un acuerdo global? ¿O sería para ello necesario agregar algún otro trema?

- Usted dice que quiere ¿Por qué lo quiere? ¿Para qué lo quiere?

c) Aclarar el problema. Identificar en qué consiste el conflicto y consensuar los temas más importantes para las partes

Objetivo: Identificar en es lo que hay debajo del "Iceberg" (qué es lo que hay detrás de las pretensiones iniciales de las partes)

En este paso se busca identificar el problema/s, seguir descubriendo los intereses de cada una de las partes y encontrar objetivos comunes. La identificación del problema puede presentarse como una etapa independiente o puede incluirse como parte de la etapa de recolección de información, esto queda totalmente al criterio del mediador/a. Al identificar el problema, el mediador/a debe tratar de hacer ver a las partes cual es el punto/s centrales de su conflicto estableciendo una agenda sobre los temas a tratar.

Principios de esta fase: Se trata de compatibilizar los intereses y las necesidades identificados en el movimiento anterior. Aclarar los problemas que preocupan a las partes y son necesarios tratar.

¿Qué deben realizar los mediador/aes en esta fase del proceso?

- Asegurar la conformidad de las partes sobre los temas a tratar para avanzar hacia una solución o transformación positiva del conflicto.
- Conseguir una versión consensuada del conflicto.
- Concretar los puntos que pueden desbloquear el conflicto y avanzar hacia un entendimiento y acuerdo.
- Aunque generalmente todos los temas están entrelazados, tratar primero los temas comunes y de más fácil arreglo, pues crea confianza y mantiene el interés.

- Transformar, reformular quejas y reclamaciones en intereses y necesidades.
- Mantener la neutralidad, el lenguaje neutral.
- Verificar que cada parte ha comprendido la perspectiva de la otra parte.
- Explorar los intereses subyacentes a las posiciones y dirigir el diálogo en términos de intereses.
- Identificar los intereses de las partes y confirmarlos.
- Comprobar la realidad: probablemente en sesión privada. ¿qué quiere realmente alcanzar?
- Si mantiene una actitud muy confrontativa ¿qué cree que va a conseguir si sigue así?
- Posibilidad de realizar sesiones individuales.
- Valorar la buena conducta.
- Resaltar los comentarios positivos de una parte sobre la otra.
- Mencionar lo logros.
- En caso de ser necesario organizar un caucus (sesión individual con cada una de las partes).

Ejemplos de posibles preguntas que se pueden formular en esta parte del proceso, en el caso de un desacuerdo en el importe de venta de la casa con un agente inmobiliario.

- Cuando usted se refiere a que este conflicto es que el Señor A (el vendedor) le ha engañado con la comisión que pactaron ¿a qué se refiere exactamente? ¿No la quiere pagar ahora pero sí en un futuro poco a poco? ¿No la quiso pagar nunca y usted se siente engañado? ¿No es la cantidad que acordaron?
- ¿Podemos entender que lo temas que ustedes quieren resolver en mediación es…? ¿Abonar la cantidad pactada? ¿Seguir colaborando juntos?
- ¿Por dónde quieren empezar?

- ¿De todos estos temas cuál es el más importante para usted? ¿Por qué? (se pregunta a cada parte).
- Cuando usted dice que esto no es así ¿a qué hechos se refiere exactamente?
- ¿Qué hizo antes de que B hiciera tal cosa?"
- ¿Qué ocurrió después?"
- Si le he entendido bien...
- ¿Cómo te sentiste cuando ocurrió aquello?; ¿y cómo pudo sentirse B?"
- ¿Le molesta que...?
- Usted también desearía que...
- ¿Qué es importante para usted?
- ¿Qué necesita?
- ¿Para qué lo necesita?
- Qué es lo que hace que "..." sea importante para usted?
- ¿Qué no haría ahora que sí hizo en aquel momento?
- ¿Cómo llegó a tal decisión?"
- ¿Cómo puede afectar esa decisión a ______?
- ¿Cómo puede afectar esa decisión a la relación entre ustedes?
- ¿Cómo puede afectar esa decisión a con el resto de vecinos y a usted mismo en un futuro?

d) Generación de Opciones. Tratar cada tema y buscar posibles vías de arreglo

Objetivo: Tratar cada tema y buscar posibles vías de arreglo

En esta etapa en mediador/a ayuda a las partes a explorar todas las opciones posibles para arreglar el conflicto. Lo ideal es que todas las opciones provengan de la imaginación y creatividad de las partes y que el mediador/a solamente utilice algunas técnicas para estimular dicha creatividad en la generación de opciones. Una vez identificadas las opciones, las partes empiezan a negociar aquellas opciones que consideran más viables, hacen demandas pero dan concesiones de manera que logren alcanzar un acuerdo que sea beneficio para ambas partes.

Principios de esta fase: análisis de las propuestas. Promover la implicación de los protagonistas en la búsqueda de alternativas. Ayudar a que cada parte considere los intereses del otro.

¿Qué deben realizar los mediador/aes en esta fase del proceso?

- Facilitar la espontaneidad y creatividad en la búsqueda de ideas o soluciones. (Lluvia de ideas).
- Escribir las propuestas en el rotafolios.
- Aclara las reglas: todas las ideas están permitidas, no se critica ninguna idea, primero recogemos todas las ideas y luego se evalúan, priorizan, vinculan. Si una idea no gusta, no debe ser criticada sino modificada de manera que sea más aceptable.
- Explorar lo que cada parte está dispuesta a hacer y le pide a la otra parte.
- Resaltar los comentarios positivos de una parte sobre la otra.
- Cuando hay un "impasse", repetir los intereses y necesidades manifestados por las partes y preguntar qué otras opciones de acuerdo habría que satisfagan al menos uno de ellos.
- Pedirles que valoren cada una de las posibles soluciones.
- Solicitar su conformidad o no con las distintas propuestas.
- Visualizar conjuntamente.
- Buscar soluciones creativas.
- Transformar, reformular quejas y reclamaciones en intereses y necesidades.
- En caso de ser necesario poner ejemplos que les puedan servir de casos parecidos y proponer trabajar sobre ellos. OJO: Es importante que hagan suya la idea.

- Hacer que las partes participen activamente. Aun cuando el número las aportaciones no sea igual, debe existir la percepción de que ambas se están esforzando por encontrar propuestas de solución.
- No valorar, ni aconsejar, ni definir qué es verdad o mentira, ni lo que es justo o injusto, aunque nos pregunten.
- En caso de falta de colaboración, organizar un caucus para ver las razones de la/s partes de este proceder y para confrontarla/s con las consecuencias que se pueden derivar.

Ejemplos de posibles preguntas que se pueden formular en esta parte del proceso, por ejemplo impedir a un propietario que, dentro de los límites de propiedad de su parcela de garaje, deja muebles, bicicletas, cajas etc..

- ¿Cómo les gustaría resolver este conflicto?
- ¿Cómo han pensado en resolver lo que les preocupa? ¿Pactar unas reglas comunes para toda la comunidad? ¿Reorganizar los estatutos a este respecto?
- Usted piensa que el hecho que la plaza de garaje sea suya le permite dejar otros elementos que no sean un coche, ¿por qué cree que esto le molesta a los demás vecinos?
- ¿Cómo les gustaría verse en un futuro?
- ¿Saben lo que es una lluvia de ideas? ¿Les gustaría intentarlo?
- Vamos a anotar todas las ideas que se les ocurran para resolver lo que les ha traído a la mediación. No entraremos a evaluarlas todavía. Tengan un poco de paciencia.
- ¿En su opinión qué tendría de positivo esta idea? ¿Aportaría algo más?
- ¿Qué es lo que no le satisface de esta propuesta? ¿Qué mejoraría?
- ¿Qué es para usted una solución satisfactoria?
- ¿Cómo creen que se van a sentir cuando consigan llegar a un acuerdo?

- En la mayoría de las ocasiones parece que se resuelve así, pero en este caso concreto quizás podríamos valorar otras posibilidades.
- Parece que lo que cuenta ha funcionado habitualmente en otras ocasiones, pero no en esta…
- ¿Cómo verían este asunto en otro contexto? ¿lugar? ¿momento,
- ¿Después de escuchar a .----, ¿ve las cosas de la misma forma?; ¿añadiría algo?
- ¿Podría verlo de alguna otra forma?
- ¿Qué diferencia hay entre ahora y antes?

e) Selección de opciones y redacción del acuerdo. Evaluar las propuestas, ventajas y dificultades de cada una, y llegar a un acuerdo

Objetivo: Evaluar las propuestas, ventajas y dificultades de cada una, y utilizar esta información para llegar a un acuerdo final.

Si un acuerdo es alcanzado, el mediador/a ayudará a plasmar dicho acuerdo en papel, asegurándose que cada parte entiende perfectamente cuales son los términos así como su alcance. El mediador/a o en su caso en centro de mediación al que se haya acudido, guarda una copia del acuerdo simplemente como ayuda en caso de que alguna de las partes lo necesite.

Al documento de los acuerdos firmados por las partes deberá acompañarse el acta final de mediación.

Cuando se alcancen acuerdos[7] el mediador/a se asegurará de que todas las partes sean plenamente conscientes de su contenido.

---

[7] Ley 5/2012, de 6 de julio, de mediación en asuntos civiles y mercantiles.

Artículo 23. El acuerdo de mediación.

1. El acuerdo de mediación puede versar sobre una parte o sobre la totalidad de las materias sometidas a la mediación.

En el acuerdo de mediación deberá constar la identidad y el domicilio de las partes, el lugar y fecha en que se suscribe, las obligaciones que cada parte asume y que se ha seguido un procedimiento de mediación ajustado a las previsiones de esta Ley, con in-

Los acuerdos deberán reflejar los puntos sobre los que los mediados han logrado alcanzar un consenso común a través del procedimiento de Mediación. El mediador/a deberá informar a las partes la posibilidad de consultar con diferentes profesionales antes de la firma de dichos acuerdos.

El mediador/a, dentro de los límites de sus competencias, y a petición de las partes, deberá informarles sobre cómo se podrá formalizar el acuerdo y los trámites para que dicho acuerdo pueda ejecutarse. En ningún caso el mediador/a podrá darle forma jurídica al acuerdo.

Principios de esta fase: Velar por la claridad y compresión del acuerdo, tanto en lo que se refiere a las consecuencias que puede tener para las partes como los posibles efectos sobre terceros.

Intentar perseguir el logro de la satisfacción y la confianza de las partes con el proceso de mediación. Aunque no se alcance un acuerdo, se debe intentar que las partes no abandonen la mediación con la sensación de que ha sido el proceso el que ha fracasado.

¿Qué deben realizar los mediador/aes en esta fase del proceso?

- Dejar que las partes negocien entre ellas un acuerdo final en función de las ideas surgidas de la lluvia de ideas.
- Ayudar a las partes a definir claramente el acuerdo. Ir resumiendo acuerdos parciales. Ir clarificando aspectos que aún están pendientes de acuerdo.

---

dicación del mediador/a o mediador/aes que han intervenido y, en su caso, de la institución de mediación en la cual se ha desarrollado el procedimiento.

2. El acuerdo de mediación deberá firmarse por las partes o sus representantes.

3. Del acuerdo de mediación se entregará un ejemplar a cada una de las partes, reservándose otro el mediador/a para su conservación.

El mediador/a informará a las partes del carácter vinculante del acuerdo alcanzado y de que pueden instar su elevación a escritura pública al objeto de configurar su acuerdo como un título ejecutivo.

4. Contra lo convenido en el acuerdo de mediación sólo podrá ejercitarse la acción de nulidad por las causas que invalidan los contratos.

- En caso de que una o ambas partes insista en opciones de acuerdo manifiestamente inconducentes, organizar un caucus[8] y confrontarlas con su MAAN (Mejor Alternativa al Acuerdo Negociado).
- Tener en cuenta las características que deben cumplir los acuerdos de las partes: equilibrado, realista, posible, .específico, concreto, claro, simple, aceptable por .las partes, evaluable.
- En consecuencia, al llegar a un acuerdo el mediador/a deberá clarificarlo todo lo posible, preguntando: ¿Quién hace qué? ¿Qué debe hacerse? ¿Cuándo? ¿Cómo? ¿Dónde?
- Redactar el borrador del acuerdo y trabajarlo con las partes y sus abogados (si los tuvieran o así lo decidieran).[9]
- Las partes deben entender el acuerdo.
- Felicitar a las partes por su colaboración.
- Hacer copias del acuerdo para cada parte y archivar el original.
- Eventualmente: mecanismos de control y/o de reapertura de mediación.
- Informar a las partes del carácter vinculante del acuerdo alcanzado y de que pueden instar su elevación a escritura pública al objeto de configurar su acuerdo como un título ejecutivo.

Importante

- Repasar el artículo 23 de la Ley de mediación en asuntos civiles y mercantiles[10].

---

[8] Caucus, es la palabra que se utiliza en mediación para hablar de las sesiones individuales que realiza el mediador/a con cada una de las partes.

[9] En los borradores de acuerdos que se intercambian con las partes, conviene que figuren las siguientes advertencias: Borrador de acuerdo de mediación. Confidencial. Sin eficacia legal hasta su firma. No podrá ser utilizado como prueba en ningún procedimiento judicial.

[10] Artículo 23. El acuerdo de mediación.

1. El acuerdo de mediación puede versar sobre una parte o sobre la totalidad de las materias sometidas a la mediación.

- Una vez firmado el acuerdo entregar el acta final de mediación, artículo 22.3 de la Ley de mediación en asuntos civiles y mercantiles[11].

Ejemplos de posibles preguntas que se pueden formular en esta parte del proceso, por ejemplo en una extinción de condominio:

- ¿Falta algo por aclarar?
- ¿Cómo se va a realizar el pago?
- ¿Qué necesitan para firmar este acuerdo de mediación?
- ¿Han consultado este acuerdo con algún profesional? ¿Les gustaría hacerlo?
- ¿Se plantean la posibilidad de elevar el acuerdo a escritura pública?
- ¿Quién hace qué, cuándo, cómo, dónde, cuánto, etc.?
- ¿Saben a qué notario van a ir? ¿Cuándo irán al notario? ¿Quién se ocupará de la tramitación de la escritura ante hacienda y el registro de la propiedad? ¿Cómo van a abonar los gastos?
- ¿Qué resaltarían de la mediación?
- ¿Qué diferencia hay entre ahora y antes?

En el acuerdo de mediación deberá constar la identidad y el domicilio de las partes, el lugar y fecha en que se suscribe, las obligaciones que cada parte asume y que se ha seguido un procedimiento de mediación ajustado a las previsiones de esta Ley, con indicación del mediador/a o mediador/aes que han intervenido y, en su caso, de la institución de mediación en la cual se ha desarrollado el procedimiento.

2. El acuerdo de mediación deberá firmarse por las partes o sus representantes.

3. Del acuerdo de mediación se entregará un ejemplar a cada una de las partes, reservándose otro el mediador/a para su conservación....

11 Artículo 22. Terminación del procedimiento.

3. El acta final determinará la conclusión del procedimiento y, en su caso, reflejará los acuerdos alcanzados de forma clara y comprensible, o su finalización por cualquier otra causa.

El acta deberá ir firmada por todas las partes y por el mediador/a o mediador/aes y se entregará un ejemplar original a cada una de ellas. En caso de que alguna de las partes no quisiera firma el acta, el mediador/a hará constar en la misma esta circunstancia, entregando un ejemplar a las partes que lo deseen.

- ¿Cómo se sienten?

Es importante resaltar que a lo largo de la medicación las fases no se siguen de manera estricta. Las partes van y vuelven. Los conflictos son vasos comunicantes, y hay momentos que el hecho de resolver uno de ellos implica retocar otro que ya se tenía por solucionado. Los mediador/aes deben adaptarse a cada momento y tener este esquema en la cabeza para poder reconducir poco a poco el proceso. Es muy importante manejar bien el proceso, para luego mediar sin él. El proceso sirve para ubicarnos a nosotros, los mediador/aes, en la mediación y saber qué parte nos hemos saltado para volver a ella, o no.

Lo mismo ocurre con los ejemplos de preguntas que se han indicado en cada fase. Todas las preguntas pueden usarse cada una de ellas a largo de todas las fases del proceso, o no. Lo importante es tener una batería de preguntas en la cabeza con el objetivo de poder escoger la que mejor se adecue en cada momento.

ASPECTOS GENERALES SOBRE LA MEDIACIÓN. EL MEDIADOR. TÉCNICAS DE LA MEDIACIÓN

María Quero

Psicóloga. Experta en Mediación

"Cualquiera puede enfadarse, eso es algo sencillo. Pero enfadarse con la persona adecuada, en el grado exacto, en el momento oportuno, con el propósito justo y del modo correcto, eso, ciertamente, no resulta tan sencillo"

Aristóteles

Cuando hablamos de conflictos, nos referimos a cuestiones relacionadas con desencuentros de diversa índole motivados por dos o más partes que tienen intereses aparentemente incompatibles. Son tan antiguos como la existencia del hombre, pues son inherentes al ser humano y, a pesar de tantos siglos de existencia, aún no hemos aprendido a gestionarlos adecuadamente pues, como ya apuntó Aristóteles en la frase que encabeza este capítulo, los conflictos tienen algo más que la propia motivación que los causó: un importante componente emocional a tener en cuenta a la hora de plantearnos su resolución.

Esto se debe a que todos tenemos dos mentes en constante interacción: una que piensa y otra que siente. La mente racional es más consciente, pensativa, reflexiva. La mente emocional es más impulsiva y poderosa, a veces ilógica. Ambas operan en equilibrio y colaboración, pero cuando aparecen pasiones de cualquier tipo, este equilibrio se rompe y la mente emocional se desborda, anulando a la racional. Cuanto más intenso es un sentimiento, más dominante llega a ser la mente emocional y más ineficaz la mente racional. Esto es lo que nos ocurre ante cualquier disputa, y por este motivo, quedan más que legitimados aquellos métodos de resolución de conflictos que minimizan los aspectos emocionales de las partes, no ignorándolos sino, por el contrario, sabiendo gestionarlos en el proceso de resolución.

Es la mediación precisamente la que más atiende esta necesidad, pues es tarea del mediador comprender los aspectos del conflicto en su conjunto para abordar su resolución, no desde una perspectiva jurídica, sino desde una perspectiva humana y personal, pues se trata de que los protagonistas del conflicto, sean también los protagonistas de la solución pactada.

En el ámbito que nos ocupa (conflictos inmobiliarios) las desavenencias suelen tener como punto de partida cualquier tema relacionado con la propiedad de un inmueble, pero más allá del tema debatido en la disputa, debemos tener en cuenta que un conflicto es un conflicto y, como tal, además de ser un rasgo inevitable en las relaciones sociales, su análisis, evolución, consecuencias y posibles soluciones se ajustan perfectamente a lo que acabamos de describir. En este ámbito, la mediación ayudaría no sólo a valorar lo que dice la ley con respecto a la disputa, sino a que las partes expongan lo que les motivó a posicionarse en su visión de los hechos, a valorar sus necesidades y a entender las necesidades del contrario, a humanizar, como hemos dicho antes, el conflicto. Debemos entender que empatizando con las necesidades del otro y/o pudiendo expresar y defender las propias, podremos empezar a buscar y valorar posibles soluciones que den cumplimiento a los intereses de ambos, minimizando el impacto negativo de cualquier resolución salomónica o unilateral, que es lo que ocurre en la mayoría de los casos si recurrimos a una resolución judicial: un juicio se gana o se pierde. En mediación, todos ganan.

Hemos visto además que, en muchos casos, a pesar del litigio mantenido por las partes, existe un claro interés y beneficio mutuo en mantener la relación futura. Esto es posible cuando los problemas se resuelven teniendo en cuenta las necesidades de todas las partes en vez de aniquilar al contrario. Si tenemos un inquilino que no paga o que nos da problemas con los vecinos y tratamos de resolver la cuestión en un tribunal, es muy probable que la relación entre inquilino y arrendador acabe rota y por tanto, la relación contractual también, siendo el resultado poco beneficioso para ambas partes pues uno ha de mudarse de casa y el otro probablemente va a perder, como poco, un mes o dos de arrendamiento. Cuando estas cuestiones quedan resueltas en mediación, habiendo entendido los intereses y las causas de los comportamientos de ambas partes, suele ocurrir que después de exponer la situación, si llegan a un acuerdo mutuamente satisfactorio, ambos continúan disfrutando de su relación contractual sin mayor problema.

La apuesta no es tanto eliminar o prevenir las desavenencias sino aprender a enfrentarnos a ellas con los recursos suficientes para que todos los implicados salgan enriquecidos. Así, entendemos que el problema no es el conflicto sino la mala gestión del conflicto.

La implantación de la mediación, no obstante, requiere todavía de un cambio cultural en nuestra sociedad. No estamos acostumbrados a resolver conflictos desde esta perspectiva de madurez social, siendo el procedimiento contencioso, a día de hoy, el más frecuentemente utilizado. Quiero por tanto cerrar esta introducción invitando a la reflexión de los lectores y a que se animen a probar procedimientos alternativos de resolución de conflictos en caso necesario, pues hay mucho que ganar y muy poco que perder: *"Cuando cambias la forma en que miras las cosas, las cosas que miras cambian"*. **Anónimo**.

I. Introducción a la mediación

Se suele decir que el origen de la mediación es tan antiguo como el origen del hombre, ya que está asociado al conflicto y éste, como ya hemos señalado, es inherente al ser humano.

Desde hace siglos, y en muy diversas sociedades y culturas, encontramos claros registros de prácticas similares a lo que hoy conocemos como mediación, pero es en el S. XX, a finales de la década de los 60, cuando se empieza a reconocer en la sociedad estadounidense un gran interés por las formas alternativas de resolución de conflictos o "Alternative Dispute Resolutions" (ADR), como recursos para resolver disputas al margen de los tribunales, evitando la judicialización del litigio.

La adaptación a Europa de un sistema ADR semejante al estadounidense no ha sido sencilla, pero poco a poco la mediación va adquiriendo mayor protagonismo en nuestro continente. Por su afinidad cultural y jurídica con los Estados Unidos, el Reino Unido es quien ha acogido con mayor rapidez y firmeza las técnicas ADR.

Alemania, que no destaca precisamente por una cultura negociadora característica de los sistemas del *common law*, ha incrementado considerablemente en los últimos años la utilización de la mediación como un mecanismo dentro de lo que llaman *Alternative in der Ziviljustiz*, utilizado en conflictos relacionados con el medio ambiente, derechos económicos, conflictos laborales, arrendamientos, disputas entre vecinos, o cuestiones que afectan a los consumidores.

En el año 1995 entra en vigor en Francia la Ley de Mediación Procesal, que modifica el artículo 131 del Código de Procedimiento Civil e introduce la mediación. Propone la conciliación como proceso previo y obligatorio antes de iniciar un juicio e implanta la figura del mediador, inspirado en el *ombudsman* sueco, cuya función es hacer recomendaciones a la administración sobre cómo podría resolverse una disputa, pero sólo recomendaciones y sin competencias para obligarla.

Si bien es cierto que en España llevamos un cierto retraso en la asimilación de las técnicas ADR, últimamente asistimos a un movimiento en auge que se inició sobre todo en el ámbito de la mediación familiar y que actualmente tiene un alcance bastante amplio en diferentes ámbitos de aplicación que abarcan temas tan diversos como el mercantil, sucesorio, deportivo, comunitario o, como el caso que nos ocupa, inmobiliario, entre otros. En los últimos años hemos asistido a un gran avance, desde diversos ámbitos, en el desarrollo de la mediación. Numerosas iniciativas persiguen fomentar y difundir la utilización de este procedimiento como sistema de resolución de conflictos. Contamos con una amplia oferta de formación específica en mediación, tanto desde universidades como de centros privados; se ha aprobado una Ley estatal que regula la actividad profesional de los mediadores; numerosos ayuntamientos ofrecen este servicio a sus ciudadanos; y se han creado gabinetes de resolución de conflictos en el ámbito privado que ofrecen servicios de mediación.

En definitiva, el interés que han suscitado estos métodos se reflejaba ya en La Propuesta de Directiva al Parlamento Europeo y al Consejo sobre determinados aspectos de la mediación en materias civiles y comerciales, de 22 de octubre de 2004 [COM (2004) 718 final], aprobada en noviembre de 2007 y que en su Exposición de Motivos, señala lo siguiente:

> *"La utilidad de ampliar el recurso a la mediación la constituyen esencialmente las ventajas del propio mecanismo de solución de litigios: una manera más rápida, simple y rentable de solucionar conflictos que permite tener en cuenta más aspectos de los intereses de las partes. Ello aumenta las posibilidades de alcanzar un acuerdo que respetarán voluntariamente y preserva una relación amistosa y sostenible entre ellos".*

Finalmente, el 7 de julio de 2012 se publica en el BOE la Ley de Mediación en Asuntos Civiles y Mercantiles que regula la profesión de la mediación en nuestro país y que la define como:

> *"Aquel medio de solución de controversias, cualquiera que sea su denominación, en que dos o más partes intentan voluntariamente alcanzar por sí mismas un acuerdo con la intervención de un mediador".*

Con todo este panorama, podemos afirmar que, junto a las fórmulas tradicionales hetero-compositivas como vías de solución de conflictos a través de un tercero que decide por las partes, cada vez están adquiriendo mayor relevancia las fórmulas auto-compositivas, aquéllas en las que las propias partes toman las decisiones oportunas para resolver sus conflictos.

En cualquier caso, no debemos olvidar que los sistemas ADR no tienen como finalidad reemplazar al sistema judicial sino que pretenden ampliar el abanico de opciones para que los ciudadanos resuelvan sus conflictos, siempre con la garantía de la tutela judicial efectiva que preconiza el artículo 24 de la Constitución española.

II. Beneficios que obtienen las partes con la mediación

Cada caso se beneficia en mayor o menor medida de las posibilidades que brinda el proceso según las circunstancias y características del conflicto. No obstante, es un hecho contrastado que la mediación es un sistema aventajado sobre el contencioso en múltiples aspectos:

- **Todas las partes ganan**. En mediación se tiene en cuenta el interés mutuo frente a las posturas individualistas, buscando siempre soluciones que satisfagan a todas las partes.

  Se cambia la visión judicial "yo gano-tú pierdes" por una visión "yo gano-tú ganas".

- **Las relaciones quedan menos deterioradas.** Evitar en la medida de lo posible el proceso judicial es de por sí un gran paso para prevenir el desgaste emocional al que las partes se ven sometidas. Si además ayudamos a que la comunicación se restablezca y que las partes se posicionen en un estado emocional adecuado para favorecer la negociación, no sólo posibilitamos la consecución de acuerdos mutuamente aceptados sino que también reducimos los comportamientos competitivos derivados del conflicto original.

  Si analizamos la situación de las partes desde un punto de vista global, suele ser mucho más rentable negociar con el fin de que ambos queden satisfechos con las soluciones acordadas que ganar todo a costa de que el contrario renuncie a sus intereses. Esto último puede ser muy satisfactorio en determinados aspectos, pero también tiene efectos colaterales muy negativos: dinamita en muchas ocasiones la relación con la otra parte. Y esto no interesa. A veces es mejor ceder algo, a cambio de que la parte contraria quede satisfecha y no siga eternamente con el hacha de guerra levantada.

  En este sentido, la mediación tiene a su vez una función preventiva que evita en muchos casos que el conflicto degenere en una situación más grave.

- **Las partes deciden sus acuerdos.** Nadie mejor que los propios interesados para valorar cuál es la mejor de las opciones.

En mediación, las partes implicadas tienen total autonomía para decidir y establecer los acuerdos oportunos, siempre dentro de lo legalmente disponible.

- **Formato provisional de ensayo-error: nada es irreversible.** A lo largo del proceso, las partes pueden ir tomando decisiones que se ponen en marcha entre una sesión y otra. Esto permite valorar si los acuerdos, en principio provisionales, son adecuados para convertirlos en definitivos o si, por el contrario, tienen lagunas que deban ser revisadas hasta encontrar la mejor alternativa posible.
- **Se reduce el tiempo invertido en el proceso**. La duración del proceso de mediación depende del estado emocional inicial de las partes, así como del número y alcance de sus conflictos. No obstante, debido a la simplicidad del procedimiento, los acuerdos se suelen alcanzar mucho antes de lo que tardarían en tener una resolución judicial. Más aún si alguna de las partes se siente "perdedora" con dicha resolución y la recurre.

  Hablamos de años hasta tener una sentencia firme, frente a días para alcanzar un acuerdo de mediación.
- **Acuerdos más duraderos y respetados que las sentencias judiciales.** Es evidente que la participación activa en el contenido del acuerdo garantiza que sea la mejor alternativa barajada por todas las partes implicadas, sobre todo cuando se trabaja, como ya hemos mencionado, bajo el paradigma "ganador-ganador".

III. La figura del mediador

La figura del mediador, como profesional emergente en el ámbito de la resolución de conflictos, es aún una gran desconocida para la mayoría de la sociedad, quien supone que es alguien que se encuentra entre dos partes litigantes tratando de "templar gaitas" con el fin de ayudarles a llegar a cualquier tipo de acercamiento. Esta creencia lleva a un cierto "intrusismo" en el que no son pocos los que se autodenominan "mediadores" o ejercientes de la mediación con frases del tipo "esto es lo que llevo haciendo yo toda mi vida".

Sin embargo, además de las características que conforman el procedimiento de mediación, el mediador tiene una línea de actuación muy definida y delimitada que le diferencia de cualquier otra actuación y que voy a desarrollar a continuación.

En primer lugar, debemos señalar que el rol del mediador no es ni terapéutico, ni jurídico, y la principal diferencia que encontramos con los profesionales de estas disciplinas es el lugar que ocupa con respecto a sus clientes.

Tanto los profesionales de la psicología como los abogados (y lo podemos hacer extensivo a otras disciplinas) se posicionan frente a sus clientes en un lugar de "poder", es decir, son percibidos como asesores y poseedores de un conocimiento técnico del que el cliente no dispone y que ponen al servicio del asunto que se les plantea con el fin de ofrecerle la mejor solución a su problema. Esta "superioridad" que mantienen en el entorno profesional les dota de cierta autoridad en el proceso de las distintas disciplinas que desempeñan.

En mediación, sin embargo, no hay jerarquías. El mediador ha de posicionarse en un mismo plano con respecto a sus clientes, ya que no debe opinar, ni juzgar, ni hacer uso de sus conocimientos para ofrecer una solución. Su misión es conducir las sesiones de manera tal, que sean los propios implicados los que encuentren la solución a su conflicto. Es decir, el mediador debe renunciar al protagonismo implícito que otros profesionales ejercen, ya que si diera su opinión, esta podría ser tomada como una obligación, como un deber, y el acuerdo que las partes pudieran alcanzar no estaría construido bajo sus propias voluntades, sino inducido por la autoridad del profesional.

Además, el mediador ha de ser neutral (sin interés personal en la resolución del conflicto en una u otra dirección), imparcial (sin interés personal en el beneficio de ninguna de las partes) y equidistante con todos ellos (*garantizando que las partes intervengan con plena igualdad de oportunidades, manteniendo el equilibrio entre sus posiciones y el respeto hacia los puntos de vista por ellas expresados*). No deberá manifestar ninguna opinión personal con respecto al conflicto expuesto; no deberá poner de manifiesto ningún tipo de alianza o pronunciarse de forma favorable o desfavorable hacia alguna de las partes; y deberá mantener en todo momento una actitud equilibrada con respecto a los tiempos de palabra ofrecidos a unos y a otros, la comunicación directa establecida con ellos, la atención ofrecida, etc.

Mantener este discreto lugar no es tarea fácil, pues en mayor o menor medida, todos acostumbramos a emitir o, cuanto menos, hacer interiormente juicios de valor con respecto a cualquier situación de la vida cotidiana. Esto, añadido a nuestra cultura extremadamente judicial, la deformación profesional que podamos arrastrar por nuestras carreras de origen y nuestra propia experiencia personal, hacen extremadamente complejo mantener la neutralidad. Y esta es una de las grandes dificultades a las que se enfrenta el mediador.

Para gestionar adecuadamente las interferencias entre lo personal y lo profesional, el mediador debe poseer un alto grado de autoconocimiento, debe estar atento a sus propias sensibilidades y estados emocionales para poder discriminar entre el mundo interno y el mundo externo. Debe saber cuándo una situación le sobrepasa y no puede enfrentarla, pudiendo buscar un espacio de supervisión o incluso, llegado el caso, tener que derivar la mediación a otro profesional o buscar un comediador.

Para complicar más aún la situación, debemos advertir que las partes intentarán, en la inmensa mayoría de los casos, poner al mediador en un nivel superior, para que decida por ellos o para hacer alianzas con él, buscando su aprobación y que les dé la razón frente al otro.

El mediador no debe impulsar soluciones concretas al conflicto. Se trata de que plantee preguntas para que ambas partes puedan llegar a acuerdos favorables.

El lugar del mediador es el de prever, conocer, saber y entender por dónde van los usuarios para decodificar el conflicto. Debe comprender la complejidad de las partes, su funcionamiento, lo que le pasa a la gente con las crisis; definir las necesidades y deseos, los intereses y las preocupaciones de cada uno; debe saber interpretar los síntomas corporales y los emocionales; entender qué pasa con sus propiedades, con sus derechos y sus relaciones; debe trabajar sobre las diferencias de cada uno y destacar las coincidencias; y debe tener en cuenta los aspectos sociales y culturales que influyen.

El mediador debe ser creativo y tener confianza en el proceso.

Asimismo debe ser tolerante, pues trabajará con personas que tienen su propio funcionamiento, sus propios principios y valores, y que en ocasiones pueden distar enormemente de los suyos.

Debe también ser flexible para poder adaptarse a la diversidad de personas con las que va a trabajar, teniendo en cuenta su nivel socioeconómico y cultural, los distintos lenguajes y maneras de expresarse, los distintos intereses y objetivos de vida, las diferencias de religión o ideas políticas. Debe ser capaz de enfrentarse a las diferentes situaciones con las que se va a encontrar, y dar respuesta sin perder el objetivo que persigue.

Asimismo debe sentirse seguro en su lugar para poder transmitir a los mediados que posee la capacidad de entenderles y ofrecerles la ayuda que vienen a buscar en el proceso de mediación.

Debe tener empatía, es decir, capacidad para comprender las preocupaciones y problemas de las personas mediadas y ser capaz de transmitirles dicha comprensión.

Debe trabajar con sentido de la honestidad y la ética profesional. Esto significa trabajar desde los intereses de los clientes con sinceridad, actitud abierta y honrada.

El mediador debe favorecer un clima de acogida, cálido y de serenidad, para que los mediados sepan que pueden tomarse su tiempo y sentirse en un espacio que les proporcione tranquilidad para poder tomar sus propias decisiones.

Debe saber que es más importante escuchar que hablar. No podemos escuchar mientras hablamos, por eso, aunque parezca algo evidente, es necesario que los mediadores escuchen y no abusen de la palabra. Hay que ser claro, abordar el tema y hacer las preguntas de forma directa, con la mayor claridad posible, siempre dentro de un marco de cordialidad y legitimación.

Deben escuchar activamente no solo para recibir información, sino también para discriminar el momento y las emociones que subyacen en la persona que habla, dejando aparcados nuestros propios puntos de vista. Y es que lo importante no es lo que el mediador piense o crea sino cómo se sienten las partes y lo que ellas creen y sienten de su propio conflicto. Así, el mediador no juzga ni aconseja, pero intenta captar los sentimientos que hay detrás de las palabras de los mediados.

Asimismo, es importante mantener el silencio adecuado. Manejar los silencios es algo que requiere de cierto entrenamiento. En líneas generales, en la vida cotidiana el silencio crea tensión y es algo que se suele evitar. Dentro del ámbito profesional promueven en el mediado el seguir hablando. Facilita la reflexión y profundizar en el tema que se trata. Son silencios serenos, no fruto del nerviosismo del mediador o de no saber cómo continuar. Son silencios que facilitan la comunicación y la escucha.

El mediador debe saber cuándo preguntar y cómo hacerlo. Preguntamos para obtener información, así que tenemos que tener claro por qué hacemos cada pregunta y nunca preguntar algo que no conduzca al objetivo de lo que estamos preguntando, ya que preguntamos para esclarecer y no para abrir más frentes al conflicto.

IV. Técnicas aplicables al proceso de mediación

Las técnicas de mediación son comunes a cualquier ámbito de aplicación: familiar, mercantil, vecinal o inmobiliario, entre otros. En este sentido, lo que marca la diferencia, no va a ser el uso de una u otra técnica, sino la aplicación de las mismas según las necesidades del proceso. Es decir, utilizaremos las mismas técnicas para aplacar la ira, venga ésta de un conflicto por un divorcio o de una disputa por el reparto de beneficios de un negocio. Lo que tenemos que hacer es utilizarlas adecuadamente en los momentos oportunos, adaptándolas al discurso o exposición que nos hagan las partes.

El ámbito inmobiliario no es una excepción. Y estas mismas técnicas tienen su aplicación en procesos derivados de este contexto.

Lo primero que debemos tener en cuenta es que las personas que vienen a mediación durante la fase aguda del conflicto no se encuentran en un estado emocional apto para tomar decisiones o para negociar, ya que la versión del conflicto sobre la que desarrollan su discurso queda sesgada por la carga emocional negativa (tristeza, rencor, ansiedad, preocupación, ira...), dificultando que puedan tener una visión objetiva de la realidad.

El mediador no es un terapeuta, pero tiene que ser consciente y sensible a esta circunstancia. Como ya hemos explicado, debe ser capaz de detectar los distintos estados emocionales y aplicar las técnicas necesarias para reducir la carga negativa hasta niveles que permitan trabajar con garantías de objetividad y racionalidad en la toma de decisiones. Para ello, tiene que recomponer esta visión subjetiva y parcial de cada una de las partes, logrando una común, más ecuánime e integral que permita reconstruir la historia de manera objetiva con respecto a los diversos aspectos que intervienen: momento en que se gestó el conflicto, el contexto en el que se ha producido, causa/s, interacción entre las partes, valores en juego, intereses, etc...

Las técnicas utilizadas en mediación para tal fin no suelen ser herramientas rápidas ni contundentes que solucionen el conflicto de manera inmediata. Ni siquiera son siempre válidas, ni se aplican de igual manera, ni producen los mismos resultados en cada persona o en cada momento.

Sin embargo, si conseguimos manejarlas adecuadamente, consiguen efectos profundos y duraderos en las partes. El éxito depende de la habilidad del mediador para saber cuándo y cómo aplicarlas obteniendo el resultado deseado. Y esto se consigue con la práctica. De ahí que la gran mayoría de los mediadores defendamos la idea de que "a mediar se aprende mediando".

Son herramientas sencillas y de corta duración. Se trata, en realidad, de breves intervenciones que el mediador va realizando a lo largo del diálogo con las partes ya que, recordemos, esta es la herramienta principal con la que el mediador cuenta: la comunicación y la habilidad en el uso del lenguaje.

Cada técnica por sí sola no logrará unos efectos decisivos, sin embargo la aplicación sistematizada de las mismas irá calando en las partes y consiguiendo su objetivo.

Veamos cuáles son estas técnicas, en qué consisten y cómo se aplican:

a) Legitimación

La legitimación más que una técnica es una actitud que debemos adoptar ante las partes. Deben sentir que no se les juzga y que sus opiniones, ideas, manifestaciones, sentimientos y argumentos son legítimos en el proceso y tienen, por tanto, derecho a defenderlos sin ser criticados por ello, como normalmente ocurre cuando discuten solos en su entorno habitual.

Esta actitud del mediador, según avance el proceso, debería ser asumida también por las partes. Es decir, debe llegar un momento en el que las distintas opiniones, aunque no sean compartidas, deben ser respetadas.

Legitimamos no juzgando las exposiciones de las partes, no cuestionando ningún tipo de sentimiento, no haciendo valoraciones personales, no manifestando sorpresa o rechazo ante cualquier confesión, expresión o información que nos compartan. Y al mismo tiempo, haciéndoles ver que nos interesa, en la misma medida, lo que cada uno tiene que decir.

Asimismo, podemos legitimar cuando nos pidan nuestra opinión sobre el tema que estamos tratando, respondiendo en esta línea "*¿Y qué más da lo que yo opine? Aquí lo importante es cómo estáis viviendo vosotros esta situación. Lo que importa es cómo os sentís vosotros con lo que os está pasando. Qué necesitáis, qué os molesta, qué es para vosotros importante, qué opináis sobre este tema...*".

Igualmente, cuando se deslegitimen uno a otro, podemos intervenir recordando que, más allá de lo que cada uno opine al respecto, debemos considerar las ideas, valoraciones, creencias, impresiones o sentimientos de todos. Y que es importante que las opiniones de todas las partes tengan cabida en la mediación.

b) Síntesis o resumen

La síntesis es la realización de un resumen breve y conciso de la exposición de una o varias partes. Debe ser un resumen objetivo y breve, que sólo aluda a la información más relevante e ignore todo lo que no sea importante, como insultos, valoraciones personales o detalles irrelevantes. Debe, por tanto, transformar todos los comentarios dañinos sobre la otra parte en frases ecuánimes.

Esta técnica se utiliza para centrar el diálogo y se puede practicar en cualquiera de estos supuestos:

- Al inicio de cada sesión para recordar lo que se trabajó en la anterior y continuar donde se quedó.
- Al final de cada sesión para concluir lo trabajado durante la misma.
- En cualquier momento que necesitemos ordenar toda la información que nos estén facilitando.
- Cuando necesitemos clarificar lo que una de las partes ha dicho.
- Cuando la dinámica de la comunicación entra en bucle y las partes empiezan a contar lo mismo de forma repetitiva. Hacemos el resumen para después dar pié a seguir avanzando en la conversación.
- En cualquier momento en que entendamos que se ha concluido un tema, o que se ha suministrado información importante para los mediados o que han llegado a acuerdos importantes para ellos.

Cuando se termina de hacer el resumen, se debe pedir a las partes la confirmación de si les ha parecido completo y ajustado a la realidad, pues puede que nos hayamos olvidado de algo que era importante para alguno de ellos, que tergiversemos lo dicho o que nos equivoquemos en lo que entendimos.

"¿Os parece que he recogido todo lo que ha pasado en la sesión o me dejo algo?"

"¿Es esto lo que pasó o hay algo de lo que he dicho que no es correcto o no es exactamente así?"

c) Normalización

En determinadas ocasiones, las partes enfrentadas a un conflicto se sienten superadas por las circunstancias. Este hecho provoca que acaben percibiendo el conflicto de forma errónea y desmesurada debido al nivel de tensión y los sentimientos negativos que mantienen en ese momento, distorsionando la realidad, deformándola e interpretando que todo esto que les está sucediendo es algo extraordinariamente desmedido, extraño, infrecuente, raro o poco habitual.

En estos casos, debemos conseguir una perspectiva más habitual y normalizada de la situación que les preocupa ya que, de lo contrario, se bloquearán en la resolución del conflicto y podrían caer con mayor facilidad en una actitud de victimismo nada favorable para el trabajo que nos ocupa y la búsqueda de soluciones.

Para ello, debemos darles una versión realista y objetiva de lo que nos narran, haciéndoles ver que es normal que en tales circunstancias se sientan de determinada manera. Normalizar no es compadecer, ni consolar, ni emitir mensajes de contenido vacío del tipo "ya verás como esto se pasa..." o "seguro que no va a ser nada". Normalizar es hacerles ver que a lo largo de la vida, todo el mundo pasa por momentos difíciles alguna vez y que tener determinado tipo de sentimientos, emociones o circunstancias... no es algo raro, sino humano y bastante más frecuente de lo que pueda parecer.

Veamos con un ejemplo la aplicación de esta técnica:

Parte: *"Hablar con él es un horror. Cada vez que se retrasa en el pago del alquiler y tengo que llamarle para recordarle que me tiene que abonar el mes, me pongo fatal. Me produce mucha ansiedad porque yo necesito esa renta para vivir y encima de que no me paga, se pone hecho una furia conmigo cuando se lo recuerdo. Estoy agotado y lo único que quiero es acabar con esta historia de una vez. No puedo más".*

Mediador: *"Es normal que, después de tantas discusiones como habéis tenido ya, experimentes ese grado de tensión antes de hablar con él, más aún cuando se trata de un tema que es importante para ti y además anticipas que la conversación va a ser complicada. Lo que tendremos que ver, y por eso habéis venido a mediación, es cómo encontrar un espacio que os permita hablar y buscar una solución definitiva que evite que tengáis que llegar a este nivel de enfrentamiento personal constantemente".*

d) Reformulación

Como sabemos, en mediación nos podemos encontrar con un componente emocional elevado que, sin duda, influirá en el desarrollo del proceso, sobre todo en los primeros momentos.

Según Daniel Goleman[1], esto se debe a que, en esas circunstancias, la mente emocional "secuestra" a la mente racional y toma sus creencias por una realidad absoluta, ignorando toda evidencia en sentido contrario. Este es el motivo por el cual resulta tan difícil razonar con personas que se encuentran afectadas emocionalmente, porque no importa la contundencia lógica de los argumentos si no se acomodan a la convicción emocional del momento. Los sentimientos son autojustificantes y se apoyan en un conjunto de percepciones y de pruebas válidas exclusivamente para sí. Por tanto, lo primero que debemos hacer en una mediación es aplacar las emociones antes de ponernos a pensar en la búsqueda de soluciones.

La reformulación es una de las técnicas más eficaces, ya que consigue aplacar la intensidad de las emociones negativas (reformulación emocional), a la vez que produce cambios en el proceso reflexivo de las partes (reformulación asertiva). A continuación describimos en qué consiste y qué efectos tiene:

Se trata de hacer un eco de lo que nos están contando, repitiendo con otras palabras lo que nos acaban de decir y positivando el mensaje. Parece sencillo, pero no lo es. Veamos algunas peculiaridades:

En primer lugar, debemos apuntar que la persona que nos narra su versión de los hechos o circunstancias, se va a sentir escuchada. Y

1 GOLEMAN, D. Inteligencia emocional. Ed. Kairos.

la escucha en sí misma suele tener un efecto beneficioso y paliativo en el interlocutor.

- El principal objetivo que buscamos con la reformulación es eliminar la carga negativa del lenguaje, transformando el reproche en la exposición de un deseo insatisfecho.
- Debemos tener mucho cuidado de no introducir ningún elemento que no haya dicho el emisor. No debemos dar nada por supuesto, ni introducir ningún contenido derivado de nuestra propia subjetividad. No podemos interpretar ni devolver cosas que ellos no han dicho.
- Podemos hacer reformulaciones asertivas, es decir, sobre algún contenido lingüístico que nos estén exponiendo. Pero también podemos hacer reformulaciones emocionales, que consisten en devolver un estado anímico, o sentimiento. Esto se puede hacer en base a algún gesto, el tono de voz o, por supuesto, también sobre alguna manifestación explícita. En definitiva, es ponerle nombre (una palabra) a su estado de sentimientos. La reformulación emocional sólo se hace si aparecen sentimientos, si no, no.
- Es importante también que no seamos muy formales a la hora de reformular ya que de esta forma, no se sentirán escuchados y perderemos la naturalidad de la conversación. La reformulación debe expresarse de forma espontánea, como si estuviéramos hablando con un amigo, de una manera fluida y natural y utilizando códigos de lenguaje similares a los que usan las partes.
- Nunca debemos reformular solamente a una de las partes, porque la otra puede sentir que se ha hecho una alianza con la primera. Acto seguido, debemos ceder la palabra a la otra persona y reformular también lo que ésta diga.

Veamos un ejemplo:

Juan: *"Antonio me había dicho que mi familia y yo podríamos hacer uso de la vivienda desde el 1 de Enero. Yo he organizado todo contando con que el mismo día 2 nos mudábamos: he contratado la empresa de mudanzas y he quedado con mi casero actual en que el día 2 dejaba la casa libre. Mi casero a su vez ha quedado* *con los pintores el día 3 porque el 5 entran nuevos inquilinos, por lo que no me puedo quedar en esa casa ya ni un día más. Y ahora Antonio me dice que antes del día 15 no puedo entrar en su casa. A una semana de la mudanza. ¿Qué quiere que haga ahora? ¿Me voy a la calle 15 días? Y además como no reflejamos nada por escrito porque me dijo que el contrato del alquiler lo firmaríamos el día de mi entrada a la vivienda, no puedo reclamarle nada. ¡¡Es impresentable!! Ya veo que no se puede uno fiar de nadie.*

Mediador: *"Si te he entendido bien Juan, tú vives de alquiler y te vas a mudar de tu casa actual a otra que le has alquilado a Antonio. La mudanza estaba organizada para el día 2 de Enero, pero Antonio te ha dicho ahora que hasta el día 15 no puedes mudarte. La cuestión es que el hecho de no poder mudarte hasta el día 15 supone que tienes que resolver ahora dónde vas a vivir con tu familia durante los 15 días de retraso, hasta que puedas entrar en la casa nueva. Y además de este tema, que para ti es importante resolver cuanto antes porque estamos a una semana de la salida de tu vivienda actual, te preocupa también el hecho de que Antonio no cumpla con los compromisos verbales a los que habíais llegado. Te gustaría que lo que pactéis entre ambos, ya sea por escrito o hablado, se cumpliera para poder confiar el uno en el otro.*

¿Qué opinas tú, Antonio, sobre esto que acaba de decir Juan?"

Antonio: *"Que yo lo entiendo. Que sé que para él es una faena, pero que no puedo hacer nada. Esto no lo he hecho por capricho. Ha habido una fuga de agua en la vivienda y he tenido que hacer una obra que, por mucha prisa que le estoy metiendo a los albañiles, no pueden terminar antes del plazo fijado" ¿Qué quiere que le haga? No puedo hacer más. En la vida a veces surgen imprevistos que no podemos controlar.*

Mediador: *"Si te entiendo bien Antonio, en tu opinión lo que ha sucedido es debido a un contratiempo que no estaba bajo tu control y que te ha obligado a realizar una obra en la vivienda con la que no contabas. Tú conoces las consecuencias que esto tiene para Juan y por ello estás haciendo lo que puedes para que el perjuicio sea lo menor posible pero, a pesar de todo, Juan te reclama que esto no es suficiente porque sigue teniendo 15 días sin saber dónde va a vivir. ¿Es así?*

Por tanto, tendríamos que buscar una solución que os ayude a ambos a resolver dos cuestiones: poder reparar la avería de la vivienda para que Antonio pueda disfrutar de ella en plenas condiciones y que Antonio encuentre un alojamiento para estos 15 días. Si resolviéramos estos dos temas ¿podríais ambos recuperar la confianza del uno en el otro para mantener el acuerdo de alquiler?

Con la reformulación conseguimos principalmente un doble objetivo. Por un lado, al devolverle lo que nos ha contado, le hacemos ver que le hemos escuchado con atención e interés y que estamos entendiendo su problema y su situación. Esto es lo que necesitan las personas cuando pasan por un momento difícil, sentirse escuchadas y que alguien les preste un hombro para desahogarse. Pero además, con la reformulación emocional, le demostramos que captamos también sus sentimientos y, compartidos, estos se hacen menos invasivos.

Por otro lado, con la reformulación conseguimos que la otra parte por fin oiga las demandas del otro sin sentirse atacado, sin sentirse agredido en su comportamiento, pues al positivizar la frase y transformar el reproche en un deseo del otro que no se ha cumplido, se resta culpabilidad en la exposición. No es lo mismo que te digan "no haces nada", a que te digan "él esperaba más ayuda" o, siguiendo con el ejemplo anterior, no es lo mismo que te digan "*¡¡Es un impresentable!! Ya veo que no se puede fiar uno de nadie*" a que te digan "*Para él es importante saber que puede confiar en ti*" (esto es transformar el reproche en la exposición de un deseo insatisfecho).

La reformulación ofrece además a la persona la posibilidad de confirmar o corregir lo que hemos entendido. Y en momentos de alta tensión permite relajar un poco el clima, ya que el mediador, utilizando un tono de voz menos exaltado, puede reducir esta tensión.

Esta técnica se utiliza constantemente, durante todo el proceso de mediación.

e) La Reciprocación

Por el mismo motivo que hemos descrito en el apartado anterior, el secuestro de la mente emocional sobre la racional, es frecuente que las partes en una disputa culpabilicen totalmente al otro de la responsabilidad del conflicto, sin admitir si quiera ser copartícipes del origen del mismo.

Cuando esto sucede, debemos redefinir el problema eliminando dichas posiciones culpabilizadoras, ya que asumir la co-responsabilidad tanto del conflicto como de la posibilidad de solución, es condición imprescindible para abordar su resolución.

Para ello, debemos mover a las partes de esa visión unilateral hacia otra de reconocimiento mutuo, buscando aspectos comunes en los mensajes culpabilizadores.

Veamos un ejemplo:

> **Juan**: *"A Antonio sólo le preocupa lo suyo. No tiene en cuenta que yo tengo una familia detrás y que no puedo esperar esos 15 días sin tener dónde ir. Yo necesito disponer de esa casa el día 2 de Enero, como habíamos quedado".*
>
> **Antonio**: *"¿Y qué te crees, que a mí no me gustaría que entraras el día 2 y empezar a cobrar ya el alquiler en vez de estar gastando dinero en la obra? Tú sí que piensas sólo en ti mismo y en tus problemas, pero yo también tengo los míos".*
>
> **Mediador**: *"Lo que veo es que a los dos os está perjudicando esta situación ya que Antonio se encuentra sin un lugar en el que vivir durante 15 días y para Juan es un perjuicio económico tanto por el gasto derivado de la obra, como por no percibir el importe del alquiler durante los días que se retrase el inicio del contrato. Siendo así, entiendo que a ambos os gustaría resolver esto de una forma satisfactoria y lo antes posible, ya que a los dos os interesa mantener la relación entre vosotros para continuar con el acuerdo del contrato de alquiler y que Antonio pueda establecerse en la vivienda cuanto antes. ¿Qué podríais hacer cada uno de vosotros, por tanto, para resolver el tema del alojamiento de Antonio hasta que la obra finalice?*

f) Reconocimiento del otro (empatizar)

En momentos de crisis, las partes implicadas en un conflicto suelen mantenerse en lugares conocidos para ellos (posturas rígidas) que les dan seguridad. Este estado les impide escuchar abiertamente al que tienen enfrente, dando vueltas al mismo discurso una y otra vez e interpretando las acciones y palabras del otro sin escuchar realmente lo que nos quiere decir. Es entonces cuando escuchamos frases como "si yo ya sé lo que va a decir, porque lo conozco...".

Cuando esto ocurre, la interpretación de los hechos tiene un sólo significado posible: el mío. Desaparece el beneficio de la duda hacia el otro y sólo hay certeza a mi favor: "hace esto porque tiene envidia"; "no cumple con sus responsabilidades porque es un vago"; "no colabora porque es un egoísta".

Este tipo de pensamiento anula la relación, sólo cuenta lo propio y no queda lugar para el otro, provocando actitudes defensivas y suspicaces.

En este momento, la intervención del mediador se debe encaminar hacia el logro del reconocimiento mutuo para que la relación adquiera de nuevo su dimensión de pluralidad y respeto a la diversidad de opiniones.

El objetivo es que puedan sentirse escuchados y comprendidos, y poder a su vez escuchar y comprender al otro.

El modo de hacerlo es preguntando de tal manera que las partes puedan alcanzar una "consciencia del otro", ser más receptivos y empáticos con la otra parte, sus necesidades, motivaciones, etc...

Antonio: *"Yo ya he dicho que la obra durará 15 días más. Que le diga a su casero actual que no se va a ir hasta esa fecha y ya retrasará éste la cita con los pintores y los nuevos inquilinos".*

Mediador: *"¿Y cómo crees que reaccionará su casero actual en esas circunstancias?" "¿Cómo crees que le puede afectar a Juan lo que estás proponiendo en su relación con esta persona?" "¿Qué consecuencias crees que tendría que asumir?" "¿Qué harías tú si Juan, como inquilino, se comportara así contigo algún día?".*

g) Enfocar hacia el futuro

A veces, las partes se enroscan en conversaciones poco productivas sobre el pasado. Hablar de lo que sucedió con anterioridad puede tener grandes ventajas para la mediación, como el desahogo de las partes o hacer un análisis del mismo para evitar cometer errores similares en el futuro.

Pero más allá de esto, cuando las conversaciones se vuelven obsesivas y el discurso entra en una espiral o bucle que no aporta nada nuevo ni productivo, sino que por el contrario se torna en un constante y eterno lamento o queja de las conductas o sucesos del pasado, entonces es cuando debemos movilizar a las partes hacia una mirada al futuro.

Podemos hacerlo a través de alguna pregunta o comentario que contenga connotaciones futuras sobre el tema en cuestión. Veamos un ejemplo:

> **Pepe**: *"No quiere renovarme el contrato y lo que quiere es que me vaya de la casa antes del día 31 de Diciembre porque dice que siempre le pago tarde. Es verdad que a veces no he podido pagar en los días indicados y me retraso un poco. Pero no es porque yo sea mala persona ni quiera eludir el alquiler. Es que le pago cuando yo cobro. Yo no quiero dejar la casa y si es necesario puedo comprometerme a ingresarle el dinero entre los días 1 y 5 de cada mes, como él quiere".*
>
> **Manolo**: *"¿Que me vas a pagar entre el 1 y el 5? Pero si siempre has dicho que no puedes porque depende de cuando tú cobres ¿y ahora resulta que sí puedes? Entonces, o me has estado tomando el pelo hasta ahora o no me lo creo".*
>
> **Mediador**: *"Manolo, a lo largo de la sesión, Pepe está manifestando su interés en mantener el contrato de alquiler y no tener que dejar la casa. Para ello, dice estar dispuesto a hacer un esfuerzo y pagarle entre los días 1 y 5 de cada mes. Si fuera cierto que desde ahora Pepe pudiera pagar el alquiler en los días señalados ¿estaría de acuerdo en que Pepe continuara en la vivienda? ¿Haría falta que Pepe hiciera algo más para que usted accediera a renovarle el contrato?*

h) Equilibrio de poder

Una de las situaciones problemáticas en mediación es cuando una de las partes sabe más que la otra sobre los temas debatidos o está más familiarizada con términos profesionales o técnicos relevantes en este ámbito. El que no los conoce se puede sentir incapaz de seguirle y quedar fuera de la discusión. Por ejemplo, si cliente y proveedor desarrollan actividades profesionales diferentes, pueden verse en desventaja cuando el mediador formula preguntas sobre sus negocios. Quizá en algún momento, alguno de ellos no entienda ni las preguntas ni las respuestas, temiendo quedar mal si revela su ignorancia.

Cuando una de las partes emplea términos técnicos con intención de impresionar al mediador, éste debe percatarse del juego de poder que se está desarrollando, continuar usando un lenguaje sencillo y comprobar que el otro se siente incluido y capaz de seguir el hilo de la conversación.

La principal herramienta para equilibrar el poder es, por tanto, garantizar que todas las partes dispongan de la misma información, la compartan, la comprendan y la tengan presente.

Si es necesario, se podrá también dedicar más tiempo a una de las partes para favorecer este equilibrio de poder.

Con esta técnica se intenta que la parte con menos poder en esa relación pueda tomar decisiones informadas y libres, realizando los acuerdos desde la igualdad y no desde la ignorancia, el miedo o el sometimiento.

ANÁLISIS DE UN CASO PRÁCTICO DE MEDIACIÓN INMOBILIARIA

Mª DEL CARMEN CAZORLA GONZÁLEZ-SERRANO

Doctora en Derecho y Profesora Titular (I.) de Derecho Civil de la Universidad Rey Juan Carlos

I. INTRODUCCIÓN

En los contratos de arrendamiento la buena voluntad y las ganas de resolver los conflictos que surgen durante la vigencia de los mismos son generalizadas entre propietarios e inquilinos. Los inconvenientes se deben, en la mayoría de los casos, a una falta de comunicación personal y positiva entre ambos.

Para llegar a ese entendimiento efectivo, la mediación de profesionales expertos en la materia es una buena fórmula para acercar posiciones y solucionar problemas[1]. El mediador ayuda a las partes implicadas en el conflicto a buscar posibles alternativas al problema, es decir, gestiona la comunicación entre las mismas con el objetivo de generar un clima lo suficientemente cordial, como para que los interesados comiencen a proponer alternativas y dejen de reprocharse situaciones y comportamientos. Se trata de un tercero imparcial que pretende que los implicados en el conflicto tomen

[1] La experiencia concreta que se tiene desde el Departamento de Mediación de Arrenta (Asociación para el fomento del Alquiler) es que la mediación ya está consiguiendo solucionar conflictos del alquiler y evitando el desahucio en un 33%. Dichos problemas se están resolviendo, además, en un tiempo récord: menos de once días.

conciencia de su papel, es decir, que asuman su responsabilidad a la hora de alcanzar acuerdos[2].

Sobre este particular, analizamos a continuación un caso práctico de mediación inmobiliaria entre partes implicadas en un contrato de arrendamiento. En este supuesto el inquilino, sin previo aviso al propietario, decide asumir el pago de una avería de fontanería generalizada en las cañerías del inmueble arrendado, con la intención de descontarlo de la renta mensual. El propietario no está de acuerdo y amenaza con la resolución del contrato.

II. Descripción del caso: el conflicto y sus protagonistas

D. Mateo Elorrieta Aranguren (propietario) y Dña. Lucía Vázquez Prieto (inquilina) contactaron con el Servicio de Mediación inmobiliaria cuando Dña. Lucía llevaba un año disfrutando del inmueble sito en la calle Velázquez nº 24 (Madrid). El contrato arrendaticio había sido celebrado con fecha 01/01/2015 por una duración de dos años.

Durante el primer año de arrendamiento (del 1 de enero de 2015 al 1 de enero de 2016) todo había trascurrido con normalidad y ambas partes se comportaban correctamente asumiendo los derechos y obligaciones derivados de la relación contractual.

En febrero de 2016, cuando Dña. Lucía estaba preparando el baño de sus hijos, al abrir el grifo salió agua marrón. Al comprobar que lo mismo ocurría en todos los grifos de la casa y, no era un problema de las cañerías comunitarias, de forma inmediata se puso en contacto con un fontanero que le certificó una avería en las cañerías concernientes al inmueble. Ésta no lo dudo. Con un presupuesto en mano de 850 euros, contrató los servicios de fontanería para que diera solución al grave problema que les tenía sin poder

---

[2] Véase, entre otros, SÁEZ RODRÍGUEZ, C.: *La Mediación Familiar. La Mediación Penal y Penitenciaria. El Estatuto del Mediador. Un programa para su regulación, Thomson Aranzadi*, Pamplona 2008, p. 36 y CAZORLA GONZÁLEZ-SERRANO, M.ªC.: *La mediación como solución en los conflictos de crisis de pareja, Thomson Reuters Aranzadi*, Pamplona 2016, pp. 49-51.

lavarse, cocinar o beber un simple vaso de agua, con el consecuente peligro de que sus hijos pequeños pudieran contaminarse si se les ocurría beber del grifo. El problema estaba solucionado en menos de veinticuatro horas, asumiendo la inquilina el coste de la reparación de la avería y con la idea de una vez arreglado, comentárselo al propietario y descontarlo del pago del mes siguiente como constaba expresamente en la sexta cláusula del contrato: "El arrendador está obligado a reparar el inmueble arrendado siempre que sea necesario para conservar la vivienda en condiciones de habitabilidad, salvo que pueda probarse dolo o negligencia grave por parte del inquilino" (arts. 1554.2 C.c. y 21 LAU).

Así pues, al ser informado el propietario por la inquilina de los hechos acaecidos, mostró su enfado y desacuerdo negándose a hacerse cargo de los costes generados por la reparación de la avería, al no haber sido informado con antelación. Ante esta reacción, Dña. Lucía le advirtió que le ingresaría la próxima cuota mensual descontando los 850 euros de la reparación, a lo que el propietario respondió que, de actuar así, procedería a la resolución del contrato con la consecuente denuncia por impago.

Ante el conflicto existente entre ambos, Dña. Lucía propone a D. Mateo acudir a un proceso de mediación para encontrar una posible vía de resolución del conflicto planteado; el propietario accede y, juntos, acuden a un mediador especializado en la materia.

III. Fundamentación teórica

Cuando se plantea un problema entre propietario e inquilino, los abogados estudian el contrato, lo interpretan del modo más favorable a sus respectivos clientes e intentan imponer su solución frente a la del otro. La relación entre inquilino y arrendador es inexistente y, es frecuente, que tenga lugar por medio de burofax. Sin embargo, al mismo tiempo, pueden ir surgiendo otras cuestiones que requieran conversaciones y contactos para resolverlas lo cual va a ser imposible por la absoluta falta de comunicación.

En relación al supuesto objeto de estudio, el conflicto se plantea cuando, ante la existencia de una avería, el propietario no ha sido informado y, la inquilina, ha procedido a contratar un operario y aprobar el presupuesto exigiendo, posteriormente al propietario, el reembolso del gasto asumido y, negándose éste, al no haber sido informado y avisado con antelación. Asimismo, amenaza con la resolución del contrato en el caso de no recibir el pago de la mensualidad en su totalidad.

Por medio de este método alternativo a la vía judicial para resolver los conflictos se escuchará, en primer lugar a ambas partes: propietario e inquilino, a fin de que el mediador pueda tener pleno conocimiento de los supuestos en los que se basan sus pretensiones y las circunstancias que han dado lugar a que cada uno esté atrincherado en sus posiciones sin querer moverse un milímetro de las mismas.

Es muy importante en este proceso, incorporar a los abogados de ambas partes en el supuesto de que estos ya hayan sido consultados o hayan iniciado un procedimiento judicial en nombre de sus clientes; en este caso, no habían consultado a ningún abogado ni habían iniciado un procedimiento contencioso.

Posteriormente, una vez detectadas y analizadas las cuestiones que dan origen al conflicto, se inicia la fase de buscar opciones y soluciones: hay que atender a cuál es el interés de cada una de las partes.

En los supuestos de arrendamientos, en muchas ocasiones, ambas partes quieren mantener la relación contractual y al mismo tiempo tienen interés en modificar algunos aspectos del contrato. Se trabaja, por tanto, con opciones y al mismo tiempo con las soluciones que en vía judicial se podrían obtener.

Es sorprendente comprobar como las propias partes tienen en sus manos la posibilidad de alcanzar acuerdos similares a los que puede fijar un juez evitando, sin embargo, el alto coste económico y los largos tiempos de espera para obtener una solución judicial.

Llegar a acuerdos entre propietarios e inquilinos permite continuar de forma adecuada la relación arrendaticia, mantener la comunicación entre ambos, poder hacer frente a las sucesivas cuestiones que vayan surgiendo, evitar costes innecesarios y garantizar que las partes puedan dar satisfacción a sus respectivos intereses eliminando la conflictividad.

IV. Diseño de la intervención

De acuerdo al conflicto que en este supuesto viene planteado entre propietario e inquilino, trabajaremos con los siguientes objetivos:

- Construir un espacio cooperativo, invitando a participar a ambas partes. Se trata de promover la comunicación de pareceres y sensaciones actuales, señalar la voluntad de ambos por alcanzar una situación mejor, más adecuada y satisfactoria para ambas partes e informar de las condiciones y marco de trabajo del Proceso de Mediación.
- Definir el conflicto, ayudando a redefinir las quejas y reproches de las partes implicadas como necesidades legítimas relacionadas con el buen funcionamiento de la relación contractual.
- Promover la generación de alternativas, animando a ambas partes a que juntos, planteen ideas y propuestas que pudieran satisfacer las necesidades identificadas.
- Seleccionar las alternativas, recogiendo aquellas que pueden ser aceptables y aceptadas por ambos. Animar a flexibilizar objetivos y expectativas y a relacionar siempre las alternativas con las consecuencias ventajosas para ambas partes.
- Alcanzar y poner en práctica acuerdos y decisiones, acompañando a las partes en los primeros pasos de este nuevo funcionamiento, más eficaz y útil para solventar las cuestiones planteadas.

V. Diario de Sesiones y actuaciones. Pre-Mediación: Primer contacto y recepción

Dña. Lucía (inquilina), contactó con el mediador telefónicamente, estableciendo una primera entrevista para recoger la situación contractual y las condiciones en que podría desarrollarse el Proceso de Mediación. Se le indicó que informara a D. Mateo (propietario) de dicha reunión, así como que, en caso de mostrar interés en acudir a la misma pero suponer una dificultad la fecha o la hora, volver a contactar con el mediador. Para que el Proceso de Mediación tenga las máximas posibilidades de desarrollarse con éxito, es fundamental que todos los implicados sean informados e invitados al mismo desde el primer momento. A ser posible, antes de que haya tenido lugar ninguna reunión ni información.

D. Mateo y Dña. Lucía acudieron juntos a la reunión acordada, ambos disgustados, expectantes y poco optimistas.

Las funciones de los mediadores en la recepción e información de las partes inmersas en el conflicto contractual deben orientarse hacia las ventajas que podría tener para ambos la mejora de la comunicación y la toma de decisiones conjuntas. Las siguientes intervenciones del mediador facilitaron esta dinámica:

- ¿Qué ventajas podría tener para vuestra relación contractual si pudierais hablar más o mejor?
- ¿Sería más fácil si tomaseis determinadas decisiones juntos?
- El juzgado podría resolveros la situación, decidiendo por vosotros, pero ¿creéis que es lo mejor?
- Los Servicios de Mediación pueden resultar muy útiles, un poco útiles o prácticamente inútiles. ¿Qué podría facilitar que estas reuniones fueran útiles para vuestra relación contractual?

Tanto el propietario como la inquilina estaban muy disgustados por la situación. Se señalaron mutuamente como responsables de las complicaciones que tenían en ese momento, y la conversación llegó rápidamente a un lugar común, ambos explicitaron que para que la situación mejorase, la relación y comunicación debía ser distinta, así como que el juzgado no les ayudaría en ese aspecto.

El mediador explicó el marco general de los Procesos de Mediación: voluntarios, confidenciales, donde no se penaliza la interrupción del Proceso y orientados a que puedan alcanzar algunos acuerdos que les resulten útiles. También se informó del coste económico de cada una de las sesiones y que, a falta de otro acuerdo, cada uno de ellos asumiría el cincuenta por ciento del mismo.

Se mostraron conformes con la propuesta y no plantearon inconvenientes.

Finalmente, se concertó una cita para iniciar el proceso de Mediación arrendaticia.

Inicio del Proceso de Mediación

D. Mateo y Dña. Lucía acudieron a la sesión acordada para una semana después. La llegada de ambos fue tensa, es fácil comprender que se trata de dos personas en conflicto ligadas por una relación contractual y que la comunicación mantenida ha consistido principalmente en quejas y acusaciones mutuas. El mediador en ese momento procura iniciar una conversación sencilla, amable, que permita que surja una comunicación hasta ahora poco frecuente.

Preguntar por la reunión mantenida, interesarse por las posibles dudas y resolverlas y a continuación, presentar el compromiso de mediación, suelen ser los pasos habituales, y fueron los que se tomaron con ambas partes. El compromiso de mediación es un documento que describe las normas y objetivos del proceso y especifica la voluntariedad, confidencialidad e imparcialidad del mismo. También recoge como finalidad facilitar un espacio donde plantear necesidades, hacer y valorar propuestas y buscar decisiones acordadas por los interesados que cubran todas o algunas de esas necesidades. Este compromiso fue firmado por los interesados y por el mediador.

A continuación se dedicó un tiempo a hablar con D. Mateo y Dña. Lucía sobre el desarrollo de la relación contractual hasta el momento que surgió el conflicto; se les preguntó si se conocían de antes, si habían establecido la relación arrendaticia gracias a alguien en común, si estaban a gusto dentro de ésta relación contractual hasta el momento del conflicto si los resultados eran satisfactorios. Esta exploración, siempre en presente y lo más objetiva posible, permite entrar de manera paulatina en terreno común.

De todo lo anterior obtendremos una imagen de la situación de las partes así como del estado actual de las relaciones contractuales entre D. Mateo y Dña. Lucía.

Identificación del conflicto y de las necesidades

El mediador propone una pregunta abierta a ambos, ¿por dónde empezar? Cada parte tiene su propia historia, evolución y peculiaridades; estar dispuestos a ajustarnos a su ritmo y prioridades nos permitirá centrarnos en lo que ellos consideren oportuno.

Dña. Lucía planteo que quería entender como D. Mateo había hecho que llegaran al grado de conflictividad en el que se encontraban. La inquilina se definía como una persona seria, responsable y cumplidora que en un año de contrato nunca había dado el más mínimo problema.

El conflicto se plantea cuando ante una avería imprevista de las cañerías concernientes al inmueble, ésta, decide de un modo rápido e inmediato aceptar el presupuesto del fontanero de 850 euros ante el peligro de que sus hijos pudieran beber de un agua contaminada y teniendo en cuenta que se trataba de un bien de primera necesidad. El enfado de D. Mateo viene justificado cuando se entera que la inquilina no solo ha aceptado un presupuesto sin consultarle sino que además, el gasto que ha asumido, lo va a descontar del alquiler mensual que el propietario le cobra.

Hasta este punto, D. Mateo y Dña. Lucía estaban repitiendo una conversación que ya habían mantenido tiempo atrás. Es probable que la presencia y ayuda del mediador facilitase un tono más sencillo y más cordial para la misma, pero el contenido venía a repetirse, con una amenaza velada de Dña. Lucía: "Si no asume el Sr. Elorrieta el gasto derivado de una avería en su inmueble, el importe vendrá descontado de la próxima mensualidad". Asimismo, la respuesta de D. Mateo a dicha amenaza: "Si no me paga la cantidad integra del alquiler, resuelvo el contrato y le denuncio".

Llegado este punto vamos a procurar ofrecer un cambio en la conversación, una diferencia que reoriente la dirección. A la inquilina se le preguntó si, cuando en el pasado había comentado al propietario que él se tenía que hacer cargo del pago de la avería estipulado en el contrato, había obtenido alguna respuesta que le resultará útil. Como era previsible, la respuesta fue negativa. Al mismo tiempo se le preguntó al propietario si le parecía comprensible que Dña. Lucía se preocupase cuando vio que salía agua marrón de las cañerías y que sus hijos pequeños por algún descuido la bebían, podía ocurrir una desgracia, a lo que D. Mateo respondió afirmativamente.

Entonces el mediador ofreció una reformulación de los anteriores contenidos: "Bien, de modo que a ambos os resulta comprensible la preocupación de la Sra. Vázquez al abrir el grifo de su casa y encontrar que salía agua marrón y que sus hijos podían resultar contaminados al beberla, entiendo que os gustaría encontrar la manera de estar tranquilos sintiendo que todo funciona bien en el inmueble arrendado y que el propietario recibe las mensualidades como por contrato había sido acordado". El mediador les pide que a parte de ese suceso, expongan de forma oral las quejas que uno ha tenido del otro durante el año de alquiler.

Ayudar a transformar las quejas de ambos en necesidades comunes es la principal función del mediador en esta fase del proceso, cuando estamos estableciendo un marco de colaboración, orientado a recorrer juntos un proceso de cambio.

Ni el Sr. Elorrieta ni la Sra. Vázquez son capaces de poner encima de la mesa ninguna queja o ningún comportamiento negativo digno de ser mencionado de la otra parte. El mediador formula la siguiente cuestión: ¿os merece la pena?

Búsqueda de propuestas y alternativas

En las siguientes sesiones, la conversación entre D. Mateo y Dña. Lucía se fue facilitando, perdió tensión y se realizaron las siguientes propuestas:

Para mejorar la cooperación propusieron "aparcar" lo relacionado con el origen del conflicto. Este aspecto fue el que más esfuerzo supuso, especialmente a D. Mateo.

Momento individual

Se estableció una cita individual con ambos, en la que Dña. Lucía pudo desahogarse y ventilar sus preocupaciones y miedos. En esta entrevista reconoció que tenía una situación personal muy complicada, acababa de divorciar y su marido llevaba meses sin pasarle la pensión de alimentos. Por su localización y por el coste económico que suponía el alquiler, la casa de D. Mateo era la perfecta y estaba aterrorizada ante el hecho de que pudiera denunciarla y resolver el contrato. Ella, al leer el contrato vio que el propietario asumía el coste de la reparación de las averías que no fueses causa de negligencia o dolo y por ello no lo pensó dos veces y aceptó el presupuesto. Asimismo, reconoció que ella no podía asumir un gasto extra de 850 euros ya que llegaba muy justa a fin de mes y estaba muy agobiada.

Entonces, ¿te merece la pena que esto acabe en un procedimiento judicial? ¿no es mejor explicar en persona la situación a D. Mateo y remarcar tu ignorancia ante el deber de previo aviso?

Ambos comentarios se realizan tras una larga escucha activa, legitimación de sentimientos y preocupaciones y una sensación altamente empática entre el mediador y las partes.

La sesión con D. Mateo giró en torno a su sensación de haberle tomado el pelo. D. Mateo no era consciente de que Dña. Lucía había sufrido mucho durante este último año. Dado que cumplía escrupulosamente con el pago de las mensualidades todos los días 1 de cada mes, no podía imaginarse que pudiera estar atravesando ningún problema económico ni que tuviera dificultades para llegar a fin de mes por lo que no podía asumir el pago extra de esos 850 euros. Asimismo, no entendía porque no había sido consultado con anterioridad a la aceptación de un presupuesto que iba a tener que asumir él. Debido a experiencias anteriores negativas con antiguos inquilinos, estaba muy contento con la actual inquilina y no era partidario de resolver el contrato si las cosas se solucionaban.

De nuevo, en el último tramo de la conversación, y tras un proceso de reconocimiento y empatía, se introdujo una intervención reformuladora: ¿Puedes plantearte el susto y la desesperación de una madre en proceso de divorcio ante la posibilidad de que pueda pasarle algo a sus hijos y qué le quiten la guarda y custodia? ¿Es posible que para prevenir daños más graves, hiciera las gestiones para arreglar la avería del agua de una forma inconsciente sin mediar mala fe?

Selección de las alternativas y Acuerdos

En la siguiente sesión conjunta, el mediador propuso dedicar algo más de tiempo a la búsqueda de propuestas. La actitud de Dña, Lucía y D. Mateo, respecto del momento de inicio del proceso de mediación era notable. Ambos hablaban más, en un tono más tranquilo y conciliador. Les resultaba fácil mirarse a la cara durante las conversaciones y el mediador podía "desaparecer" de la sesión distrayéndose con sus notas mientras ellos dialogaban.

Tras la conversación individual, el mediador les reunió a ambos de nuevo, tomando la iniciativa de la conversación con la siguiente intervención:

"...he hablado con ambos y entiendo que cada uno tiene sus motivos para que este conflicto se haya iniciado. Los dos sois conscientes del esfuerzo realizado y de los avances alcanzados hasta el momento. Tras hablar con vosotros, pienso que la posibilidad de que podáis alcanzar un consenso en este aspecto es real, y que quizás necesitáis afianzar la cooperación y dar algo de tiempo antes de este paso ¿Cómo podríais llegar a este equilibrio?

Dña. Lucía reconoció abiertamente necesitar expresarse y que D. Mateo le escuchara para entender su situación, y, con lágrimas en los ojos, le dijo que llevaba un año muy difícil en el que había intentado y logrado poniendo todos sus medios, llegar a fin de mes. Estaba en proceso de divorcio con dos niños bajo su cargo y un ex marido que, desde hace meses, no le pasa la pensión de alimentos asignada por el juez. Había intentado no dar problemas y que esto no repercutiera en la relación contractual con el propietario ya que el inmueble de D. Mateo le permite dejar a los niños y recogerles a tiempo en el colegio y tiene un coste económico que podía asumir.

Reconoce haber pensado única y exclusivamente en sus hijos cuando vio el agua marrón y, el miedo de que por un descuido le pudiera pasar algo a alguno de ellos y le quitaran la guarda y custodia. En ningún momento hubo mala fe por su parte.

Dña. Lucía mirándole a la cara le dijo que no era su intención aprovecharse de la situación sino que se trataba de la desesperación de una madre ante la posibilidad de que algo pudiera ocurrir. D. Mateo, visiblemente incómodo con la emoción de Lucía, aceptó sus palabras pidiéndola que ante cualquier avería no se volviera a repetir y fuera informado previamente a la aceptación de un presupuesto. Tras entender lo ocurrido, él asumiría el pago del importe de 850 euros de la avería.

Finalización del proceso

D. Mateo y Dña. Lucía finalizaron su proceso de mediación tras tres reuniones semanales. El mediador redactó un Acuerdo de Mediación con las decisiones alcanzadas.

VI. Resultados de la intervención

Seguimiento

Seis meses después de la última sesión, el mediador les contactó telefónicamente para interesarse por la evolución de la situación. Ambos hicieron una lectura idéntica. No había vuelto a haber ningún problema y los derechos y deberes derivados de la relación contractual se cumplían sin problemas ni quejas por ninguna de las partes.

MANTÉNGASE INFORMADO
DE LAS NUEVAS PUBLICACIONES

Suscríbase gratis
al boletín informativo
www.dykinson.com

Y benefíciese de nuestras ofertas semanales

Made in the USA
Monee, IL
05 November 2026

67815706R00144